Minzu University of China
UNDERGRADUATE TEACHING RESEARCH
中央民族大学本科教学研究
第九辑

加强教学建设 提高人才培养质量

JIAQIANG JIAOXUE JIANSHE
TIGAO RENCAI PEIYANG ZHILIANG

鄂义太 陈 理 主编

中央民族大学出版社
China Minzu University Press

图书在版编目（CIP）数据

加强教学建设　提高人才培养质量：中央民族大学本科教学研究·第九辑/鄂义太，陈理主编. —北京：中央民族大学出版社，2011.11

ISBN 978-7-5660-0032-3

Ⅰ.①加…　Ⅱ.①鄂…　②陈…　Ⅲ.①中央民族大学—教学研究—文集　Ⅳ.①G759.2-53

中国版本图书馆 CIP 数据核字（2011）第 118132 号

加强教学建设　提高人才培养质量

——中央民族大学本科教学研究·第九辑

主　　编　鄂义太　陈　理
责任编辑　满福玺
封面设计　汤建军
出 版 者　中央民族大学出版社
　　　　　北京市海淀区中关村南大街 27 号　邮编：100081
　　　　　电话：68472815（发行部）传真：68932751（发行部）
　　　　　　68932218（总编室）　　68932447（办公室）
发 行 者　全国各地新华书店
印 刷 厂　北京宏伟双华印刷有限公司
开　　本　787×1092（毫米）1/16　印张：19
字　　数　321 千字
版　　次　2011 年 11 月第 1 版　2011 年 11 月第 1 次印刷
书　　号　ISBN 978-7-5660-0032-3
定　　价　45.00 元

目　录

课程建设与教学改革

教育教学理念

教学管理

课程建设与教学改革

古代汉语教学中学生学习兴趣的培养

万丽华

古代汉语教学是大学中文专业本科教学的主干课程，重要性是不言而喻的。但是，由于古代汉语距离当下显得十分遥远，因此很容易成为一门被学生畏惧和排斥的课程。如何提高学生对古代汉语课的学习兴趣，始终是古代汉语教学所面临的突出问题。对此，我认为应以积极的态度来面对，并采取切实有效的措施来解决。下面，我结合古代汉语教学的实际，谈谈在古代汉语教学中培养学生学习兴趣的一些具体做法。

“教学是一门艺术。优秀的教师，就是一名优秀的演员或导演”①，我非常赞同这种观点。在古代汉语教学中，教师可以调动各种有效手段，活跃课堂气氛，激发学生的学习热情，从而提高教学成效。总的说来，我注重在保证教学大纲规定内容的前提下，尽可能增加课外内容。教学实践证明，教材以外的内容，往往对学生的吸引力最大，学生最反感的莫过于教师的“照本宣科”。这种现象也是很容易理解的，因为教材上的东西，学生完全可以通过认真预习、自学，而大致把握其基本内容。就拿“文选”部分的教学来说，每一篇文选都附有针对疑难、生僻词语的简明注释，结合这些注释，古汉语基础较好的学生基本可以独立疏通全文大意，这种自学能力是大学生已经具备的，也是应该加以提倡的。因此，我在课堂教学中十分强调学生的预习，以便能够保证我在完成教学大纲规定内容的前提下，尽可能地挤出时间讲与大纲有关的课外知识，开拓学生视野，扩大知识面，完善知识结构。以下是我在教学过程中培养学生学习古汉语兴趣所做的一些尝试。

---

① 欧明俊：《古代文学史教学中学生学习兴趣的培养》，载《中国大学教学》2009年第10期，第38页。

一、加强古代汉语课堂教学中的“故事性”

加强古代汉语课堂教学的故事性是我为学生补充课外知识、提高学生学习兴趣的具体做法之一。当然，结合学科特点，我给学生提供的故事虽然富于趣味性、为学生所喜闻乐见，但这种故事性的渗透一定是要融入古典文献的阅读当中的。“古代汉语课的教学目的，就是培养学生阅读汉语文古书的能力，提高学生的语言素养和文化素养，并借此来了解和继承中国优秀的传统文化。”[①] 正是基于这种考虑，我对于故事的选择是十分审慎的，既要与所学文选内容的某个方面有密切关联，同时又要保证文献内容本身语言的纯正性、典范性，务必做到所摘引的内容与原始文献核对无误。我在教学中引入故事的根本目的在于锻炼、提高学生阅读古典文献的能力。因此，古汉语课堂教学中的故事性是建立在古典文献材料的阅读基础上的，绝不局限于故事本身。为此，我在故事的选择、安排上花费了许多精力。大体说来，可以穿插故事的地方主要涉及文选背景知识、文选中的重点词语解释等几个环节。

第一，故事可以穿插在文选的背景介绍当中。我们目前使用的古汉语教材是王力的《古代汉语》，这套教材自问世以来，一直是普通高校古代汉语课的通用教材。曾经以其科学性、开创性和权威性而产生过广泛的影响。然而，由于种种原因，书中对文选部分的相关背景介绍比较简略，不利于学生全面、深入地理解文选的具体内容。而这也恰好为教师提供了更广阔的空间来为学生丰富课外知识，拓展文化视野。拿第一册第一单元文选中的《齐桓公伐楚》一文来说，富于故事性的相关背景知识介绍便能为这篇仅有四个段落的短文增添许多有滋有味、为学生所喜爱的亮点。

首先，文中主人公“齐桓公”便是一个极具故事性的人物形象。他的种类繁多的称谓及其起伏跌宕的人生便很能吸引学生的注意力。在文献典籍中，人们对齐桓公有“小白、桓公、齐桓公、齐侯、齐侯小白、齐小白”等不同的称呼方式，分别涉及名字、谥号、爵位等不同古文化常识。对其稍加说明，让学生顺便了解了相关常识，学生很感兴趣。同时，齐桓公的一生也是很有故事性的，他是人人皆知的“春秋五霸”之首，可谓声

① 参见《中央民族大学古代汉语学科教学大纲》。

名赫赫，可又死得凄惨至极。关于他的死，我会附上一段相关文献，让同学们在与我共同解读这段文献的同时，了解到齐桓公悲惨的结局。

据《左传·僖公十七年》记载："辛巳，夜殡。"杨伯峻注："自卒至殡计相去六十七日。《齐世家》云：'及桓公卒，遂相攻，以故宫中空，莫敢棺。桓公尸在床上六十七日，尸虫出于户。'十二月乙亥，无诡立，乃棺赴。辛巳夜，敛殡。沈钦韩《补注》曰：'按礼，殡于日出时，言夜殡，明其非常。'"①

这段材料告诉我们，齐桓公死后，宫中发生严重内乱，死时连尸体都没人敢去成殓，以至于尸体被弃置在床上六十七日，尸虫爬出了门户。直到新君确立，才得以成殓入棺，讣告诸侯。而且在施行"殡礼"时，也不得不打破常规实行夜殡。正如清代学者沈钦韩所说，"殡礼"在通常情况下都是在日出时举行的，记载夜殡，表明这是一个非常事件。而造成这一惨剧的原因，据《左传·僖公十七年》记载，是由于"齐侯好内，多内宠，内嬖如夫人者六人"。②

通过这段材料，我们可以看到齐桓公生时的轰轰烈烈与死后的凄凄惨惨戚戚形成的强烈对比，从而让我们以史为鉴。同时，该材料也涉及了古代丧礼中的"赴"、"敛"、"殡"等相关常识，讲解时也可稍作说明，这些内容都是学生非常感兴趣的古代文化知识。

其次，"齐桓公伐楚事件的缘由"及"管仲在其中所起的作用"也是这篇文章值得补充的、故事性较强的背景知识。按照《左传》、《韩非子》等文献的记载，齐桓公伐楚乃是由于"寝席之戏"。《左传·僖公三年》云："齐侯与蔡姬乘舟于囿，荡公。公惧，变色；禁之，不可。公怒，归之，未之绝也（未正式弃绝），蔡人嫁之（于楚成王）。"③ 说的是齐侯和蔡姬在园囿里游玩，蔡姬调皮故意在乘船时摇晃船身，齐侯非常害怕，以致大惊失色。他阻止蔡姬这样做，蔡姬却不肯听从。一怒之下，齐侯将蔡姬赶回了娘家，但并未断绝与她的婚姻关系；而蔡人竟将蔡姬嫁给了楚成王。这样一来，齐侯的愤怒可想而知。

这段故事在《韩非子·外储说左上》中也有记载："蔡女为桓公妻，桓公与之乘舟，夫人荡舟，桓公大惧，禁之不止，怒而出之。乃且复召

---

① 杨伯峻：《春秋左传注》，中华书局1990年版，第376页。
② 杨伯峻：《春秋左传注》，中华书局1990年版，第373页。
③ 杨伯峻：《春秋左传注》，中华书局1990年版，第286页。

之，因复更嫁之。桓公大怒，将伐蔡，仲父谏曰：‘夫以寝席之戏，不足以伐人之国，功业不可冀也，请无以此为稽也。’桓公不听，仲父曰：‘必不得已，楚之菁茅不贡于天子，三年矣。君不如举兵为天子伐楚。楚服，因还袭蔡，曰：‘余为天子伐楚，而蔡不以兵听从’。因遂灭之。此义于名而利于实，故必有为天子诛之名，而有报仇之实。’”①

这段文献材料详细记述了齐桓公伐楚的缘由，其中涉及了管仲，也是《齐桓公伐楚》这篇课文中的主人公之一。他冷静地认识到齐桓公因为夫妻之间的嬉戏，而去讨伐别国，这种做法有失理性，会影响功业的成就，不应该将其当作讨伐的理由。为了使齐侯出师有名，他找出了楚国多年没有向周王室进贡“菁茅”的过失，因而设计以天子的名义去讨伐楚国。之后，再以蔡国不配合天子伐楚为由，对蔡国进行名正言顺地讨伐。这样可谓一举两得，既有了替天子讨伐罪臣的名声，又有了报一己之私仇的实惠。从君臣的对话中，我们可以看出管仲的谋略之深及对齐桓公的忠诚。同时，我们也明白了齐桓公伐楚事件的缘起。至此，学生的学习兴趣已经被充分调动起来，在这种状态下去学习文选中的特殊形式的宾语前置句式等难度较大的语法要点便不至于觉得兴味索然。

这种将故事穿插在文选背景介绍中的例子在古代汉语教学过程中比比皆是，不仅限于《齐桓公伐楚》这一篇课文。现再以《晋灵公不君》为例，略加补充说明。该文中“晋灵公即位”背后的隐情、执政官赵盾的身世以及其父与晋文公的关系等，都是充满故事性且无不与文选的内容相互关联的。

关于晋灵公的即位，《左传·文公七年》中有这样一段记载：穆嬴日抱大子以啼于朝，曰：“先君何罪？其嗣亦何罪？舍适嗣不立，而外求君，将焉置此?”出朝，则抱以适赵氏，顿首于宣子，曰：“先君奉此子也而属诸子，曰：‘此子才也，吾受子之赐；不才，吾唯子之怨。’今君虽终，言犹在耳，而弃之，若何?”宣子与诸大夫皆患穆嬴，且畏逼，乃背先蔑而立灵公，以御秦师。②

这段文献材料涉及了晋灵公即位的问题，从中可以看出，晋灵公的即位本来就非众望所归、名正言顺，而是赵盾（文中的“宣子”）在晋灵公母亲“穆嬴”威逼胁迫下的不得已之举。而赵盾的身世同样引人注

---

① 陈奇猷：《韩非子新校注》，上海古籍出版社 2000 年版，第 686 页。

② 杨伯峻：《春秋左传注》，中华书局 1990 年版，第 558 页。

目，根据史料记载，赵盾是晋文公的大夫赵衰和狄人之女“叔隗”的儿子，而“叔隗”是嫁与晋文公的“季隗”的姐姐。后来，晋文公又将赵姬嫁与赵衰。赵盾母子是在赵姬的百般请求下才得以来到赵衰身边的。《左传·僖公二十四年》记载：“赵姬请逆盾与其母，子余（赵衰字）辞。姬曰：‘得宠而忘旧，何以使人？必逆之。’固请，许之。来，以盾为才，固请于公，以为嫡子，而使其三子下之，以叔隗为内子，而己下之。”①

通过师生对文献材料的共同解读，同学们对通情达理的赵姬印象很深，正是由于她的深明大义，才使得赵盾有机会展现他的治世之才。

有了这些背景交代，同学们就会自然而然地进入到课文的情节中去，并很容易把握赵盾与晋灵公之间的关系。进而也不难理解晋灵公“不君”是因为他在臣子的心目中本不该为君。

这篇课文中同样涉及称谓问题，文中的赵盾在文献典籍中又有“赵宣子、宣子、赵孟、盾、宣孟”等多种称谓，涉及谥号、排行、名、字关系等多方面文化常识，同样是学生感兴趣的内容。

第二，故事可以穿插在常用词语的解释中。“掌握一定数量的常用词”这是教学大纲的要求之一。正如王力《古代汉语》教材“绪论”中所言，“掌握常用词也可以说是掌握了一把钥匙”，而常用词语的解释、对于众多义项的介绍处理不好，很容易成为古汉语教学中相对枯燥的内容。为此，我在常用词的教学中引入了与之相关的、富有故事性的古典文献内容，从而成功解决了常用词语教学中的趣味性问题。如在《齐桓公伐楚》一文中，“徵”是个需要重点掌握的词语，它在古代汉语中有两个常见读音，分别是 zhēng 和 zhǐ。读 zhǐ 这个音时，它是“宫、商、角、徵、羽”这“五音”之一；而读 zhēng 时，它的义项则很丰富，除了文中涉及的“征伐”、“索取”之类的义项外，还有一个重要的义项是“证明”。关于这个义项，我会从《左传》中征引以下文献材料作为佐证：

《左传·宣公三年》：“初，郑文公有贱妾曰燕姞，梦天使与己兰，曰：余为伯鯈。余，而祖也。以是为而子。以兰有国香，人服媚如是。既而文公见之，与之兰而御之。辞曰：‘妾不才，幸而有子。将不信，敢徵兰乎？’公曰：‘诺’。生穆公，名之曰兰。”“穆公有疾，曰：‘兰死，吾其死

① 杨伯峻：《春秋左传注》，中华书局 1990 年版，第 417 页。

乎！吾所以生也。’刈兰而卒。”①

这是一个美妙的、富于传奇色彩的故事，讲述了郑穆公神奇的出身与死亡。按照这段文字的记载，郑穆公乃是父亲郑文公与一个地位低贱的名叫“燕姞”的妾所生，并且他的生命与兰花有着千丝万缕的渊源关系，是祖先神的旨意使其伴兰而生，同时也随着兰花的死亡而离世。可以说，郑穆公的一生与兰花共存亡。“徵”在文中出现在燕姞与郑文公的对话当中，由于她地位卑微，因此担心自己与郑文公有了孩子别人也不会相信，所以请求以兰花作为证明。学生对这个故事很感兴趣，在感受这个故事的同时，他们也读懂了这段文献材料，并自然而然地记住了“徵”这个词作为“证明”讲这个义项。

二、加强古汉语教学中古代文化常识的渗透

古代文化常识是同学们非常喜欢的教学内容，尽管古代汉语是一门语言课，但语言和文化是无法完全割裂开来的。语言是文化的载体，因此，在讲解古代汉语词汇、语法等知识的同时，我一直都很注重在教学过程中加强古代文化常识的渗透。教学实践证明，这种做法深受学生的喜爱。同样，这种文化常识的渗透也是以古典文献材料阅读的形式进行的。几乎每一篇文选当中，都蕴含着或多或少的古代文化常识，因此，在文选的讲解过程中，适当穿插古代文化常识的介绍，可以大大丰富教学内容，并充分调动学生学习古汉语的兴趣。

以王力《古代汉语》教材第一册《郑伯克段于鄢》一文为例，其中，讲述郑庄公出生的事件时，便涉及了命名问题。由于郑庄公的母亲姜氏生他时难产，使姜氏受到了很大的惊吓，因而给他起名叫“寤生”，于是就一直讨厌他，想让她的小儿子继承君位。这里涉及古人命名的一些有趣的知识，是学生很感兴趣的内容。于是，我会为他们补充以下一些文献资料，让他们在和我一起解读文献的同时，了解到古人命名的礼俗。

《左传·桓公六年》记载：“公问名于申繻。对曰：名有五，有信，有义，有象，有假，有类。以名生为信，以德命为义，以类命为象，取于物为假，取于父为类。不以国，不以官，不以山川，不以隐疾，不以畜牲，

① 杨伯峻：《春秋左传注》，中华书局1990年版，第672—675页。

不以器币。周人以讳事神，名，终将讳之，故以国则废名，以官则废职，以山川则废主，以畜牲则废祀，以器币则废礼。晋以僖侯废司徒，宋以武公废司空，先君献、武废二山，是以大物不可以命。”公曰：“是其生也，与吾同物（岁、时、日、月、星、辰为六物），命之曰同。”①

《礼记·曲礼上》记载：“名子者，不以国，不以日月，不以隐疾，不以山川。”② 其中的“隐疾”指人之所难言，如晋公子“黑臀”、楚公子“黑肱”，这类名字都是违背了命名原则的。

《左传·闵公二年》记载了鲁国大夫成季命名的缘由：“成季之将生也，桓公使卜楚丘之父卜之，曰：‘男也，其名曰友，在公之右。’及生，有文在其手曰友，遂以命之。”③

《左传·桓公二年》记载了晋侯夫人的两个儿子命名的由来：“初，晋穆侯之夫人姜氏以条之役生太子，命之曰仇。其弟以千亩之战生，命之曰成师。”④

从以上的文献资料中，我们可以看出古人对于命名有着非常周密细致的考虑，态度是极其审慎的，本国国名、本国官名、本国山川的名字、难以启口的生理缺陷、用于祭祀的畜生的名字、用于祭祀的礼器的名称都是不可以作为孩子的名字来使用的。因为周人有避讳的习俗，人死之后，名字就将被加以避讳，从而会涉及名字所指代的其他事物。而古人命名的方式也是多种多样的，有的可能源于占卜，也有的可能随意性很强，源于战争的成败，或者像课文中的郑庄公，源于他出生时的状态。

在《齐桓公伐楚》这篇课文中，则涉及了“巡守”、“社稷”等方面的文化常识，同样是可以补充、并为学生所乐于了解的内容。拿“巡守”为例，我们就可以向学生介绍以下的相关知识。

《礼记·祭义》记载了天子巡守的情形：“天子巡狩，诸侯待于境。天子先见百年者。八十、九十者，东行、西行者，弗敢过；西行、东行者，弗敢过。欲言政者，君就之可也。”⑤ 意思是说，天子巡视诸侯，诸侯要在国境上等待天子。天子到达后要先去谒见百岁老人。对于80岁、90岁的老人，本想东行（而老人住在西边），就绕道西行（谒见老人），不敢背道

① 杨伯峻：《春秋左传注》，中华书局1990年版，第115页。
② 杨天宇：《礼记译注》，上海古籍出版社1997年版，第20页。
③ 杨伯峻：《春秋左传注》，中华书局1990年版，第264页。
④ 杨伯峻：《春秋左传注》，中华书局1990年版，第91页。
⑤ 杨天宇：《礼记译注》，上海古籍出版社1997年版，第822页。

而过。

《左传·庄公二十七年》记载了天子巡守的原则："天子非展义不巡守，诸侯非民事不举，卿非君命不越境。"[①] 指出天子不是为了宣扬德义不出去视察。

周昭王正是违背了"天子非展义不巡守"的原则，才遭到百姓的惩罚。杨伯峻《春秋左传注》中引用了唐张守节《正义》引《帝王世纪》的一段文字，描述了周昭王死在巡守途中的缘由："昭王德衰，南征，济于汉，船人恶之，以胶船进王，王御船至中流，胶液船解，王及祭公俱没于水中而崩。其右辛游靡长臂且多力，游振得王，周人讳之。"[②]

综上所述，学生在精彩纷呈的故事中既学到了应该掌握的基础知识，又饶有兴致地了解了许多古代文化知识，同时，也在课外文献的阅读中提高了自己的古文阅读能力，可谓一举多得。

三、加强古汉语课堂教学的开放性

我认为，古代汉语课堂教学应该具有开放性特点，只要对古汉语教学有帮助、对于教书育人有帮助的信息都可以在课堂中适当加以引入。具体说来，我比较注重从多种角度拉近学生和古汉语的距离，比如说日常生活中各种媒体所涉及的古汉语知识、我们讲课过程中涉及的古汉语知识与学生自身的关系等，这些方面都是与学生生活实际紧密相关的，容易引起学生的兴趣和共鸣。

就拿读音问题来说，影视剧解说中的"误读"现象严重，这是众所周知的现实，几乎是见怪不怪的现象了。然而，近年来，某些权威机构所做的新闻报道或专题片中不断出现由于古汉语、古文化知识欠缺而导致的误读现象，不能不引起古汉语爱好者的关注。我认为有必要在古汉语课堂教学中，向学生传达这方面的信息，引起他们对古汉语读音问题的关注。

我曾列举过以下一些事例：2010 年 7 月，在国家图书馆举办了"国家珍贵古籍展"，在此期间播映的"国宝背后的故事"系列专题片中，读音问题屡见不鲜，不能不让人感到失望。在介绍古籍的专题片中

---

① 杨伯峻：《春秋左传注》，中华书局 1990 年版，第 235 页。

② 杨伯峻：《春秋左传注》，中华书局 1990 年版，第 291 页。

出现因为不懂古汉语、古文化知识而产生的误读，着实说不过去。如其中的一个专题片在介绍我国著名典籍修纂的历史时，将“总校官”的“校”jiào误读成“xiào”、“封禅”的“禅”shàn读成“chán”、温庭筠的“筠”yún读成“jūn”等。可见，播音人员对于“总校官”的职责、“封禅”的礼制以及“温庭筠”这样的著名词人的相关知识都十分缺乏。

同样，2010年11月1日CCTV新闻台的新闻直播间栏目在新闻报道中将“玉琮”的“琮”cóng、读成“zōng”、“良渚文化”中的“渚”zhǔ读成“zhū”，短短的几句话便连续出现误读，同样是由于古文化知识的缺乏。

2010年11月7日中央电视台探索发现栏目的一个有关古文化的专题片，将“小使臣胡超稽首再拜”的“稽”qǐ误读成“jī”。稽首礼是古代非常郑重的一个礼节。要在极其重要的场合、对待极其重要的人物方才会行此礼。前面所引文献中我们提过晋灵公的母亲为了让她的儿子能够坐上君主宝座，曾经向赵盾行过稽首礼，以至于赵盾无法拒绝她的请求。

这些误读的事例均出自权威的新闻机构，很是发人深思。作为古代汉语教师，我们有义务将这种现象提出来，以便警示我们的学生，打好古汉语基础，多掌握一些与古汉语相关的文化常识。

“增加古汉语的现实感、生活感、亲近感”，也是我们力主古汉语教学开放性的一个方面。古汉语教学由于其内容涉及传统文化，因此，十分有必要将其与学生的现实生活有机结合起来，拉近与学生的距离，结合自身经历、学生年龄特点：与学生思想教育联系起来，提高学生的人文素养，从而使他们切实感受到古汉语离我们并不遥远。

例如，讲《郑伯克段于鄢》时，会遇到郑伯的命名问题，我们知道因为他出生时难产，使母亲姜氏受到惊吓，因而给他起名叫“寤生”，意思就是难产（出生时脚向下）。这里涉及古人命名的方式，结合前面我们提到的补充文献内容，我会让同学们在课后交流、讨论他们名字的由来，寄托着父母的何种期待。

讲到《论语》、《礼记》等涉及个人修养的篇章时，我会结合“见贤思齐”、“吾日三省吾身”、“不义而富且贵于我如浮云”、“诚意”等先哲的修身理念，潜移默化地教育学生要注重自身的品德修养，并结合法制进行时等法制栏目中的典型事件，提醒学生从日常生活的小事做起，养成良好的处世习惯，从而做一个真正有益于社会的人。

同时，我也会结合教学内容，引导学生热爱家乡的历史，重视乡邦文献和家族文化。

（作者单位：文学与新闻传播学院）

中国近现代史教学方法与教学环节改革初探[①]

高翠莲

近十年来，中国近现代史研究领域已经取得了令人瞩目的成就，对长期争论的中国近代历史分期问题已经基本取得了共识；对中国现近代史的范式问题展开了深入的讨论；理论的迭新、史观的多元、资料的挖掘深化了中国近代史的研究。这些新成果不仅推动着中国近现代史教学内容与形式的改革，更重要的是它也催生出教学的新理念，它使得新一轮中国近现代史教学改革势在必行，同时为之提供了强有力的支撑。

一、中国近现代史教学改革的必要性

第一，中国近现代史的历史分期面临着历史研究与历史教学的脱节问题，即名实不符的问题。

当前史学界越来越多的学者认为中国近代史的起讫时间为1840—1949年。自1997年以来，已经有数种中国近代史方面的成果问世，这些著作都采用了1840—1949为中国近代史的分期法。如戴逸主编的《中国近代史通鉴1840—1949》（十卷本，红旗出版社1997年）、张海鹏主编的《中国近代史1840—1949》（群众出版社1999年）、董守义等编著的《中国近代史教程》上下册（中国社会科学出版社2000年）、沙健孙等主编的《中国近代史纲要》（高等教育出版社2007年）、张海鹏主编的《中国近代通史》（十卷本，江苏人民出版社2007年）都无一例外地以1840—1949年为中国

① 本文所指的"中国近现代史"是当前高校教学中所使用的两门课程的称谓，是"中国近代史"、"中国现代史"两门课程共同完成的实际意义上的中国近代史（1840－1949年）教学内容。本项教改以"中国现代史"课程改革为依托。本文为2008—2009年度中央民族大学校级教学改革项目"中国近现代史教学方法与环节改革"阶段性成果。

近代史的历史时段。以往以1840—1919年为中国近代史的历史分期的观念基本上被取代了。因此“九五”国家级重点教材王文泉、刘天路主编的《中国近代史》(1840—1949)问世后，被称为“一部完整的中国近代史教材”。①

而高等学校的历史学专业课中国近代史、中国现代史课程却没有顺应这一改变。许多高校开设的“中国近代史”仍然延循以往的历史分期，即以1840—1919年为时限，通常所采用的教材为李侃等主编的《中国近代史》(1840—1919)(中华书局)，而中国现代史课程则以1919—1949年为时限，所采用的教材以王桧林主编的《中国现代史》(北京师范大学出版社)和魏宏运主编的《中国现代史》(1919—1949)(高等教育出版社)为主。这样本应属于中国近代史的教学内容实际上由中国近代史、中国现代史两门课程来完成。高校公共必修课“中国近代史纲要”所讲授的中国近代史则包括1840—1949年的内容，所使用的教材是沙健孙、马敏主编的《中国近代史纲要1840—1949》(高等教育出版社2008年)。这一混乱的状态使历史学专业的学生对于中国近代史、中国现代史的学科规范、分期依据的理解充满困惑。

另外一种混乱表现在：在历史学专业本科的培养方案中，中国近代史(1840—1949年)的教学通常要在两个学期完成，第三学期要讲中国近代史的上段，第四学期讲下段。尽管中国近代史的分期基本上取得了共识，但是中国近代史上下段的分期并没有取得一致，为期一学年的中国近代史上下段教学内容则仍然沿用中国近代史(1840—1919)和中国现代史(1919—1949)两个课程名称，1919年为中国近代史上段与下段的分界。这种分期与中国革命史的上下段分期是一致的，即1840—1919年为旧民主主义革命阶段，1919—1949为新民主主义革命阶段。② 中国近代史属于通史的一部分，它的分期应该以社会形态和政权形态为主要标准，而不是以专门史的革命史分期为标准。从通史的视角来观察，1912年中华民国建立的意义远远超过1919年五四运动，五四运动及其前后的新文化运动是以民国的建立为背景的，五四运动不是通史的阶段性标志。③ 而现行的高校“中国现代史”(1919—1949)课程却以五四运动为开端，存在的弊病之一

---

① 赵文静：《一部完整的中国近代史教材》，载《中国大学教学》2005年第10期。

② 这是毛泽东在《新民主主义论》中所主张的中国近代史的分期方法，见《毛泽东选集》第2卷，人民出版社1964年版，第660页。

③ 参见房德邻：《中国近代史的含义究竟是什么》，载《近代史研究》2010年第2期。

是割裂了中国近代史的通史性，因此我们主张以1912年作为中国近代史上下段的分界。

第二，中国近代史研究中“范式”问题的讨论与教学中课程体系的脱节。

这同中国近代历史分期问题上研究与教学二者脱节是互为表里的。尽管“范式”是来源于美国自学科学研究中的概念①，它运用并影响到我国史学界也是20世纪90年代末以后的事，但当前的中国近代史研究和中国近代史教学都不能回避“范式”问题。至于中国近代史教材是应该遵循张海鹏主张的“革命范式主导，兼采现代化范式的视角”②，还是像郑师渠所说的那样：“突破革命史的框架，超越范式之争”③，还有待于探索，但可以肯定的是长期以来《中国近代史》、《中国现代史》教材可以说是由“革命范式”主导的。王桧林主编的《中国现代史》与魏宏运主编的《中国现代史》，即实际上的中国近代史下段，第一章都是“五四运动”。由于五四运动被认为是“中国现代史”的开端，新文化运动、马克思主义的传播、中国外交的失败都被作为五四运动的背景来讲述，而作为通史重要内容的民国肇立及资产阶级初建政权时的政治制度、经济文化发展的新趋、思想文化领域的探索求新，通常都被淡化或者忽略了。《中国近代史》（1840—1919）的教材无论是王桧林的主编北师大版的，还是李侃等主编中华书局版的，对这些重要内容都没有正面介绍分析，只是作为最后一章，被置于“旧民主主义革命的终结”的视角下，致使1912—1919年间这段重要的历史似乎既没有体现在《中国近代史》的最后部分，也没出呈现在《中国现代史》的开端部分，这对于学生了解作为通史的中国近代史来说，无疑存在着重要内容的缺失和断裂感，既不利于完整地掌握“中国近代史”，也不利于把握“中国现代史”的基本线索和学科体系，换句话说，作为通史的中国近代史并没有“打通”。

第三，“中国现代史”课程体系的偏失与历史观教育的偏差。

多年来中国近现代史教材引导的课程体系因为没有从根本上改变“革

① 美国著名科学哲学家托马斯·库恩在《科学革命的结构》中提出“范式”的概念。库恩对科学发展持历史阶段论，认为每一个科学发展阶段都有特殊的内在结构，而体现这种结构的模型即“范式”（paradigm）。

② 张海鹏：《20世纪中国近代史学科体系问题的探索》，载《近代史研究》2005年第1期。

③ 郑师渠：《近代史教材的编撰与近代史研究的“范式之争”》，载《近代史研究》2010年第2期。

命范式”，反而与公共必修课“中国近代史纲要”没有区别开来，只是比它更具体深入一些。因为中学历史教学具有很强的应试性和爱国主义教育的成分，我们也经常听到学生感叹学习中国近代史“太憋气”，而高校的中国近代史（上、下）的专业教育本应改变这一现状，但实际的课程体系从某种程度来说把学生在中学以来形成的原有的中国近代史知识框架更加具体化、熟悉化了。在“中国现代史”学习中，有很多似是而非的观点和结论。比如，因为1946年国民党的“国大”的召开是有违“政协五项协议”的，因此被认为是非法的，会议通过的《中国民国宪法》表面上规定“中华民国之主权属于国民全体”，也规定了“人民之权利义务”，但实质上是“法律限制主义”，仍然是剥夺人民权利的。这种结论的获得实际上是从批判性的目的论出发，着眼于说明国大的非法性以及宪法的非历史进步性，但在实践中则阻止了学生研究宪法的内容、真正的影响与作用的兴趣，更不会去对比较1923年中华民国宪法和五五宪草的出台与内容，分析它的历史作用。这种以史观代替史料的倾向，容易造成泛道德化、政治化的史学评价和情感价值方面贴标签的危险，与历史科学的人文精神并不相符。

二、中国现代史教学内容改革的目标与方法

第一，课程体系反映史学研究的新成果。

课程体系是确保课堂教学过程中培养形成学生的知识体系与创新路径的重要方面，它是培养学生科学的知识结构、专业基本理论素养与创新能力的重要载体。本项教改首先需要突破学生原有的中学史学思维模式的束缚、突破原有教学单一的“革命范式”的体系束缚，教师发挥主导作用，牢固确立中国近代史（上、下）的通史性体系，以“面向二十一世纪课程教材”陈廷湘的《中国现代史》为媒介，以中国近代政治史为主导，加大经济、思想、文化、对外关系和学术史的分量，力求做到“纵向上体现一以贯之的历史发展脉络，横向上中国近代社会各主要板块间的有机互动与综合发展”。[①] 把“中国现代史”置于中国社会转型和当时世界历史演进的大背景下，使之更有利于学生对中国现代史本质的了解和历史经验的认

① 郑师渠：《近代史教材的编撰与近代史研究的“范式之争”》，载《近代史研究》2010年第2期。

知，从而重构学生的中国现代史知识体系，为课堂教学目标的升华打好基础。在学生新知识体系建立的过程中，产生与原有的认知体系之间的某些矛盾，不断激发学生的问题意识和探索欲望。同时，采用更合适的教材从消极的目的上说也可以避免教学内容的泛化，冷落教材的现象发生。

例如，民国开国开启了中国近代史下段的开端，以共和体制取代帝制为特征的巨变是全方位的，也是一个持续的过程，因此，民国初年的政治体制、经济、文化形态、军阀统治与纷争、中国共产党的建立、国共合作与国民革命、中国政治思想文化领域的论争、中间政派的探索等内容都置于转型视角下，以中国人民谋求独立、发展资本主义和现代国家建构为线索，按照不同的阶段性特征展现历史发展的复杂性和多面相。再比如对抗日战争时期的历史，则需着眼于中国的政治结构和对外关系的视野，客观合理地把握国共两党在抗战中的地位和作用、中国战场在国际反法西斯战争中的地位和作用；同时把握国民政府的战时外交、外交决策、外交路线的讨论过程，分析它如何关乎国民政府的大政方针、牵动中国抗战大局，反映国民党人士怎样的政治见解与思想动态。

第二，历史观的培养与创新能力的探索。

中国近代史（下）课程体系的形成过程影响着学生历史观的形成。比如对“中东路事件”以往由于“革命范式”和中国当代意识形态的左右，往往把这一事件归因于是国民党政府指使东北地方政府张学良干的，是国民政府外交上反苏的表现，渗透着历史观的政治化倾向。如果从通史的体系性出发，则应着眼于国民政府当时的大政方针和中外关系，适当地引导学生阅读《联共（布）和共产国际与中国革命的新资料》，启发学生进一步了解历史真相，事件的根本原因既不是国民政府在外交上的反苏，也不是帝国主义联合反苏行动，甚至不是路权的争夺，而是中苏“共管”体制本身的矛盾、地缘政治、中国领导人决策失误相互作用的结果。而对于事件处理过程和结果的分析，则可鼓励同学从“中央与地方政出两歧”等情形出发，分析国民政府与东北地方当局的关系、中央政权的非集权化实质以及中国的民族主义立场在其中所起的作用，从而抛却成见，形成以反思为特点的多元史观。

在学习众所周知的中共建党时，可布置学生自行查阅中共一大的代表简历，以往的教学多从革命史观和“教化”的目的出发，说明人无论出身如何，都可以做出轰轰烈烈的大事来。对后来脱党的、反党的甚至加入别党的，以往常常引导学生做出政治判决或者道德评价。在通史体系下，则应该引导学生发现问题：中共一大的代表到底是12位还是13位，只要查阅中共党史资料和相关人员的回忆录，则可发现中国共产党的建立从第一天开始就出现与共产国际的关系问题以及由此引起的后来陈独秀与共产国际的关系问题，也可看出陈独秀的性格特点；另一个问题是，为什么中共一大的代表后来的追求并不相同？如果将这一问题置于社会转型背景下，可以引导学生首先对这一情况进行梳理，对导致这一情况出现的原因进行具体分析，这样则会引出更深刻的问题与探索。通过把“中国现代史”课程体系的建设与问题意识结合起来，激发学生的探索冲动与求解过程，史识、史观、基本理论与创新能力便从中养成。

第三，教学方法的针对性和有效性探索。

上述中国现代史教学内容改革目标的实现是课堂环节不能全部完成的，它需要教师在教学环节和教学方法上进行创新。每一位参与教改的主体讨论最多的“创新”，是所谓的“启发式”、“探索式”、“互动式”、“开放型”、“专题型”、“现代科技手段”，这些汇词足以说明高校教学改革轰轰烈烈的程度。然而有的文章对高校的教改结果提出批评：“在20世纪可称为世界性的教育改革浪潮就有三次。富兰的观察表明：‘自20世纪中期以来，世界各地的学校经常被改革所包围，学校充满了大量变革的项目，然而大量的证据表明，改革的结果微不足道，仅有一些孤立的成功的例子。’”① 其实教改恰恰不应该大刀阔斧，课堂不是实验场，学生不是实验品，教改不是运动，是教师经过探索积累或者办学理念等发生变化后的一次次追求提高、更新的过程。并且下文对教改的评价更符合实际一些：“我国新课程改革中的教学变革存在的主要问题有：第一，教学目标的虚化现象；过程方法目标，出现了游离现象；情感态度、价值观目标，出现了贴标签现象，形式主义。”②

如何在有限的课时内、学校教考体制内实现教改目标，如何处理知识体系的建构与探索创新的关系，处理教师的主导性与学生的主体性的关系，以实现上述教改目标，最根本的原则是教改要有针对性、有限性和时效性。

所谓针对性首先是指针对教育对象特点：其一，就中国现代史的教改

---

① 王健：《课程改革中的教学改革：若干困境与现实选择》，载《新华文摘》2008年第23期。

② 王健：《课程改革中的教学改革：若干困境与现实选择》，载《新华文摘》2008年第23期。

而言，学生原有的知识结构与课程体系构建有差异性；其二，大二下半学期的学生熟悉大学教育特点和方式，有了完整的中国古代史知识体系与中国近代史知识体系，为探索式教学提供了更好的基础。因此，师生可以根据近年学术界的研究动向，结合实际，共同提出论题，学生分组收集资料，拟出提纲，再进行讨论。这需要相对科学地分配教师讲授与学生讨论探索的时间黄金比例。根据知识体系建构的时间表和探索问题的设定，大约以 5∶1 的时间来完成。课堂讨论时间在开学后一周与期末考试前三周为宜。

教师讲授包括学术动态的介绍与研究方法的渗透和展示，课堂互动随时进行，专题讲解与基本框架的构建结合，不是一提研究型教学就把本科教学研究生化，确保学生的基本知识基本理论体系的建构。

第二，针对教改目标与可利用的条件。针对教改目标，除了充分利用课堂环节以外，还应充分开展第二课堂教学，指导学生参与教学平台建设，充分利分学生电脑网络知识的优势，将中国近现代史的教学平台建设成同学们自主学习、提高学习能力和科研能力的阵地。在教学平台上，展现中国现代史课程介绍、教学大纲、教学计划、作业与思考题、考核方法、参考文献，还将包括下面的内容：其一是理论经典原著和中国近现代史理论与方法；其二，学术精品和最新学术文章；其三，专辟海外研究动态（专著和文章），并尽可能性地以中英文形式同时出现；其四，加强阅读原始资料的训练，选择典型的资料上网，要求学生根据教学进度，适时阅读精选出来的原始资料，如中华民国史档案资料汇编中的某一部分、1990 年代俄罗斯公布的联共（布）、共产国际与中国革命的新资料、彭明主编的《中国现代史资料选辑》中的一部分等，同时把教学平台当作课后讨论和答疑的平台。

（作者单位：历史文化学院）

建立以小组合作学习为中心的生生互动的汉语课堂教学模式

——以对外汉语专业经贸汉语方向留学生基础阶段口语教学为例

江傲霜

一、引　言

在对外汉语课堂教学中，一直强调“精讲多练”和“少讲活练”，“但教师们往往会不自觉地成为课堂的‘主角’，在启发学生的主动参与方面做得很不够”。（陈绂，2006）特别是在口语教学中，常常是教师说得多，学生被动地听。结果导致初级阶段口语课“综合化”，即重视语言点的讲解和操练，与综合课区别不大；高级阶段口语课“阅读化”，即注重词汇的讲解和对课文内容的理解，成为阅读课的延续。这样的教学理念直接影响了教学效果，导致很多学生不愿意上口语课，认为在口语课上开口说话的机会比较少，不如自己在课外与中国人交流收获大。第二语言习得规律告诉我们，言语交际能力不是一味输入学会的，而是在大量可理解性输入和多种渠道输出的基础上最后习得的。教师讲得再好，也只能使学生“懂”。没有足够的参与练习，要熟练掌握一门语言是不可能的。因此，李泉（1996）指出，要树立“课堂教学的学生意识”。在课堂上以学生为中心，活动的安排从学生的需要出发，“通过学生广泛深入地参与完成教学任务”。①

国际教育学院对外汉语本科专业成立于2007年，经贸汉语是其下设的

---

① 李泉：《对外汉语课堂教学的理论思考》，载《中国人民大学学报》1996年第5期，第87—93页。

方向之一。它的主要目标是培养应用型高级国际汉语人才。旨在通过四年的汉语学习，使学生较全面地了解中国国情和文化，正确、流利、得体地运用汉语从事经贸活动，并进行基本的与商务内容相关的陈述性和分析性书面表达。四年中，前两年为基础阶段的汉语学习，为留学生后两年学习专业打下坚实的基础。由于学生未来从事的职业是与中国进行贸易往来，他们对听说的使用机会要大于读写，故而，基础阶段的口语培养就显得比较重要。实际上，学生对口语课的积极性并不高，他们认为口语课对他们的帮助并不大。如何在口语课堂有效时间内提高学生的参与度，使其能正确得体地使用汉语，我们教学亟须解决的问题。而问题的关键在于改变教学理念，从传统的"以教师为中心"的教学模式转变为"以学生为中心"的教学模式。因此，从2008年开始，我们进行了教学改革，尝试在口语课中引入任务为中心的体验式教学。让学生带着任务在真实场景中交际，以小组合作学习为主要形式，通过组员间的意义协商共同完成任务，真正实现了口语课的互动。两年下来，效果显著。学生不但喜欢上口语课，参与度提高了，而且成段表达能力有了飞跃。90％以上的学生觉得口语课有意思，学习的内容非常实用。

二、以任务为中心的汉语口语教学

（一）以任务为中心的口语教学的特点

任务型教学法（Task-based language teaching，TBLT）兴起于20世纪80年代，是一种把语言学习转化为具有实践意义的语言运用的课堂教学途径，它强调"在做中学、在用中学"。通过教师对任务的选择和设计以及对任务执行过程中各个变量有针对性的监控，达到共同完成语言教学任务的目的，从而使学习者自然习得语言。任务型口语教学与传统教学有很多不同，它更能发挥学生的主观能动性。

第一，任务型口语教学强调以学生为中心，通过完成任务学会与人沟通和交流。传统的口语课堂，多数时间是教师讲解，学生参与度低，没有足够的时间来练习。因而，学到的只能是陈述性知识，无法将其转变为程序性知识，也就无法提高"说"的能力。在任务型教学中，"教师的主要责任是设计任务，提供必要的材料，提出活动要求，并监控学生完成任务的情况”。[①] 课堂上多数时间是生生之间的互动，大大提高了学生的参与度。

第二，任务型口语教学强调以意义为中心，关注交际双方传达的意义，强调流利度的培养。不强调语言形式，“不过分关注语言运用的正确性和准确性”[②]，鼓励学生创造性地使用语言，这样就减轻了学生因担心形式错误而不敢开口的压力。传统口语教学多使用 PPP 教学步骤（presentation、practice、production）。教师非常注重语言形式，学生也将大量时间和精力集中在语言形式的操练上。往往会导致过分关注语言形式的对错而忽略意义的表达，使表达缺乏连贯性和系统性。当学生走出课堂与目的语国家的人沟通时，存在一定的困难。

第三，任务型口语教学将真实生活引入学习环境，重视学生的需求。课堂活动中习得的语言更近于自然习得，避免了口语课堂与真实生活相脱节的尴尬。传统口语教学常常是设置情境进行对话表演，对话内容是双方可以预知的，有些内容也非生活中典型实用的，不能引起学生的兴趣。学生只能机械地围绕主题进行刻板的对话。心理学研究证明，看到自己所学或已有知识能派上用场和产生效益是一件令人振奋的事情。任务型口语教学注重交流内容的真实和有意义，学生在课堂上完成的任务与真实生活没有什么差别，更增加了他们沟通的信心和兴趣，因为成就感是学习者学习的最大动力。

第四，合作学习是任务型口语教学最大的特点，即通过两人或多人协作来完成任务。

在任务型口语课堂中，说话者和听话者需通过语言的互动进行表达、解释、澄清和意义协商。学生在使用语言时有很大自由度。只要能完成任务，他们可以选择任何语言形式，从而最大限度发挥学生的主动性。教师在课堂中的地位只是一个监控者和协助者。这种教学理念指导下的口语课，学生成为课堂的中心，教师设计的任务都是为了提高生生和师生之间的交流，真正实现了口语课的目标和定位。

（二）任务型口语教学中的小组合作学习

所谓小组合作学习，就是指学生在小组或团队中为了完成共同的任务

---

① 程晓堂：《任务型语言教学》，高等教育出版社 2004 年版。

② 程晓堂：《任务型语言教学》，高等教育出版社 2004 年版。

有明确的责任分工的互助性学习。[①] 合作学习是当前教育心理学研究的一个热点领域。19世纪初，小组合作学习的观念从英国传入美国，受到美国教育家帕克（park）和杜威（Dewey）等人的推崇并被推广应用。20世纪70年代初在美国兴起，并于70年代中期至80年代中期取得了实质性进展。美国教育学者沃迈特则认为："合作学习是近十几年来最重要和最成功的教学改革。"[②]

任务型口语教学的核心是小组合作学习。它以同伴合作为基本形式，以小组团体成绩为评价标准，多人共同来完成教学任务。课堂上，学生被分为若干组，组内成员在完成任务过程中有大量互动机会，产生真实的交际意义，完全摒弃了死记硬背。这意味着，一方面说话者必须认真聆听同伴的表述，并准确表达自己的意思。遇到交际障碍时还要学会解释和澄清，通过意义协商完成交际任务；另一方面，他们可能从同伴那里倾听一些目前语言能力所不及的内容，通过同伴的解释被内化和吸收，成为汲取知识的另一个途径。在小组合作学习中，学生始终处于一种积极、主动的学习状态。课堂气氛由教师主控的紧张型转变为学生平等的松弛型。由于在真实情景下自主、合作地完成学习任务，单位教学时间内的教学效率大大提高，学生开口说话的机会也增多了。

（三）任务型口语教学中小组合作的优势

传统的口语课堂以教师为中心，教学重点放在对课文的词汇、语言点及重点句型的讲解上，忽视言语交际能力的培养，完全没有体现出口语技能课的特点。课堂是以师生交流和少数学生参与为主的单一交互模式。以小组合作为主的口语课堂，将传统教学中的单向交流变为多项交流，强调生生之间的互动，调动了学生的积极性，活跃了课堂气氛，培养了学生的合作意识。据统计，如果一节课中有一半时间用于小组活动，那么学生个体训练时间是大班教学中的讨论或师生问答模式下学生个体训练时间的五倍。这样，不但利于学生中介语系统的重构和扩展，对培养学生言语交际能力也具有特殊意义。从另一方面来看，合作学习有利于克服口语课堂上的焦虑和降低情感障碍，Arnold（2000）认为：学习者在进行合作学习时的焦虑程度远远低于上课回答问题时的焦虑程度。合作学习促进学生情感

① 章兼中：《外语教育学》，浙江教育出版社1993年版。

② 王坦：《合作学习简论》，载《中国教育学刊》2002年第1期，第32—35页。

交流，彼此的合作帮助可以使他们获得更多可理解性语言输入，同时促进语言输出，从而提高学习的积极性和自信心。邓秀均（2008）的调查显示：42%（9人）的学生对课上老师的提问会感觉紧张（学生紧张的原因是“不会回答”、“很害怕、不好意思”和“担心说错”）。可见，师生之间的单一交流会增加学生学习的焦虑，特别是对性格内向和以“寡言”为美德的国家的学生，甚至会完全打消他们进一步学习的热情。

在任务型口语教学中，学生采用小组合作学习的方式，不但可以减少焦虑，还可以自如地运用语言。在完成任务过程中，组内成员可以运用汉语充分表达自己的想法。这种交互性的问答产生了真正的信息差，“逼迫”学生调动储存的语言来完成信息的传递。因而也激发了学生参与课堂的积极性，提高口语表达能力。特别是“汉语水平比较低的学生比汉语水平稍高的学生更喜欢交际性活动”。[①] 因此，基础阶段的口语课堂活动中应该多设计一些具有真实意义的交际性任务。对于课堂中的纠错，学生们更喜欢在合作中的自我纠错，这比老师当众纠错让学生感觉更加自然和容易接受。生生互动的合作学习“比充满竞争气氛的学习环境更有利于学生减少焦虑”。[②]

三、建立以小组合作学习为中心的生生互动的对外汉语口语课堂教学模式

学习语言形式的最终目的在于发挥语言功能，达到沟通交际的目的。过分关注形式忽略意义就会使学习处于真空状态，无法在现实中运用。因此，我们要建立以小组合作为中心的生生互动的口语课堂教学模式。在教师的引导下，最大限度增加人均语言活动量，这也是由口语技能课的特点决定的。据调查“学生在小组讨论活动中比在老师引导学生讨论活动中说得多，而且在小组讨论活动进行中，学生对讨论内容的澄清、确认是老师引导学生的讨论活动的两倍”。[③] 通过我们两年的教学实验，85%以上的学生喜欢以合作的方式进行学习，并认为通过这种方式学习的记忆效果最佳。这同Lee（2000）做的实验结论一致：小组合作沟通交流的学生，对

① 丁安琪：《欧美留学生对课堂活动有效性评价的分析——对外汉语课堂活动系列调查之三》，载《汉语学习》2006年第5期，第60—66页。

② 邓秀均：《有助于减轻外国留学生课堂焦虑的提问模式初探》，载《民族教育研究》2008年第3期，第100—103页。

③ 曾妙芬：《推动专业化的AP中文教学——大学二年级中文教学成功模式之探讨与应用》，北京语言大学出版社2007年版。

于讨论内容的记忆是老师引导讨论方式的两倍。

以小组合作学习为中心的生生互动的口语课堂模式包括任务前的准备、任务中和任务后的追踪等几个环节。这些环节彼此关联缺一不可，有机地构成一个完整的任务型教学。其中，前一环节是后一环节的铺垫，没有前面的充分准备，后一环节将无法顺利进行。

1. 任务前的准备包括热身部分和语言形式（陈作宏、田艳：2008）。所谓“热身部分”，是一个承上启下的环节——复习旧知识同时引入要讨论的话题。任何一个任务，即使是小任务，也不是孤立的。任务前充分的热身活动，可以为任务的顺畅进行提供保障。我们通常采用图表、卡片、图片和录音的输入、游戏等形式帮助学生熟悉任务目标、将新旧知识联系在一起、扫清词汇障碍，激活语言，为下一环节做好准备。“语言形式”是支撑任务完成必不可少的语言结构，它是提高小组活动效率和质量的前提条件。这个环节准备得好，活动中能减少错误，节省时间，进行更有效的交流。在语言形式的处理上，任务型教学与传统口语教学有很大区别。词语、句型及课文并非整个教学的重点，它们只是任务链中的一个个准备环节。在为后面的任务搭建“脚手架”，运用它们来完成任务才是最终目的。我们不采用传统的教师讲解的方法，而是让学生在活动中真正会用。通过词汇与图片搭配，词汇与词汇搭配，听录音将列出的词汇填入空格中以及用小词库中的词汇来回答问题等方式，让学生掌握词汇的用法。另外，通过听录音、看图片、填图表、判断正误、根据课文内容填空，听录音标出句子的正确顺序等方法来理解课文，使语言形式的交际功能更为明显。

2. 任务中是课堂上的活动环节，也是任务型口语教学的关键。它真正做到了以生生互动为中心。任务中的活动可以是不同目标的小任务，也可以是同一目标几个环环相扣的小任务组成的大任务。重要的是，活动要具有真实性。由于活动结果学生无法预先知道，要通过运用语言来获取，便激起学生极大的兴趣和热情。在这个过程中组内成员分工合作，通过意义协商，最终完成任务。例如：我们在“购物”话题中设计了“超市大赢家”。3—4 人一组，为自己的超市购买东西。每组的超市只有部分商品，他们要为自己的商品定价并出售，还要去其他的小组购买别的商品。哪个小组买到商品清单中的 8 种商品，便获胜。这个任务调动了每个学生的积极性，组内各成员都要承担自己的职责，不仅要使用关于“买”的相关表达法与卖方顺利沟通买到所需物品，还要使用“卖”的相关表达法与买方沟通，卖掉自己不需要的物品。这种生生互动的交流并非一次结束，要经过几次买和卖，才能买全清单中的商品。在一买一卖的过程中，学生巩固了所学内容，并能很快运用，成功的交易也会增加学生交际的自信心，这个过程是生生活动课堂最有效的体现。

3. 任务后的追踪环节，是教师对学生学习成果的总结和展示以及对语言形式的操练和固化。任务型口语教学在交际过程中强调意义，注重学生的流利表达。因为学生完成信息传递、顺利与人交流时，会体验到成功的喜悦。他将不断调整自己的中介语系统，逐渐向目的语靠近。但这并不意味任务型口语教学不重视语言形式。追踪环节也对任务中易出现的问题加以纠正和巩固，既加深了学生对正确形式的内化，又不会在交际中受到语言形式的束缚。我们通常采用语音、词汇、语法的替换，选词填空、完成对话、用指定的词语完成句子等形式来帮助学生巩固语言结构。它与传统口语教学中语言形式的练习在功能上是一致的。除此之外，恰当的评判能让学生获得成就感，树立自信心，有助于实现有效的小组合作学习。

四、在以小组合作为中心的生生互动课堂中需要注意的问题

1. 以生生互动为中心，并不代表课堂教学要放弃师生互动。如果没有教师指导下的师生互动，小组的合作学习也不可能顺利完成。最理想的时间分配比例是师生之间的互动教学占课堂时间的 50%，而学生之间的小组互动占课堂时间的 50%。①

2. 小组成员的组成非常重要，这是合作学习成败的关键。分组时要本着“高低配对、背景混合”的原则。尽量避免将程度高与程度高的学生分在一起，程度低与程度低的学生分在一起，同时国别也要多样化，因为“学生在与比自己水平稍高的成员的交往中，有将潜在的发展转化为现实的发展，并创造更大的发展的可能”。②

3. 教师作为课堂的引导者和促进者，要有效监控活动，在学生出现问题时给予适当的引导和帮助。当学生发现自己所要表达与所能表达之间的

---

① 曾妙芬：《推动专业化的 AP 中文教学——大学二年级中文教学成功模式之探讨与应用》，北京语言大学出版社 2007 年版。

② 宋凤宁、宋书文、李宏翰：《现代心理学》，广西教育出版社 2003 年版。

差距时，会求助同伴或者自主学习。组内成员无法互相解决时，他们会转而求助教师。这就使他们由过去被动地依赖教师转变为自主学习，学习能力也得到提高。但要避免两种情况：第一，教师置身事外，学生自己进行沟通和交流；第二，教师不“放权”，依旧充当权威，主控活动。

4. 不能割裂任务链，单独练习某个任务。因为任务链中的每个环节都紧密相连，为真正的任务做准备。割裂任务链，随意使用任务，会造成教学的困难。例如，我们在教“时间”话题时，第一步先给出小词库，让学生将词库中的词语与相应的图片连接起来，然后跟同伴进行指定任务的对话。第二步是利用表格采访三个同学。这个表格中很多词语都是第一步中给出的。如果不考虑任务的连续性，直接拿出第二步让学生去调查，就会在词汇上给学生造成很多障碍，使任务无法顺利进行。

5. 任务所需时间要控制得当，特别是复杂的大任务。在活动前，教师要对完成任务所用时间有一个明确概念，规定学生在所限时间内完成任务。切不要单纯为了完成任务而拖沓，那会直接影响教学进程和教学安排。

章兼中指出：“课堂教学中师生交往的形式是多种多样的，但学生之间和小组之间的交往尤为重要，更主要的是生生交往。”[①] 在基础阶段的口语教学中，以小组合作为中心的生生互动的教学模式最大限度地发挥了学生的能动性，让他们在用中学会汉语。对于培养学生的口语能力，提高口语水平确实行之有效。

（作者单位：国际教育学院）

---

① 章兼中：《外语教育学》，浙江教育出版社 1993 年版。

大学英语任务型教学及与之匹配的评价方式

葛丽莲

一、引　言

大学英语教学由于受到课时少、班级大、任务重、教学目的又不甚明确等客观不利因素的影响，在以教师为中心的教学模式下，广大英语教师长期以来习惯性地扮演着传输知识的角色，而学生也就自然而然地以受纳知识的思路和方法来被动地学习语言了。在这种认识的作用下，无论教师还是学生都很容易忘记语言的技能属性。尽管学校的外语教学不可避免地会被赋予知识性的特征但语言归根结底是一种技能，而掌握一种技能最有效的方法是在需要使用它的真实情境下尝试使用它。任务型教学模式就是一种让学生在真实语境下主动尝试使用语言，以此来学习语言的教学方式。近年来，任务型教学模式因其综合体现了历史上多种教学理论和实践的优势，具有以人为本、以学习为本、注重培养应用能力和创造能力的特点，而在大学英语教学中越来越受到广大英语教师的重视。然而在教学实施层面，该教学模式仍然有进一步深入探讨的必要性。笔者认为要建构高效的适合中国国情的教学模式，就需要将学习性任务与交际性任务、课内任务与课外任务、传统教学途径与现代教育途径有机地配搭，并联同与这种教学模式特点相匹配的评价方式配套使用，方能最大限度地在大学英语教学领域发挥其优势。

二、任务型教学

传统的语言教学观认为语言是可分解的。只要把语言知识分解开来，直接输入给学习者，并让他们反复操练，学习者不但会“吸收”这些知识，并可将其转化为可应用的技能。针对这种语言教学观，第二语言习得研究清楚地表明，“输入”和“输出”并没有必然的联系，语言学习者并非是按照所呈现给他们的东西来学习语言的（Ellis1994）。自 Corder（1967）和 Selinker（1972）以来的研究者均认为，人们无法预测“输入”如何影响学习者的语言发展。有意识地学到的语言知识不一定会必然转化为自发的、主动的语言运用已是共识。批评者认为以语言形式为纲的教学，不考虑学生的需求和他们的主观能动性，让他们孤立地学习各种语言的形式，这种做法容易导致学习者产生厌倦情绪，造成学习效果不佳，因为这种教学通常是在不考虑学习者心理语言准备是否充分的基础上进行的。

鉴于单纯地操练语言形式并不能使人习得一门语言，因而，后来的交际教学法提倡将学习者置身于一个类似儿童习得母语的语言环境，教师提供可理解的、综合的而不是分离的语言材料，让学生在具体情境中学习和交流，并对所输入的材料进行分析，进而自己归纳各种语法规则。这种以语意为核心、强调交际和表达的教学思想指导下培养出来的学生虽然其表达的流利性得到提高，但语言的准确性却仍然存在很多漏洞。也就是说学生缺乏语言知识的基本功。为弥补上述两种语言教学观的不足，研究者才提出了语意和形式兼顾的第三种方案，即任务型方案（Doughty &Williams 1998；Long 1991；Long & Robinson 1998）。这种教学模式的突出特点是，语言教学仍以有目的的交际和语意表达为核心，但不忽视语言形式的学习。尤其当学生在交际活动中出现理解或表达困难时，需要将注意力短暂地集中到语言形式上来。“任务”作为一种有明确的教学目的的活动（Skehan 1999），通常分为两大类型：学习性任务（pedagogic tasks）和真实生活性任务（real－life tasks），（Nunan 2000）。前者是指学习语言知识的活动，如“Listen and then repeat”、“ read and write about it”等。后者是指在日常生活中运用语言的活动。当学习者所进行的任务使他们当前的语言能力得到充分发挥时，习得的效果也最佳。采用任务型教学，关键在于设计好学生语言能力所及，既能使他们不断感受到成功的喜悦，同时也尽量包含一些挑战、竞争性，也能让他们体验失败的遗憾。这样不但能够激发他们的学习兴趣，强化他们的学习动机，还能挖掘他们的智慧潜能，帮助他们成为独立学习者。“任务型”教学的任务设计（task offering）、任务选择（task－choosing）、任务执行（task－executing）等环节必须科学实际，灵活开放，以人为本，为生活服务，注重实践，讲求实效。

总的来说，任务型学习的基本观点是：语言学习涉及交际与意义的建构，学习的目标就是任务的完成；在完成任务的过程中合作是必不可少的；真实的任务离不开情境。由于情境的复杂性和多样性，学习者所使用的语言是不可预测的。一般认为，通过运用语言完成任务的方法，是可以促进学习的。有目的地运用目标语进行交际，能使复杂的情感和认知内容得以用说、写的方式表露，用听、读的方式接收和加工从而达到最佳的习得效果。在任务型教学的实施过程中，以任务为核心来组织课堂教学活动，这些任务不以语言为中心，但是需要用语言来解决，培植学生的语言运用过程，并且带动学生的认知、情感等多方面素质共同发展。学生在完成任务时是为了真实的交际目的运用语言，而不是为了学习语言用法而运用语言，因而其注意力在语言意义而不是语言形式上。任务型教学强调学习过程，教学重点不在结果上；强调语言学习活动及其任务要具有生活现实性，学习语言的目的就是在生活中运用语言。教学活动和任务按照循序渐进，由易到难的原则，强调语言学习作为获得技能的过程。任务设计要突出趣味性、可操作性、科学性、交际性和拓展性，要有利于培养创造性思维能力，有利于运用所学语言解决现实问题，有利于综合语言能力的提高。在任务型教学模式中，学生和教师所扮演的角色与传统教学模式不同：教师是任务设计和组织者，并担当咨询、鼓励和协助的责任，而学生主要是任务的执行者、参与者和探索者。

三、任务的设计实施

以学生通过真实使用所学目的语来完成一系列任务并加以考查的方式进行英语教学就需要任课教师根据所用教材每一单元或每一课书的具体内容设计出相应的分解式任务来。尽管任务的基本内容必然由某一特定教学课题所决定，但教师在设计完成任务的途径、方式等方面却有很大的发挥空间。以笔者所教授的《新时代交互英语—读写译》（全新版）这部教材为例。由于教材同时具有纸质课本和多媒体两种形式，这就为任务设计提供了丰富、多元化的途径和形式。教材第一册第四单元的主题是“Environment”。该单元第一篇课文的题目是“Waste Not，Want Not”（不浪费，不愁缺）。文章围绕本单元主题“Environment”，向读者展现了一个问题的不同侧面，即通过废水循环使用，达到节约宝贵的水资源的目的（即便是非生活化的教学内容同样也能设计出丰富多样不同难度等级的教学任务来拓展学生思维，因为一篇文章其语言本身必然相关性强，而话题也必然具有层次性，形成“形式”和“意义”的循环阐释，便于任务的设计）。

（一）前任务阶段（pre-task）

教师首先利用多媒体课件向学生展示 2008 年 3 月北京遭受沙尘暴袭击和我国西部地区因缺水土地干涸，致使当地居民的生活受到严重影响的图片来吸引学生的注意力，从而引发他们思考并讨论造成这些恶劣现象的原因和治理的有效方法。这一项任务活动，很自然地把学生引入本单元的主题——环境。

然后教师再利用多媒体课件给同学讲解课文中的重点词汇，并通过让学生完成快速记忆词组、猜词、填词等任务活动掌握这些词汇。

在学生有了一定的语言输入后，最后教师借助多媒体光盘播放课文的录音，同时提醒学生要特别注意朗读者的语音、语调和连读。此项任务的安排是考虑到笔者所教的两个班的学生属于一个比较特殊的群体。他们中的绝大多数属于少数民族，很多学生甚至来自偏远的少数民族地区，一些学生的英语发音带有比较浓重的乡音残余，因此这项听的任务不但能使这些学生获得正确的语音语调输入，同时也有助于他们对课文的内容和结构得以初步的了解。

（二）任务阶段（task-cycle）

教师布置学生利用寻读技巧快速阅读课文并完成以下七项任务（可用多媒体课件向学生展示任务及要求）。

Task 1：Find out the reason for Californian officials to find a new water source.

Task 2：Explain to yourself the meaning of water reclamation.

Task 3：List the reasons why some people are afraid of using wastewater.

Task 4：Name some possible uses of reclaimed wastewater as mentioned in the text.

Task 5：Tell the importance of reclaimed wastewater.

Task 6：Introduce some other effective ways to save precious water resources.

Task 7：In 2010，Beijing government has raised the price of water. Do you agree with it? Present your reasons.

Task 8：Express the meaning “南水北调” in English，and tell the advantages and disadvantages of it.

（任务 1 至任务 5 是与课文内容直接相关的任务，这些任务在课堂上完成。任务 6 至任务 8 是拓展性任务，这些任务与学生的实际生活关系密切，学生会有兴趣来完成的，所以教师可以把这些任务安排在课堂外来完成。为了帮助学生找到他们所需的资料，教师可向学生推荐一些网址。）

（三）后任务阶段（post-task）

（1）组织学生以小组为单位准备归纳课文内容，然后派代表向全班口头报告（提示他们注意使用课文中的重点词汇：strike ，water supply，waster water reclamation，at first，worried，improved，treated water，in water costs，unpleasant，safe and popular，useful source of water.）。

（2）要求学生结合所学的重点词汇独立完成一篇主题为“环境”的作文。字数不能少于 120 个字。

（3）布置学生进入学校的自主学习英语网络平台进行本单元的读写译课外学习。

在后任务阶段，学生在教师的指导下，将注意力由语言的意义转移到语言的形式上，以保证语言使用的正确性，并最终结合语言的形式及功能，把它内化入知识结构中。

上述三个阶段相辅相成，并连接教学任务的各个环节，从而形成了一个有机的整体。

以上的教学案例片段仅为说明任务型教学在课堂上的实施方式，而很多拓展性任务可以安排学生借助多种资料来源，如图书、多媒体、以至互联网或个人独立或以小组形式在课外完成来配合课堂教学，会收到意想不到的良好效果。值得一提的是，学生在任务型教学模式下的学习成绩不宜以终结性的方式而特别适合以形成性评价方式进行评定以此来匹配任务型教学的多元化特点，评估工具也应多样化，可以采用教师评定，学生自评，学生互评，建立学生档案和调查问卷相结合的综合手段方能全面反映出学生解决学习问题的能力或技能水平。

四、形成性评价在教学中的应用

任何形式的教学都离不开评估，评估方式的科学与否直接影响到学生的学习积极性。

形成性评价是对学生学习过程，即完成老师布置的任务的评估。它既是教师获取教学反馈信息、调整教学内容及方法、提高教学质量的重要依据，也是学生调整学习策略、改进学习方法、提高学习效果的有效手段。

笔者在2009级所教的两个班采用的形成性评价方式如下：

（一）教师评定

主要由学生的学习态度（出勤、作业等），课堂表现和口语练习（读课文、回答问题、小组讨论）和小测验（单词、句子）等综合表现来决定。

（二）学生自评，学生互评

根据课堂上运用所学语言知识完成语言任务的实际表现，可让学生先进行自我评定，分析自身的长处和不足，然后采取与合作的同学互评，教师参与的方式进行对比、反思，确定改进目标和方法。学生积极参与、亲身体验、互相评价的这一过程，真正体现了“以学生为中心”的教学理念。

（三）建立学习档案

包括如学生预习、复习、完成作业、利用学生自主学习英语网络平台课外练习、参加英语单词拼写竞赛、英语小品表演、阶段性考试成绩等所有学生英语学习行为的记录，对各个学习环节进行监督和指导。

（四）调查问卷

通过课下访谈、课上问卷调查等形式收集学生在学习过程中的进步、困难和他们对教学的反馈。对学生所取得的进步，特别是基础较差的学生，教师要及时给予表扬与鼓励以增强他们学好英语的自信心。对于学生学习中遇到的问题教师应以咨询者，引导者的身份耐心地帮助解决。总之，通过调查问卷，教师不但可以了解学生学习中的一些情况而且还可以了解自己在教学中存在的不足，促进教师的自我反思和及时提出整改方案以达到提高教学效果的目的。

五、结　语

本人通过近几年的任务型教学实践，深深体会到任务型教学对学生的自主学习能力的培养，对开发学生学习英语的能动性和积极性起到了至关重要的作用。但也发现了一些亟待解决和完善的问题。如教学过程中各项语言应用能力发展的监测不够完善，评价工具的研究和开发相对滞后，因而削弱了评估、测验或考试对教学过程应该具有的反馈和促进作用。

有鉴于此，加强对学生在学习过程中应用英语能力发展情况的监测，实现对教学全过程的整体监控和评估，是大学英语教学改革的重要课题，有待于进一步深入探讨研究。

参考文献

［1］ Gram. H. G. &Cerminario. 2000. *Learning and learning in Schools：Brains Based Practice*［M］. Lanham，Maryland，and London：The Scarecrow Press，Inc.

［2］ G. P. Y. 2003. Vocabulary learning in a School Language：Person，Task，Context and Strategies［J］. *Teaching English as a Foreign Language*. 7 (2)：80—86.

［3］ Hunt，A.，&D. Beglar. 2005. A framework for developing EFL reading vocabulary［J］. *Reading in a Foreign Language*，17(1)：90—100.

［4］ 张彦君：《通过学习者训练培养学习者自主性的实验》，载《外语界》2004年第1期，第54—61页。

［5］ 夏季梅：《任务型教学法给大学英语教学带来的效益》，载《中国大学教育》2001年第6期，第18—20页。

（作者单位：外国语学院）

英汉口译中认知与笔记关系的实证研究及其教学启示①

姜 静

一、引 言

口译是一个完整的过程，分为记忆、储存和提取。关于信息的储存，普遍认为源语的长度超过了大脑记忆的限度，译员就难以出色地完成口译任务。在大脑容量难以胜任的情况下，需要借助笔记来完成信息的记忆。交传笔记不同于一般笔记，交传笔记的重要作用就在于能在提取时激活被动记忆，让笔记起到提示作用。

普遍认为，笔记形式如笔记符号和语言因人而异，没有统一的规定，只要有助于记忆源语信息就可以。因此在目前的口译教学、口译教材中，不少虽然有大量笔记方法的实例展示，但笔记符号"个人化"的过程更多是学习者自我挖掘、自我研究的过程。这一问题实际揭示了对口译笔记的重要性缺乏足够的认识，没有认清口译笔记训练背后的认知原理与作用。究竟有没有切实可行的训练步骤可以用来帮助口译初学者们建立自己"个人化"的笔记系统，这是本文致力于探讨的问题。

二、本文研究的理论基础

图式理论来自于认知心理学，它强调背景知识对语言理解、信息处理的作用，是反映语言理解和信息加工中的一个重要理论。图式理论认为，

---

① 本文是2010—2011年度中央民族大学外国语学院科研项目"认知图式理论对交替传译中记忆与笔记训练的启示"的成果之一，立项时间为2010年2月。

所有人的头脑中都拥有信息分类规则或脚本，这就是图式，人们根据新信息与已有图式的契合度来对新信息进行加工处理，并据此解释世界或预测将发生的情形。① 输入的信息越多，被激活的结点越多，命题网络将更广泛。对于一名口译员来说，宽泛广博的认知信息将使得他们大脑中的图式信息更为丰富，从而提高口译的准确性。

图示理论不但强调对信息的解释，而且注重揭示信息应该如何呈现。图式本身在文本结构中就可以体现出来。② 图式在文本中可呈现为因果、对比、记叙等模式，这些模式有助于读者解读文本信息。③ 成功的口译通常都有清楚的结构图式，为了有效地接收和储存信息，译员一定要关注具体情境中文本的结构。因此好的交传笔记记录的不是单个词，而是意思与意思之间的相互关联，从而反映出原语文本的结构图式。

Daniel Gile 的多任务处理模式认为，在交传过程中，译员在注意力有限的情况之下，需同时完成多项任务。④ 这一模式认为，交替传译的第一阶段为：听力理解，笔记，短期记忆，协调；第二阶段为：笔记阅读，记忆，输出。

根据多任务处理模式，如果将太多的精力用于笔记，听力理解就会受影响。因此，在笔记训练的初期，学生们常因为专注于理解原文或做笔记，而听不到原文；如果笔记不清楚，或可读性差，导致过多的注意力用于阅读笔记，那么口译的质量又将打折扣。由此可见，口译中笔记训练本质不仅是笔记符号训练，更重要的是注意力合理分配的训练。

刘和平教授认为："在口译中，认知知识同辨识、理解和记忆的压力成反比，即认知知识越丰富，对主题越了解，翻译中各种压力越小。"⑤从图式理论的角度来看，在译员注意力有限的前提下，如果认知知识越丰富，原语文本中的信息能激活更多的结点，并进而构建起与原文本相关

---

① Sharon Alayne Widmayer. Schema Theory：An Introduction. George Mason UniversityAvailable：www. google. com/schema theory/reading ，1997.

② Halliday & Hassan. Language，Context and Text：aspects of language in a social－semantic perspective. Oxford：Oxford University Press，1989.

③ Sharon Alayne Widmayer. Schema Theory：An Introduction . George Mason University Available：www. google. com/schema theory/reading，1997.

④ Gile，Daniel. Basic Concepts and Models for Interpreter and Translator Training. Amsterdam/Philadelphia：John Benjamins，1995：178.

⑤ 刘和平：《口译技巧——思维科学与口译推理教学法》，中国对外翻译出版公司 2001 年版，第 40 页。

的认知图式，译员用于信息理解、短期记忆的注意力会因此而减少。那么，译员就有相对更多的注意力来关注口译的其他环节。本文将在上述理论基础上，通过对比实验的方式、研究不同认知条件下、笔记特点以及笔记的成效，探讨学员记忆与笔记时注意力的分配，从而为笔记训练提供指导建议。

三、本文研究的主要问题

认知知识对口译有特殊意义，认知知识在人脑中构建的各种图式，在口译过程中影响着译员对信息的理解、记忆以及表达，在一定程度上决定着口译活动能否成功顺利地进行。本研究将解决如下几个问题：

1. 在不同的认知条件中，译者笔记数量和形式等是否会存在差异?

2. 在不同的认知条件中，译者的笔记与最后翻译结果之间有何关联性?

3. 研究结果对记忆与笔记训练有何启示?

四、实验设计

参加此项实验的30名被试选自中央民族大学外国语学院英语专业(翻译方向)本科大三学生，已接受交替传译课训练一年，英语专业四级良好以上。参考被试的专业四级得分与交替传译课成绩，将30名被试平均分配，使各组间的语言能力和口译水平尽可能接近。30名被试被分为三组：第一组被试在没有任何资料和准备的情况下，即时作口译；第二组被告知文章的主题思想和概要，有5分钟准备时间；第三组被试提前阅读相关的背景资料，有10分钟准备时间。

（一）实验材料

本实验所选用的是一篇英文旅游介绍，涉及地理、历史、人文等背景信息，共294字。因为是对口译过程本身的关注，笔者希望尽可能避免被试已经具备有关的背景知识，因此在选材时，选择了大家相对陌生的一座城市——南非开普敦的旅游介绍，以保证实验的客观性。文章中一些陌生的人名和地名在口译开始前，笔者提前告知了所有被试，以免因为这些词引起被试注意力不集中。口译原文由研究老师用正常语速朗读给各组被试听，发音自然清晰，尽可能地再现口译现场感。

本实验另外还有两篇文字资料，一篇是南非开普敦旅游介绍的中文概要，介绍了每自然段的核心意思和层次，为了让被试了解文章的主题意思和结构层次；另一篇是笔者从网上下载的一篇介绍开普敦地理、历史和文化等信息的相关中文文章，旨在帮助被试获得相关的背景知识。

(二)实验程序

实验地点是平日被试上交替传译课的语音室，被试以组为单位，按第一、二、三组的顺序先后参与实验。实验前，研究者向被试强调这不是测试，不会给被试评分，大家只需把这当作一项真实口译记录，用自然的心态、认真的态度来完成即可。研究者希望借此来消除或减少被试的测试心理，给测试造成消极影响。语音室中，每位被试的桌面上都有电脑显示器、录音设备，由老师集体控制。被试可通过桌上的显示器阅读相关实验资料。翻译过程由老师集体控制录音，无需被试操作，被试可集中注意力，尽可能地发挥真实水平。

实验正式开始之前，给每位被试发两张 A4 纸，要求都写上被试姓名和座位号，一张 A4 纸做笔记用。在口译结束后，被试通过桌上的显示器阅读老师给出的译文，回顾自己的翻译，在笔记上标记或说明自己翻译过程中有犹豫、有更正或错误的地方，分析原因，回顾当时心理活动。在回忆环节，笔者设计的提示问题有："为什么错了?""为什么犹豫?""为什么没有译出来?""难点在哪?"通过回忆这样的反思环节，来为实验收集更多的数据。另一张 A4 纸用来听写译文，在口译结束后，被试根据口译录音将自己的译文誊写到纸上，要求把翻译中的停顿、重复、犹豫、纠正等都记录下来。

在上述过程结束后，笔者将被试的笔记、誊写的译文以及口译录音资料收集起来，进行数据分析。研究者反复阅读所有数据资料，并从中找出共性与差异，然后进行分类研究。

(三) 实验结果

笔者首先根据笔记形式，对笔记进行了分类，分为字词(包括字母、单词、缩略语)和符号。因为笔记个人化风格非常突出，词组与句子记录的形式是多样的，不便辨认，所以笔记中的词组与句子并不作为独立的单位来计算，而是将其归入字词类别中一起计算。对各类别笔记进行数据整理与分析之后，笔者对各组笔记特征进行了比对，见下图表格：

表 1　笔记特征对比

组别 / 组员	无资料组(T1)		已知结构组(T2)		有资料组(T3)	
	符号数	字词数	符号数	字词数	符号数	字词数
S1	18	70	9	74	21	68
S2	24	80	8	78	31	57
S3	6	84	7	79	14	65
S4	37	78	5	81	5	71
S5	8	95	3	95	6	47
S6	10	76	8	75	13	63
S7	4	62	10	62	14	68
S8	1	70	17	63	22	64
S9	32	65	2	75	3	41
S10	4	93	37	65	11	78
平均数	14.4	77.3	10.6	74.7	14	62.2
平均数和	76.2		91.7		85.3	
符号数与平均数和比	15.7%		12.43%		18.37	

从表一来看，各组被试所使用的字词数明显多于符号数，足见学生笔记形式还是以字词为主。(1)三组对比来看，有资料组所用符号数与无资料组所用符号数接近，平均数分别为：14 与 14.4，已知结构组略低为 10.6；无资料组和已知结构组所用字词数接近，平均数分别为：77.3 与 74.7，而有资料组所用字词数明显低于其他类别，仅为 62.2。

(2)从平均笔记数(符号数＋字词数)来看，无资料组、已知结构组、有资料组存在明显差异(91.7＞ 85.3.＞ 76.2)，有资料组的平均笔记数明显少于其他组别。

(3)在笔者收集资料的过程中，发现被试所使用的符号较为简单，常见的有：↑↓←→/—＝＋&×：{∵。从上表中似乎看不出无资料组、已知结构组和有资料组间的符号数有特别的差异。然而，从符号数与平均笔记数和比来看，有资料组为 18.37%，明显高于无资料组和已知结构组(15.7%＞12.43%)。

口译笔记作用毕竟不是供人们欣赏的，它具有提示性、可读性等特点。除了笔记特征之外，各组的笔记成效又如何呢？见下图：

表 2　三组错误数量对比

组员 \ 组别	无资料组(T1)	已知结构组(T2)	有资料组(T3)
S1	7	6	2
S2	5	8	4
S3	6	6	7
S4	7	7	6
S5	6	5	4
S6	6	5	6
S7	8	7	3
S8	6	6	5
S9	7	7	6
S10	5	3	6
平均数	6.3	6.0	4.9

表 2 的数字一目了然，从被试的平均错误数来看，无资料组、已知结构组与有资料组之间正好呈递减的趋势(6.3＞ 6.0＞4.9)。

(四)实验分析

根据图式理论，头脑中的知识被组织起来形成相关的模式，这些模式的构建来自以往的经验。被试在不同的准备情况下进行口译，实际上就意味着他们的认知水平不同，所能借助的已有知识也不同。原因分析如下：

从上表数据对比来看，有资料组事先已阅读相关资料，因此构建了有关知识图式。在理解、分析原文信息时，大脑中已有相关图式结点被激活，所以相比无资料组和已知主题结构组，被试能较容易对听到的信息进行分析归纳，从而方便记忆。依据多任务处理模式中交替传译第一阶段模式，在口译人员注意力总量一定的情况下，若听力理解，信息处理和短期记忆环节支配的注意力减少了，则势必能让译员有更多注意力去关注其他环节：即记忆和笔记协调。因此，在有资料组的笔记中，所用字词数、平均笔记数和明显少于其他组别；符号数与平均笔记数和比(符号数比例)明显高于其他组别，而错误数却为最低(仅为 4.9)。由此可见，有资料组在信息的归纳总结，笔记的简洁性以及笔记的有效性上要优于无资料组和已知结构组。

已知结构组的被试已了解了原文的主题和结构框架，因此构建了关于原文的结构图式，在口译笔记时承受的压力会小于无资料组。从笔记特征来看，已知结构组所用平均笔记数为85.3，略低于无准备组的91.7，实验结果证实了研究假设。但是已知结构组所用平均符号数仅为10.6，低于无准备组的平均符号数(14.4)，符号数比例也小于无准备组(12.43<15.7)。笔者推测，这可能跟被试的笔记习惯也有一定关系，被试并不都习惯用符号来标示逻辑关系。此外虽然对原文结构框架有所了解，但一些微妙的逻辑联系在被试的认知结构图式中并不存在，所以在记录这些细微的逻辑关系时，已知结构组并不比别的组占优势，所以所用符号数偏少。此外综上可知，已知结构组的笔记较无资料组简洁，笔记成效也高于无资料组，但已知结构组并不一定比其他组善于用符号记录逻辑脉络。

无资料组在事先对原文一无所知的情况下，在口译过程中只有凭借自有的经验或知识来构建图式。被试们在错误原因分析中写到：因为缺乏常识，听到 vineyard，beach 没有明白；记下了 3 centuries，但理解错误。由此可见，因为研究所用的材料较为陌生，对被试来说，他们在理解和处理信息过程中能激活的图式结点相对较少，所以被试们需要较大的注意力来理解和处理信息，从而构建新的图式，其结果必然会影响被试们归纳总结笔记内容，所以笔记虽记得多，但成效并不见得高。

从上述实验分析中，可得出如下结论：

(1)口译笔记的有效性与认知成正比。认知越丰富，笔记语言形式更简洁，提示性越强。

(2)认知有助于注意力合理分配，平衡理解、记忆与笔记之间相辅相成的关系，协调口译各环节，提高口译成效。

(五)教学启示

通常口译笔记被认为对人脑记忆起辅助作用，因此口译笔记训练是在记忆训练完成之后才开始。笔记不是记得越多就越好。笔记多少为最佳，由最后信息的完整度，口译质量来决定，涉及笔记与理解记忆的协调配合。

本实验结果对注意力分配以及笔记训练有一定参考价值。在笔记训练中较有影响力的训练方式是复述和笔录混合训练的方式。结合本研究成果，以及笔者多年口译教学的经验，认为除复述和笔录混合训练之外，可以利用译者不同认知条件下，注意力的分配差异，巧妙编排训练材料来帮助口译初学者建立自己个人化的笔记系统：

(1)在介绍完笔记的有关原则和方法，进入模拟练习阶段之后，首先选择译者熟悉的、较容易的主题来帮助协调记忆与笔记。因为对训练材料有较好的认知，受训者理解记忆环节压力较小，所以能较好地平衡记忆与笔记关系，更多精力去考虑如何使用笔记符号，构建笔记系统，确保笔记的简洁有效。

(2)训练者可为受训者选择难度适中，逻辑性强，脉络清晰的材料，进行逻辑关系的专题训练。可以给出原文的逻辑框架，让受训者依照这一框架，来把握原文的逻辑脉络，抓关联词，注意笔记信息的层次，帮助培养良好的笔记习惯。

(3)针对信息量较大、专题性较强的材料，训练者可以为受训者提供相关背景知识和术语，甚至可以将难度偏大的原文，发给受训者准备几分钟，训练时再将材料收起来，以避免初学者一听到陌生信息，做笔记时惊慌失措，眉毛胡子一把抓的现象。在此过程中可设计抓主题句、关键词的环节：如原文填空、复述大意等，以此来帮助受训者明白，该记什么，不该记什么，并帮助培养好的笔记方式。通过减轻理解、认知压力的办法，帮助协调记忆和笔记，确保笔记训练的有效性。随着受训者对相关主题熟悉度增加，再逐步减少背景材料的介绍，看受训者是否能从容应对。

除口译实际训练之外，口译教材在笔记训练阶段也应注意介绍训练方法与步骤，在材料选择上注意循序渐进，而不是不分难易，不论方法，一股脑地摆出来。

五、结　语

认知的来源错综复杂。本研究的实验材料是一个相对陌生的主题，但并不能排除被试个人所具有的先验知识对研究结果的影响；被试个人已经习得的笔记习惯也会对本研究有一定影响，因此本研究对认知与笔记关系的结论是一个重要参考，并不是定论。

口译有别于其他英语专业课程，是一门围绕实践，以技巧训练为主的课程。如果教师或教材编者不能结合相关理论技巧，发挥好引导、指点的作用，就很容易使这门课程沦为简单的文字练习，因此希望能有更多文章来关注口译训练细节。

参 考 文 献

[1] 戴炜栋、徐海铭：《汉英交替传译过程中译员笔记特征实证研究》，载《外语教学与研究》2007年第2期，第136—144页。

[2] 陈翔：《交传技能训练的五大模块》，载《上海翻译》200年第2期，第36—40页。

[3] 塞莱斯科维奇、勒代雷著：《口译训练指南》，闫素伟、邵炜译，中国对外翻译出版公司，2007年版。

（作者单位：外国语学院）

网络环境下的大学英语专业阅读教学

——构建“基于 Wikispaces 的阅读课程扩展”模式

蒋海燕

针对大学英语专业阅读教学应该以一种什么样的模式进行教学，很多老师都提出了自己的建设性意见。刘伟、郭云海(2006)①和李晓梅(2009)②进行了批判性阅读教学模式的探讨；乔竞仪、张倩、郝明星(2007)③和任宝贵(2006)④探讨了网上阅读的教学模式；张美君(2008)⑤通过案例展示了利用多媒体进行专业阅读教学的新模式。上述老师们都在讨论课堂教学的模式，而没有涉及阅读课堂向课外的延伸。对于许多英语专业的老师来说，英语阅读课是一门在夹缝中生存的课程。许多高校的英语阅读课的学时设置要远远低于英语精读课程(宁乐，2009)。⑥ 如何能充分地把阅读课堂延伸到课外，笔者结合自己的教学实践，对阅读课程课外的扩展进行了探索。

---

① 刘伟、郭云海：《批判性阅读教学模式实验研究》，载《外语界》2006 年第 3 期。

② 李晓梅：《基于批判性阅读的专业英语阅读教学实验研究》，载《甘肃高师学报》2009 年第 6 期。

③ 乔竞仪、张倩、郝明星：《拓展英语专业阅读课教学的有效途径——网上阅读》，载《世纪桥》2007 年第 10 期。

④ 任宝贵：《也谈网络环境下英语专业阅读教学的可行性》，载《科教文汇》2006 年 12 月。

⑤ 张美君：《多媒体网络教学——英语专业阅读教学的新模式》，载《武夷学院学报》2008 年第 6 期。

⑥ 宁乐：《关于英语专业阅读课程教学的调查与反思》，载《长春教育学院学报》2009 年第 3 期。

一、英语阅读课程教学现状及思考

(一)教学现状

笔者所在的中央民族大学英语专业一、二年级学生的阅读课为一周两学时。从实践上看，这样的培养方案不利于培养学生良好的阅读习惯。“泛读的基本意义就是多读，以增强对目的语的语感，这点对初级和初中级语言水平的学习者十分重要。对中、高级语言水平的学习者而言，通过阅读来积累目的语的语言知识依然十分重要，但是他们要学会在一个更高的层次上来西的目的语，要学会总结、归纳文章作者的思想和观点并与自己的思想和观点融合在一起，也就是使说要学会通过阅读来总结和发展自己的观点，只有这样学习者才能更好、更有效地习得目的语。”[①]因此阅读首先要有时间上的保证。有了充分的阅读时间，学生才能有积累。目前英语专业学生课堂上的学时显然不能满足提高阅读能力的要求，因此课外阅读的开展就显得十分的必要。

其次，教材的内容滞后。阅读教材普遍存在的问题是内容跟不上时代的发展。从作者选材、编辑到正式出版，阅读材料会显得过时或与学生实际生活脱钩，可读材料远远低于保证教学质量所必须的数量和质量，难以满足学生多层次、个性化的阅读需求。在课后，让学生利用网络，选择自己感兴趣的材料进行阅读和思考，无疑是对课堂教学的有益补充。

再次，课堂上老师和学生的沟通有限。虽然课堂的教学模式是以学生为中心，老师是以辅助和参与者的角色加入学生的学习当中，但从实际教学中看，老师和学生的沟通还是有限的，不能与每一名学生都建立联系。课外阅读正好可以弥补这一不足。

(二)教学思考

基于以上现状可以看出，课外阅读是阅读教学中密不可分和不可或缺的环节。笔者曾经开展过的课外阅读模式有：写读书笔记(reading journal/reading log)，开展小组合作阅读等。他们在一定程度上可以改善阅读课程目前所面临的问题，但共同的不足之处在于老师的反馈具有滞后性，学生

---

① 蒋静怡:《阅读教程》，上海外语教育出版社 2005 年版。

得到反馈的时间大大地加长。实际效果就是当学生得到反馈时往往已经忘记了所读材料的内容，这样自然就阻碍了学生总结和发展自我观点的能力。而且学生与学生之间的沟通也需要进一步加强，这样他们在相互探讨中才能更好地实践批判性阅读的目的，发展自己的观点，对所读文本有更深刻的理解。

正是出于这方面的考虑，笔者感到加强老师和学生之间以及学生与学生之间，对于课外阅读材料互动思考的重要性。增强这种互动性能使课外阅读发挥它最大的功效，同时还能增强学生的阅读兴趣和主动性。因此笔者提出构建“基于 Wikispaces 的阅读课程扩展”模式。

二、构建“基于 Wikispaces 的阅读课程扩展”模式的理论基础

建构主义强调个体或学生在学习中的重要作用。皮亚杰认为，语言的发展是天生能力与客观经验相互作用的结果。他认为，掌握知识是一种智力活动，在智力行为发生的过程中，外界刺激与主体反应是双向交流关系。维果斯基的历史文化心理学理论和“最近发展区”理论、杜威的经验学习理论以及布鲁纳的发现学习理论都强调学习者基于自己与外在环境的相互作用建构自己的知识。“从建构主义学习理论出发得出的教学设计思想主要是：第一，所有的学习活动都应与大的任务或问题挂钩，即学习活动应有明确的目的性，学以致用。第二，设计真实的学习环境，让学生带着真实任务进行学习。第三，让学习者拥有学习过程的主动权。教师不是控制学习过程，而是充分调动学生学习的积极性，使学生成为教学活动的主体。第四，为学生提供有援学习环境，即当他们遇到问题时应给予有效的帮助。”①

在英语课外阅读中运用 wiki(维基)非常吻合从建构主义学习理论出发得出的教学设计思想。

三、构建“基于 Wikispaces 的阅读课程扩展”模式

Wiki 是近两年互联网发展最迅速、演变最快的新应用之一。它促使互联网从资料、信息共享转变为知识、思想共享。它的出现给教育带来了根

① 刘伟：《网上英语写作课件的开发》，载《外语电化教学》2000 年第 3 期，第 42－44 页。

本的影响。[①]对教师而言，它最突出的特点是零成本、零技术、资源共享和便于教学。

(一)Wikispaces 简介

Wikispaces 是 2005 年创建的一个开放的网络空间，总部设在旧金山。创始人为 James Byers 和 Adam Frey。它是一个集 wiki 和 spaces(空间)特点为一体的产物。首先它是一个 wiki。每一个 wiki 都有编辑网页的链接，允许访问者对页面做出修改。这个链接的存在是 wiki 区别于 blog(博客)的地方。这个特点也决定了 wiki 更适合阅读教学，因为学生可以真正成为学习的主体，而不是被动的接受者。而博客只允许读者发表针对性的评论来提供反馈信息，除了编辑自己发表的内容，不能修改其他任何东西。其次它为用户提供了广阔的网络空间。

Wikispaces 最大的优点在于它的维基网页完全是由自己亲手制作。它支持二级域名，支持上传图片和发布音频等，可直接调用 youtube 视频文件。网页上可以加标签，还可以搜索。每个页面上都可以建立一个论坛(discussion)，允许访问者随意加入讨论，这比评论(comments) 更加先进。论坛是按时间倒排的，而且是标题、用户、回复数、日期的列表形式。另外，页面的统计信息是以图表来显示，还可以看到来自其他国家的访问量。

截止到 2009 年三月，wikispaces 用户已经超过 220 万，它还为全球超过 10 万的中小学老师额外提供免费的教育维基。[②] 这一点更加突出了它在教学上的功能。

(二)Wikispaces 用于教学的可行性

把 wiki 用于教学，首先考虑的问题就是安全性。因为它是一个开放的网络空间，全世界都可以对空间内容进行修改。考虑到这一点，Wikispaces 为用户提供三种选择类型：公共维基(Public wikis)，受保护维基(Protected wikis) 和私人维基 (Private wikis)。公共维基允许任何人对其进行浏览评论和编辑。受保护维基允许任何人对其进行浏览评论，但只允许有权限的成员对其进

---

① 唐文俐：《博客在英文写作教学的运用》，载《消费导刊·理论版》2007 年第 4 期。

② http：//en. wikipedia. org/wiki/Wikispaces

行修改。私人维基只能由有权限的成员进行浏览评论和修改。

把 wikispaces 用于教学时，只要在注册时把维基的类型设定成受保护维基就可以保证教学的安全性(见图 1)。授予所有选课学生权限，这样他们就可以自由编辑网页并参与讨论。让学生参与到 wiki 的建设中，让他们有权限上传自己喜欢的阅读材料，乐于与大家分享，这样就能激发学生的学习热情，发挥他们的主观能动性。

其次，大学校园网络的普及以及电脑的普及都为把 Wiki 用于教学提供了硬件上的支持。

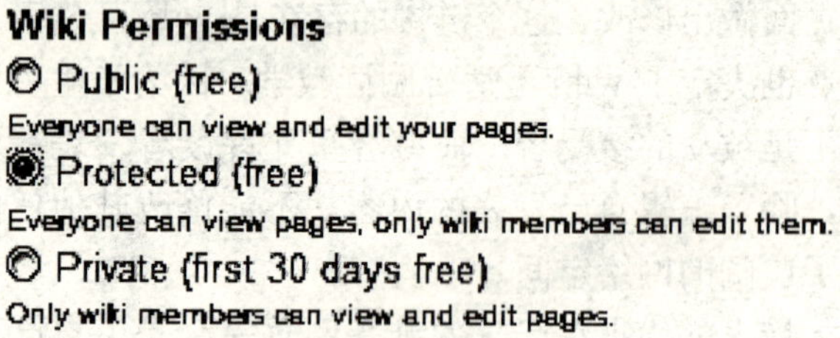

图 1　权限设置界面

(三)如何基于 Wikispaces 开展阅读课程扩展

任课教师可以注册一个账号(见图 2)，然后根据课程建立一个相应的

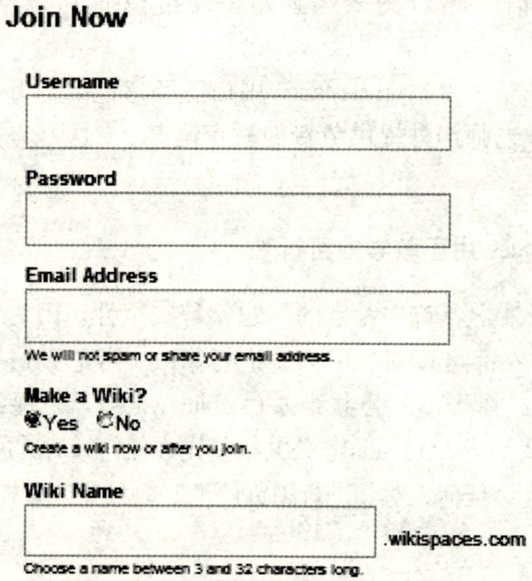

图 2　Wikispaces 注册页面

维基网页。一个账号下可以创建多个维基，这就使以班为单位建设维基成为可能，也便于任课老师管理。例如建立一个名为 MUC-ExtensiveReading 的阅读维基(见图 3)。

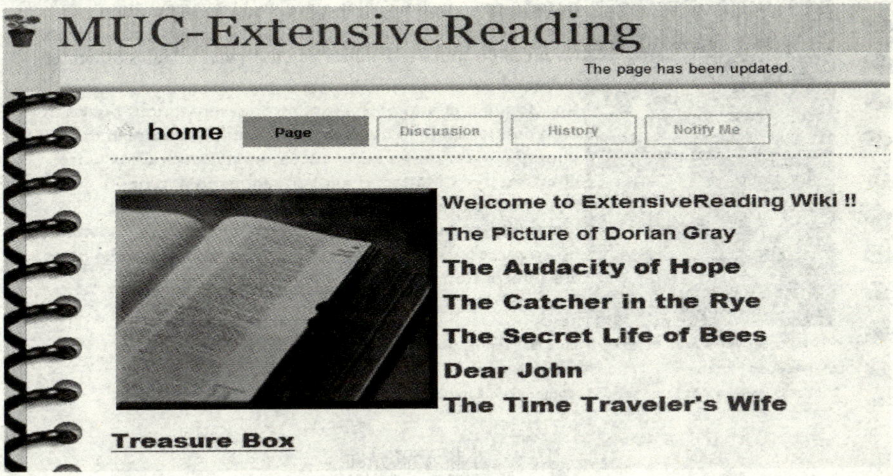

图 3 MUC-ExtensiveReading 页面

然后按照老师自己的要求建好相应的网页，把本学期要求阅读的小说传到上面。学生可以选取自己喜欢的小说进行阅读，也可以把平时自己看到的好的故事和文章放到 Treasure Box 里，与大家一起分享；这个交流平台能从一定程度上丰富学生的课外阅读选材，同时也是一个让老师了解学生阅读兴趣点的窗口。

进入到每一个小说的页面(见图 4)，任课老师可以事先设置好小说的简介和阅读问题，让学生带着问题去阅读，在阅读中思考，在阅读后探讨。这种阅读过程符合建构主义学习理论的要求，让学生有目的地去阅读。每个页面里面有一个 Discussion 的设置。学生在阅读完材料之后，就可以在相应的标题下发表自己对小说的理解。在这里，老师与学生，学生与学生之间用对话的模式进行互动交流，充分体现出了合作学习(collaborative learning)模式。

Discussion 页面里还有一个 Notify Me 的设置。通过这个设置，所有的成员可以第一时间接到有关 wiki 的网页内容变化(这里可以设置三种选择：(1)接收所有的变化通知；(2) 只接收论坛的新动向；(3) 只接收网页设置新变化)。这个功能，能让老师在第一时间了解学生的反馈动向，并在第一时间做出回应。相应地也可以让学生在第一时间内了解其他人对自

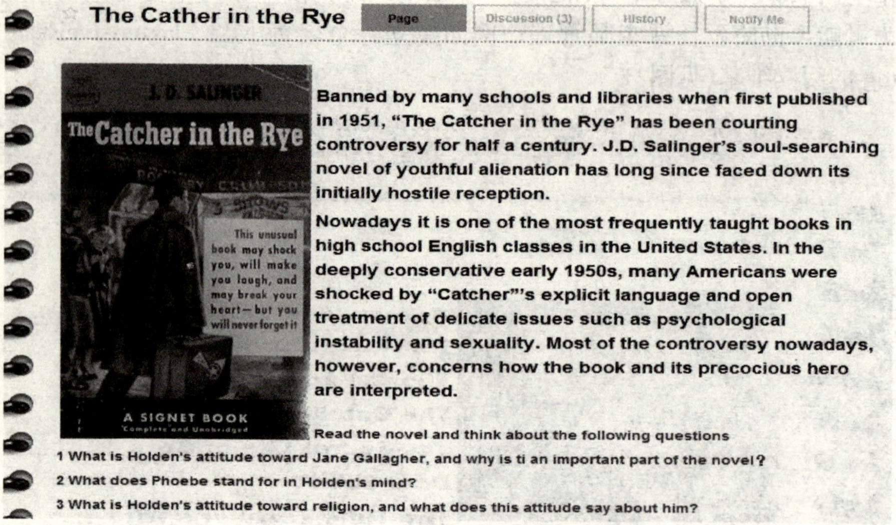

图 4 小说设置界面

己所发表意见的反馈。这样师生之间的适时互动就能得到极大地增强，并且能够最大限度地改善目前课外阅读反馈滞后性的现状。

四、"基于 Wikispaces 的阅读课程扩展"模式的思考

从国外老师的使用经验来看，基于 wikispaces 的教学会很大程度上激发学生的学习热情，因为他们是学习过程的主导者，并且会在这个平台上和世界上的学习者一起交流。①

笔者对曾经使用过的 152 名学生进行了问卷调查，希望通过调查结果看到这种模式的教学效果(见表 1)。

表 1 调查问卷结果

问题(部分)	选择人数
Wikispaces 上的小说是否具有吸引力?	是(78) 一般(56) 否(18)
你是否喜欢这种课外阅读方式?	很喜欢(81) 一般(30) 不喜欢(13) 其他(28)

① Daniel Terdiman：A quarter million teachers to get free wikis，Daniel Terdiman：A quarter million teachers to get free wikis. http：//www. cnet. coml profile，Daniel-Terdiman

续表

问题(部分)	选择人数
你是否看过 Treasure Box 里的资源?	是(118) 否(34)
你是否浏览过其他同学的评论?	是(152) 否(0)
你认为别人的评论对你有帮助吗?	很有帮助(25)有一定帮助(105) 帮助不大(16)没有帮助(6)

通过调查问卷可以看出，大多数学生还是肯定这种课外阅读模式的。一些不是很喜欢这种模式的部分原因也是因为用电脑不方便，或者网速等其他问题。所有的学生都会去浏览其他同学发表的评论，而且大部分学生都认为其他同学的评论对自己的思考有帮助，这说明他们在相互阅读中进行了积极的思考，这样的方式有利于提高学生分析问题和解决问题的能力。

通过调查问卷，笔者也从学生的反馈中发现一些值得注意的问题，比如：选读小说的难易程度和趣味性；网络探讨后，应该再组织一次课堂讨论，因为 Discussion 上只是支持一对一发表评论等问题，这些还需要在今后的实践中不断地去完善。

五 结 束 语

专业英语阅读在课外有着广阔的空间可以利用，以弥补学时不足的现状。网络给我们提供了一个充分开放的，无障碍的平台；既整合了优秀资源，又节省了学生知识获取的时间，并且充分调动了学生的自主学习性。相信 wikispaces 的应用，能丰富学生的课外阅读生活，并对他们自身的语言学习有所帮助。

（作者单位：外国语学院）

网络环境下大学英语教学模式中存在的问题及对策思考

李　盛

随着计算机和网络技术的迅猛发展，网络教育作为一种新型的教育方式为我国教育改革提供了全新的理念、丰富的教育资源和必要的软、硬件环境支持。网络教育对大学英语教学改革的关系尤为密切。教育部在2007年7月颁布的《大学英语课程教学要求》明确指出："各学校应充分利用多媒体和网络技术，采用新的教学模式改进原来的以教师讲授为主的单一课堂教学模式。新的教学模式应以现代信息技术，特别是网络技术为支撑，使英语教学不受时间和地点的限制，朝着个性化学习、自主式学习方向发展。"与传统的教学模式相比，网络教学提高了教育的技术含量，提供了现代教育信息技术背景下教学资源与教学手段的更新模式，促进了教师角色的转变，增强了学生的学习主体地位，有利于培养和提高学生的自主学习能力。

我校自2006年9月推行大学英语教学模式改革实践以来，在教学硬件设施建设、网络环境技术升级、网络平台功能开发、网络技术维护等方面取得了飞速发展，这些基础资源建设对顺利实施我校大学英语教学模式改革具有关键性的保障作用。在此基础上实行的"课堂面授＋网络环境下的辅助教学＋学生网络自主学习"模式，体现了大学英语教学模式改革的发展趋势，弥补了传统教学模式中教学资源固化单一，教师教学环境单调陈旧，学生课外学习资源有限等方面的不足。

回顾我校大学英语教学模式改革四年多的教学实践，有必要对已完成的两轮网络环境下的大学英语教学作一回顾，总结我们取得的经验，找出我们存在的问题，提出我们需要改进的建议，将我校网络环境下的大学英语教学进一步推向深入。

一、大学英语教学内容组织和整体使用环境的现状

我校目前的大学英语教学内容框架可以分为三部分，如下图所示。本文讨论的问题以围绕网络环境下供学生使用的教材配套学习系统和师生共用的教学管理辅助系统为主。

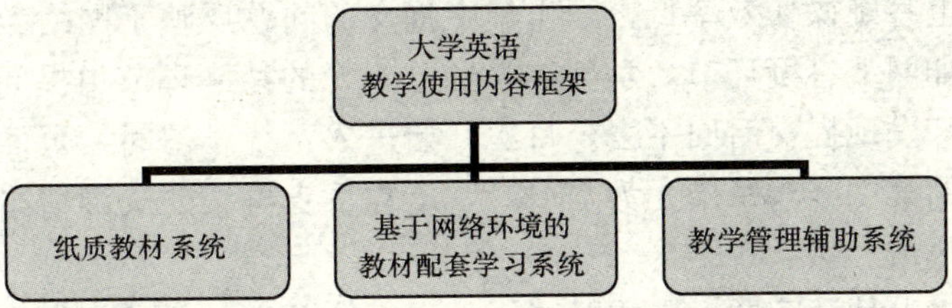

二、网络环境下大学英语教学所面临的问题

经过近四年的基于网络环境下大学英语教学模式改革，我们发现还存在一些亟须解决和改进的问题。可以总结如下：

（一）网络学习系统的部分功能未能充分体现

过去的四年，我校使用了两套大学英语网络课程学习系统，分别是“新时代交互英语”和“体验大学英语”网络学习系统。这两套系统都设置了可供网络环境下进行教学操作的功能。以“新时代交互英语”为例，在其提供的教学管理辅助平台系统环境下，分别设置了学生平台端、教师平台端和管理员平台端，每个操作端均有不同的功能菜单栏。可以说，充分应用该教学管理辅助平台是体现大学英语网络环境教学的亮点。但是由于在校园网络环境的前期投入建设、大学英语课程设置、教学管理等环节上没有充分满足网络环境教学的特定要求，造成该套网络教学管理平台的部分特色功能失效。如网上约课系统功能，因为不能与学校对大学英语作为公共课的排课设置互相匹配，而且限于教师人力的不足，始终未曾得到使用。即便是个别教师作为教学新手段尝试使用，也因网上工作量繁重、学生上课时间差异大、在线交流不畅等原因使网上约课功能几近停滞。又如学校的网络系统只开放校园网覆盖内的网络学习权限，校外访问受限，也就意味着学生还不能实现不受地点限制的远程网络学习，教师也不能达到利用教学管理系统实现校外与学生在线交流辅导的状态。

此外，网络教学管理系统的部分功能未能奏效。以《新时代交互英语》的系统为例，经常出现困扰正常网络学习的技术问题。试列举两例。例一，学生的网上学习进度与学时数的数据记录发生矛盾。如学生甲已经完成了 10 个单元的网上学习，但学时数显示只有 6，而学生乙只学完两个单元，学时数已经显示有 45。从平台的管理端查找不出原因，只能假设为一个原因：即网络教学管理系统内的学时数与学生的具体学习进度不匹配。例二，网上答疑操作效率低，学生集中提交的问题反映了网络教学软件的不完善。如网上答疑环节，学生在学到每单元的某一环节想提问，要求教师回答，却发现提交后回不去。每次开始进入系统学习时，页面总停留在上一单元的第 12 步(每单元为 16 步)，反复重头再做的厌倦情绪降低了网络学习的热情。

诸如以上种种问题，影响了网络学习系统既定功能的正常发挥，也使大学英语教师利用网络环境改进教学模式的努力受限。

（二）教师的网络教学技术水平仍需提高

网络环境下大学英语教学，不仅要求教师转变传统的外语教学理念，还在计算机操作技术和网络技术应用能力方面对教师能力提出挑战。杰里米·哈默(Jeremy Harmer，1991)认为，教师在现代教学活动中扮演着多重角色——控制者、评价者、组织者、督促者、参与者以及信息源。从这个意义上看，大学英语教师出于专业背景所限，对以数字化和网络化引导的现代教育技术领域掌握较为被动，应用水平也很有限。但是基于网络环境下的大学英语教学模式虽然不要求教师都具备计算机专业操作的水平，但仍然需要教师掌握和熟练应用一些基本的网络教学技术。这些技术主要包括三个方面。首先是在网络环境下的计算机基本操作技术，包括系统安装，Windows 办公软件应用，教学软件应用与硬件基本维护等。第二是要掌握一些网络环境下信息处理的基本技术，如音频视频下载，影音资源格式转换，网上在线交流等。第三是要熟悉掌握在网络环境下与教学相关的应用技术，如多媒体课件的制作使用，网络学习平台的功能操作等。

但是近几年的教学实践表明，部分教师受学科背景和知识结构的影响，对教学所必需的计算机网络技术掌握不力，使网络环境下的大学英语教学流于形式，没有发挥应有作用。如很多教师虽然在教学中使用了多媒体技术，但使用手段比较单一，多媒体课件制作内容缺少层次，简单地将屏幕功能简化为传统的板书演示。有的教师对网络环境下信息检索定位技能欠缺，数据格式转换和播放水平有限，教学内容的来源渠道较为单一。还有教师对计算机操作技术掌握有限，对网络环境教学下发生的临时技术问题难以应对，影响正常教学流程。如上所述，我校大学英语教师的网络教学技术整体水平还需进一步提高。

（三）人机之间的互动模式缺乏人与人之间的“情感交流”

网络环境为学生提供了更加便捷的英语学习平台，解决了传统教学中针对语言点反复操练过程中的时间和地点的受限难题，同时网络环境下信息量和学习资源的覆盖面较之传统教学媒介也发生了根本变化，从一定程度上提高了学生英语学习的积极性，尤其是培养听说能力的人机互动练习解决了不少学生在人群面前开口说英语时产生的心理障碍。

但网络英语学习环境下的人机交流由于模式固化，缺乏人际间的真实感情交流，导致外语学习中发挥重要作用的情感因素的缺失。有些学生接触上机自主学习，体验伊始感觉十分新鲜，但随着学习进程的发展和对网络学习系统的熟悉，新鲜感会逐渐消失以至会对上机自主学习表现得不够积极。同时还有学生忽视语言在人际间真实应用的重要性，仅靠依赖机器，抵触与同学和老师面对面的交流，最终仍将无法达到在实际生活中应用英语的目的，长期下去甚至可能产生其他的英语学习和人际交流的心理障碍。这样的具体问题如果不能得到有效干预，积累到一定阶段必然降低学生进行网络学习的热情，使网络学习的既定教学目标打了折扣。

（四）教学模式转变后教学中存在的问题

视听说教学中存在的问题：

第一，小班(约 30 人)授课，每周一课时(50 分钟)的面授时间有限，更加要求教师将学生课前准备内容与课堂教学内容有效衔接。

第二，课堂时间有限，课堂口语活动设计的针对性和趣味性需要提高。

第三，视听说学习系统对学习过程严格设计，学生的每个学习环节和步骤须按系统设定的标准达到要求，这种人机对话的学习模式对学习者从心理上产生的影响需要进一步研究检验。

读写译教学中存在的问题：

第一，读写译课程需花费大量精力时间制作多媒体课件，影响了教师对教学效果和教材本身的深度挖掘。而多媒体课件的信息量大，课件演示的频率快，容易造成学生思路跟不上教师演示的步骤。同时，课件演示中偏重了多媒体动态效果对学生的吸引而忽视了对学生实际语言技能的培养训练，也会使得教学重点不够突出。

第二，教师课堂上过度依赖多媒体课件的实时播放，忽视了学习者个体对信息接收程度的差异性。运用多媒体辅助教学时，教师往往忙于多媒体操作且其活动区域多限在多媒体设备附近，学生更多注意于多媒体课件展示的信息上，容易造成师生之间、生生之间情感交流不畅，组织课堂活动的效果也相应受阻。

第三，在学生已经上机自主完成课内学习内容的情况下，教师对面授课教学内容信息输入重点的认知度和组织力还不够。这实际上反映了网络教学环境下对教师备课和教学能力提出的挑战。

(五) 网络课程学习缺少制度性的监控措施

这个问题主要表现在两个方面：

一方面是学生在网络环境下的学习进度和学习效果缺少专业教师的及时监督和反馈。学生在公共机房进行网络课程单元的学习时段只安排了普通的值班人员，并无专业教师的现场辅导和监督。由于无人监控，学生自主式学习过程中遇到的问题得不到及时解答，其具体的学习效果只有通过自身感受和系统根据答题情况提供的临时分数自行判断。由于各单元学习时长限制，学生在机房学习时往往追求以较快速度完成各单元要求的环节，至于分数背后需要解决的问题和难点，学生本人很难自行驾驭与探究。如此持续，学生自主式学习有发展为“自由式”学习的风险。同时因为学生各自网络学习的能力和环境不尽相同，而且网络学习系统的客户端只局限与校园网内使用，不能实现教师在校外的登录权限，造成教师很难对学生实时的网络学习进度和效果予以监控反馈。

另一方面的监控缺失表现在对教师利用网络环境督导学生学习的层面。由于缺少操作性强的统一轮班制度，要求教师利用课余时间到学校的公共机房督导学生网络学习状况始终不能实现。实际的教师网上工作量付出全凭教师自觉，真实效果并无从查起。另外，由于教研室内部各课程组没有明确要求教师网上在线督导学生工作量的效果和任务，而且涉及此项内容工作量大，鼓励机制不曾出台，也使得教研室在开展这项工作时被动应对，监管乏力。

三、对策思考

面对我校网络环境下大学英语教学模式改革中遇到的问题，为制定以后教学改革目标的计划提供了参考方向。笔者拟就上述问题提出如下思考建议，作为网络教学实践中的总结思考，以期商榷。

第一，尝试改革大学英语课程学分的结构组成，单独制定网络课程学习部分所占学分比重，为网络课程的教学管理提供制度依据和评价方式。同时，明确与网络学习系统出版方的回访服务责任，使之能够定期跟踪解决使用学校遇到的网络系统功能性技术障碍，为大学英语教师和学生顺利使用网络学习系统提供后台技术保障。

第二，建立对教师定期的网络技术应用培训体系，促进教师现代教育技术的及时更新。特别应加强结合多媒体环境下的网络应用技术，如多媒体课件制作、基本网页制作、文件格式相互转换、视频音频点播上传、网络环境操控台使用等现代教育技术下的网络应用技能，弥补大学英语教师网络教育技能不足的劣势。同时组织教师就网络教学中遇到的新问题，获得的新体验进行内部交流讨论，加强与同城同级院校的交流互访，还可以在条件合适的前提下扩大与国内大学英语教学模式改革领先院校的交流合作，互相借鉴，最大限度使我校大学英语网络教学与全国先进发展态势保持同步。

第三，做好新学期新生网络环境教学的入门介绍环节，让学生对适应大学阶段网络环境下自主英语学习的新模式做好充分思想准备。从入学伊始即明确具体的学习环节，认识具体学习任务，合理安排和调整网络自主学习目标。并在此基础上，在各教学班级内安排网络学习效果突出的同学与全班交流学习经验，讨论解决应对网络学习中的具体问题，达到介绍好经验，产生好效果，带动整体学习效率的优良氛围。

第四，利用我校现有的网络教学设备资源，整合大学英语教师人力资源，组建大学英语教改团队，开发建设供我校自主使用、符合我校教学需求的开放性、多元化的大学英语学习中心。

第五，鉴于人机对话模式长期固化容易引起学生心理层面上学习动力下降的现实，定期组织开展与网络课程学习结合的大学英语第二课堂活动，激发学生实际应用语言参与交际的动力，缓解学生人机对话的心理被动情绪，及时补充学生对网络学习的新动力和热情。

第六，加强对教师在网络教学平台上的效率监督，制定对教师网上监控工作量的鼓励机制，促进教师从理念上应用网络环境补充教学内容的积极性，从客观上改进大学英语网络环境下教学的外部环境。

四、结　语

基于计算机和网络环境下的英语教学相比传统的教学具有信息沟通效率高、受众面广、资源渠道丰富等优势，成为当前被广泛研究的重要教学模式。现实中各高校在信息化社会全面推进基于计算机和网络环境的大学英语教学改革无疑会有利于激发学生英语学习的积极性和创造性，使学生的个性化、自主式学习效率得到更大程度的发挥，有助于实现英语学习者语言综合应用能力的提高。但这种教学模式改革的成功不仅有赖于现代化的教育技术硬件支撑，更需要教育机构的管理者、教育行为的实践者、教育目标的受众总结吸取教改实践中的经验教训，树立信息社会下终身学习的理念，积极开展实践，不断取得进步。

参考文献

［1］蔡基刚、武世兴：《引进多媒体网络技术，改革传统的教学模式》，载《外语界》2003 年第 6 期。

［2］陈美华、邵争、郑玉琪：《基于计算机和网络的大学英语自主学习模式研究》，载《外语电化教学》2003 年第 12 期。

［3］贾国栋：《现代网络技术与大学英语教学模式改革》，载《外语界》2003 年第 6 期。

［4］教育部高等教育司：《大学英语课程教学要求》，清华大学出版社 2007 年版。

［5］王建梅、孙春雷：《对我国大学英语多媒体网络教学的再思考》，载《外语界》2005 年第 4 期。

［6］王学华、郑玉琪：《大学英语多媒体教学中存在的问题和对策》，载《外语电化教学》2005 年第 6 期。

［7］修月祯：《网络多媒体环境下英语教学改革之研究》，清华大学出版社 2006 年版。

［8］张丽杰：《大学英语多媒体教学模式存在的几个弊端》，载《科学教育论坛》，2005 年。

（作者单位：外国语学院）

多功能在线检索语料库在英语数据驱动学习中的运用

李　琳

一、引　言

利用语料库进行语言学习也被称作语言的数据驱动学习（DDL）。它是学习者通过整理分类海量真实语料，总结语言形式结构，获取词汇、语法、语篇知识的一种学习方式。这种学习语言的方法，符合创新性学习中发现学习法的基本规律：观察现实—发现问题—总结规律—发展观念，因此具有很强的自主学习特征，近年来迅速成为外语教学研究中最受关注的学习方法。

二、在线语料库简况

在 Tim Johns 最初提出数据驱动学习概念的 20 世纪 90 年代，许多语料库都只是在一定范围内面向研究者开放。由于商用语料库价格高，教师在科研资金支持下，尚可获得使用机会；而学生作为学习群体几乎没有接触到语料库的可能性。为了使教师和学生有更多的机会利用语料库开展研究和研究性学习，一些国外的大学自行建设了供本校师生使用的校内语料库。笔者访学所在的阿斯顿大学，于 2006 年开始建设校内语料库 ACORN（Aston Corpus Network）。目前该库向全校师生提供英、法、德、西四种语言的在线语料检索服务，每个子库的规模在 500—1000 万词之间；同时还有一个 100 万词的平行语料库，专供从事各种翻译研究的师生使用。[①]

① 参见 ACORN 官方网页，http：//acorn. aston. ac. uk/outcomes. html

但是由于自建语料库周期长、人工投入大、技术要求高、版权问题复杂，一般学校自建此类语料库的可能性不大。

近年来，随着软件技术的开发和网络的普及，越来越多的大型语料库开始提供多方位在线检索服务。以“英国国家语料库”(British National Corpus，简称 BNC)为例，访问者通过杨百翰大学发布的免费检索功能(BYU－BNC：The British National Corpus)，可以对该库 1970－1993 年间超过 1 亿词的语料进行检索。杨百翰大学的服务器同时还提供另外三个英语语料库的在线检索，即“当代美国英语语料库”(Corpus of Contemporary American English，简称 COCA)、“《时代周刊》语料库”(TIME Corpus)以及“历时美国英语语料库”Corpus of Historical American English，简称 COHA)。[①] 互联网使得远程研究者和学习者能够方便地使用大型库的数据进行研究和学习，从而开创了数据驱动学习的新时代。

本文将通过对 BYU－BNC 的检索方法介绍，探讨语料库多功能在线检索系统在英语数据驱动学习中的使用意义。

三、语料库在线检索的基本功能

在线检索的英语语料库从其上线目的来看，可分为两类：一类是语料库建设后期用于测试的检索服务。此类在线检索工具尚未经过实践修正，开放的目的在于测试其使用的有效性并搜集反馈意见。另一类是建成的语料库由创建人或授权人通过服务器发布，供语言研究者和学习者使用。由于提供在线检索服务需要一定的网络硬件和软件的投入，因此不是所有建成的语料库都能通过互联网实现在线检索功能。

本文讨论的在线英语语料库是第二类。就其功能而言，此类语料库大致可以分为两种类型：一种是单语语料库，如 BNC、COCA、Cobuild；另一种是英汉/汉英平行语料库，即提供双语对齐的语言材料的检索。平行语料库多致力于翻译比较和句子和短语层面的研究，由于篇幅所限，暂不作讨论。

单语语料库的主要检索功能包括：(一)词汇、短语、原形词、通配符的搜索；(2)词语搭配情况及使用频率的搜索；(3)语义比较 。因为语料库的设计和编码情况不同，在线语料库的功能和检索方法有一定的差异。但

---

① 参见 http：//corpus. byu. edu/x. asp

是总的来说，主要是在语素、词汇项、句法三个层面提供数据服务。下面以 BYU－BNC 为例，简要说明语料库的检索方法。

(一) 词汇、短语和通配符的简单索引

查询某一词汇或短语的使用情况，通常只需直接在搜索栏内输入该词语，即可获得所有含有检索项的语言数据。如果需要了解一个词汇项的使用方法，通过这种简单索引，就可以查到比词典例句丰富百倍的例证。

当查找的语汇内容含有不确定项时，往往需要利用通配符 。通配符是在正则表达式中用以代替其他任何字符的符号①，通常由 ＊来表示。在复杂数据查询中，通配符是不可或缺的万能项。例如，在 BYU－BNC 的网页上，如果想获得一组由前缀 un－和后缀－(a)ble 组成的单词时，检索者可利用通配符＊，输入 un＊ble。确认搜寻后，所有符合这一要求的单词都会被列出。同时，语料库还会自动统计出该构词类型在库中的词汇个数和每个词的出现次数，并按频率(frequency)由高到低或由低到高排列所有词汇项(如图一)。通过点击某一单词，检索者还可以看到该词在句子中的使用情况。

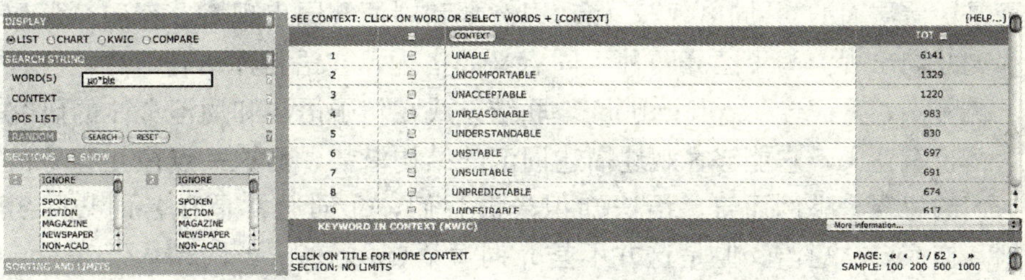

图一　通配符的使用②

通配符替代性非常强，配合其他参数，可对检索的内容给出更具体的限定。例如，需要在 BNC 中查找以－ing 结尾的形容词时，检索者可使用 The BNC Basic（C5）Tagset 提供的词性赋码说明，输入＊ing.［aj＊］. 随后所有以－ing 结尾的形容词都会被列出(图二)。此类检索涉及的正则表达

① Baker, Paul, et al. (2006). The Glossary of Corpus Linguistics. Edinburg: Edinburg University Press Ltd. p 168.

② Davies, Mark. (2004) BYU－BNC: The British National Corpus. Available online at http://corpus.byu.edu/bnc.

式比较简单，而且在BNC的网站内有详细直观的说明，因此掌握起来难度不大。

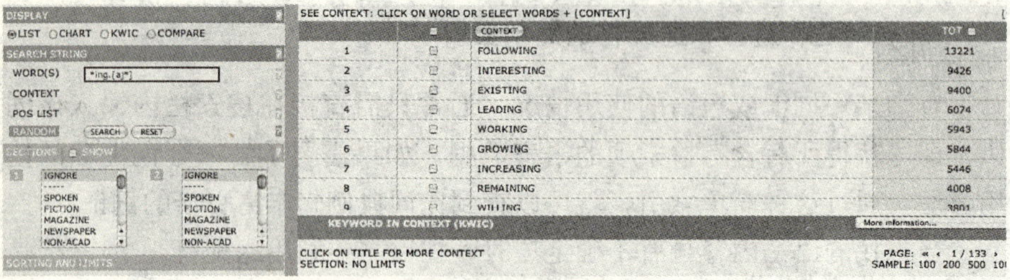

图二 使用通配符和简单正则表达式检索①

（二）词语搭配的查询

搭配的概念，按照Firth的理解，是指“习惯性共同出现的词汇”。② 这里的“共同出现”包含两个层面的并置关系。第一个是词汇层面，即哪两个或多个词是经常搭配(collocation)使用的。如语料库显示，worry一词后出现频率最高的词是about，而night与last共同出现的次数最多。第二个层面是语法层面的“共同出现”，如动词经常和副词共同出现，形容词经常和名词共同出现。为了区分两种不同意义的搭配，在语料库语言学中，后者又被称做“类联结”(colligation)。联结方式在句子语法和词汇个体的研究上都很有意义，它能够客观地描述词汇的结构潜势，而这一点往往容易被人们的忽视。举例而言，语法知识告诉我们，介词通常是和名词共同出现，构成介宾短语。但是这并不是介词短语(prepositional phrase)唯一的可能形式。如from一词，BNC的统计显示，紧随其后频率最高的词汇不是名词或修饰限定名词的冠词，而是另一个介词behind。如果检索者想进一步了解from后会跟随哪些介词，只需在context一栏中输入介词的词性赋码[prp]及left=0，right =1(即介词出现在其后一位)，就会发现出现频率在50次以上的介词有21个之多。这个发现不仅丰富了检索者对介词from用法的认识，同时也使得检索者能够更加确切地描述介词短语的结构。

① 出处同图一。

② Baker, Paul, et al. (2006). The Glossary of Corpus Linguistics. Edinburg: Edinburg University Press Ltd. p 36.

（三）语义比较

近义词和反义词的比较属于语义研究范畴。同其他工具书相比，语料库在词义比较上有着明显的优势。以近义词比较为例，语义相近的词，在词典的释义中往往无法看出区别。而词典本身有限的例句，又不足以让学生归纳出词汇的区别性特点。语料库的近义词比较功能和它提供的例证能够较好的解决近义词差异识别的问题。以 aware 和 conscious 为例，这两个短语在词典里经常互为解释，且有着相似的搭配（be＋～＋of），区分难度较大。因此辨析两词需要从语境（linguistic context）入手，来分析它们在使用过程中的差别。检索者可在 BNC 页面选择 compare 功能，将两个短语分别输入，并限定跨距为 left＝3，right＝3。当检索内容按照出现频率的对比度分列时，有一个明显的差异出现在情态动词的使用上。此时进一步在 context 内增加检索参数[VM0]，即情态动词的词性赋码，两词与情态动词的搭配使用的频率就会清楚地通过 W1 与 W2 分列出来（图三）。

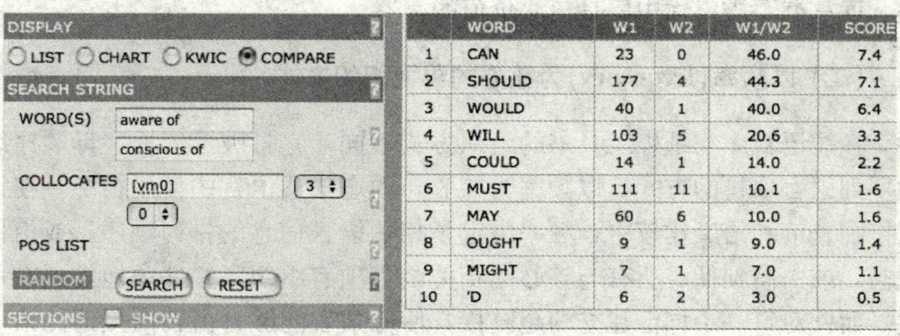

	WORD	W1	W2	W1/W2	SCORE
1	CAN	23	0	46.0	7.4
2	SHOULD	177	4	44.3	7.1
3	WOULD	40	1	40.0	6.4
4	WILL	103	5	20.6	3.3
5	COULD	14	1	14.0	2.2
6	MUST	111	11	10.1	1.6
7	MAY	60	6	10.0	1.6
8	OUGHT	9	1	9.0	1.4
9	MIGHT	7	1	7.0	1.1
10	'D	6	2	3.0	0.5

图三　近义词 aware 与 conscious 的比较①

从列表中不难看出，conscious 与情态动词共同出现的频率较低。这说明与 aware 相比，conscious 一词较少与说话者的态度和看法有关，它更多用于表达人对事物的客观了解。

很多时候，近义词的习惯搭配会有明确的分野。BNC 的“词汇比较说明”中列举了一些近义词的搭配。如 kill 与 murder，都有“导致死亡”的意思，但在 kill 后高频率出现的词汇是 birds，animals，accident，而 murder 一词与 weapons，detectives，gangs 并用的时候更多。这样的比较，有利于

① 出处同图一。

学生语言直感的培养，并增强他们对词汇细微差别的敏感度，从而提高语言使用的准确性。

四、多功能在线语料库的内在优势

利用多功能在线语料库，学习者可以针对语言的多个层次进行研究和学习。而这种优势主要缘于其内在的两个特质，他们共同决定了语料检索内容的准确性和检索方式的科学性。

（一）规范的词性赋码(POS tagging)设计

与生语料库(raw corpus)不同，在线语料库大多是经过词性赋码处理的。在源文件中，建库者对每个单词的词性进行标注，保证了未来提取时的全面性。无论对于词汇层面的检索还是对于语法层面的检索，一套完备的词性赋码集都将起到至关重要的作用。而学习者只要掌握了词性赋码集，就掌握了语料库中最具核心价值的武器。

（二）以频率(frequency)为核心的界面组织方式

在线语料库与纸媒工具书的组织方式不同，它打破了依据字母顺序线性罗列语言项目的方式，以频率为核心，动态描述语言的使用情况。在词汇搭配查询和语义比较中，频率决定了相关语言信息的排列顺序，或由低到高，或由高到低，所有与核心词相关语言项有组织、有秩序地排列在一起。而针对每一个词汇建立的超链接，使检索者能够自由转向该词的语境全文。

另外，一些通用语料库(general corpus)的置标方式也丰富了语料库的功能。在配有文本标记(markup)的在线语料中，检索者可在同一个库，根据词汇的搭配方法与使用频率，对口语与书面语中的差异做出细致的对比分析。

五、数据驱动学习在教学中的实施

多功能语料库可用于多种英语专业技能和专业知识课程的学习，如精读、写作、翻译，甚至语法、语言学。但是学生对于语料库的使用需要经过一定的指导和培训。教师首先应该帮助学生了解在线语料库的基本功能，熟悉主要的检索窗口，并示范如何进行单词或词组的检索。其次，教师需要教会学生使用通配符写出一些简单的正则表达式，如在寻找 bed 的最小对立体(minimal pairs) 时，在理解语言学概念的基础上，要求学生自己考虑如何使用通配符完成检索。虽然 b * d 是非常简单的正则表达，但是对于检索者来说，能够完成的任务类型却有了很大的扩展。

另外，在做句子语法层面的检索时，学生需要了解语料库中的词性赋码方式，从而根据自己的需求完成任务。学生在初高中时，已经基本掌握了英语词汇的类别，但是语料库所使用的词性赋码集中对词性的分类要丰富许多。以 BNC 的基本赋码集为例，名词细化为四类，即普通名词、名词单数、名词复数、专属名词。而动词因为其相对复杂的曲折变化特征，被列出了 25 种不同的类型。这些分类对于高级研究者来说，是一种难得的辅助，但是对于学生而言，却是令人望而生畏的负担。也有学者和教师因此质疑在线语料库能否被学生使用。其实这个问题解决起来并不是很困难，无论赋码集如何繁琐复杂，只要教师根据学生的实际水平和需求，给出经过筛选的基本赋码列表，就可以很好地避免不必要的记忆难度和检索难度。

Chomsky 在谈到评价语法优劣的问题时，提出了三个“充分性”(adequacy)，即“观察的充分性”(observational adequacy)、“描述的充分性”(descriptive adequacy)和“解释的充分性”(explanatory adequacy)。① 这三个充分性对于进行数据驱动学习的学生来说，也极具意义。教师在指导时，要强调观察语料的重要性；同时，还应该要求学生尽可能的对语言现象做到充分描述。应鼓励学生进行发散思维，不要依赖于语法书上既有的规则，要对观察到的语言现象做出较为系统化的个人解读，从而总结规律，解决问题 。

六、结　　语

在线语料库的诸多功能能够帮助学生随机解决词典和语法书无法回答的问题。但是系统的、带有研究性质的学习，则需要授课教师根据在线语料库提供的功能进行精心的设计。在这样的学习活动中，学习方式从演绎

---

① Chapman, Siobhan & Christopher Routledge. (2009). Key ideas in linguistics and the philosophy of language. Edinburg University Press Ltd. p2

变为归纳，教学双方的角色也随之发生了改变。教师在学习过程中成为研究的协助者，而学生则通过观察、解释语言规律成为语言的研究者。在学生的学习主体地位得到充分的肯定后，这种锻炼所带来的乐趣必将为学生日后的研究性学习带来更大的动力。

参 考 文 献

[1] Baker, Paul, et al. (2006). The Glossary of Corpus Linguistics. Edinburg: Edinburg University Press Ltd.

[2] Bernardini, S. (2004). Corpora in the classroom. An overview and some reflections on future developments. In J. M. Sinclair (Ed.), How to Use Corpora in Language Teaching (Vol. 12, pp. 15—36). Amsterdam/Philadelphia: John Benjamins Publishing Company.

[3] Johns, T.(1991) From printout to handout: Grammar and Vocabulary teaching in the context of data—driven learning. ELR Journal No. 4.

[4] Kennedy, Graeme (2005). An Introduction to Corpus Linguisitics. Beijing: FLTRP.

[5] Liang, Maocheng(2007). Concordancing in the English Class. CELEA Journal. Vol 27. No. 2.

[6] 梁茂成 :《词性赋码语料库的检索与正则表达式的编写》，载《中国外语教育》2009 年第 2 期。

[7] 杨惠中:《语料库语言学导论》，上海外语教育出版社 2002 年版。

（作者单位：外国语学院）

在"国际经济法"本科教学中借鉴案例教学法的探究

王　瑛

经济全球化是当今世界一大潮流，已经并将继续带来国际经济关系的深刻变革。作为以国际经济关系作为调整对象的法律部门，国际经济法不可避免地受到经济全球化影响，出现相应的变化、发展和趋势。国际经济法领域出现了规则统一进程加快、国际经济主权弱化、非国家行为主体影响扩大、软法重要性增强等新趋势。中国在这一过程中扮演着重要的角色，也面临着独特的机遇和挑战。

一、国际经济法课程内容的基本特点

"国际经济法"是我校法学院的专业核心课程，也是教育部规定的14门主干课程之一。[①] 内容涉及公法与私法并存、实体法与程序法并存、国际法和国内法并存，与其他课程部分内容重叠、重复程度大。在规定的学时总量的大前提下，如何圆满地完成国际经济法课程庞杂的教学内容本已成为各教师需要每学期上课前需要认真考虑的问题，能否应用有效的教学方法使学生更好地掌握教材的知识点和内容，需要教师合理、认真地思考。

国际经济法作为专业方向课程，具有以下特点：

第一，是以法学的专业基础课程为基础的提升型课程。

国际经济法按照教育部的教学计划安排在法学本科大学三年级的第二学期，学习该课程需要具备对法学的专业基础。民法、商法的知识解决其中的私法性问题，行政法与行政诉讼法、经济法的知识解决公法方面的问

---

① 中华人民共和国教育部高等教育司：《全国高等学校法学专业核心课程教学基本要求》，高等教育出版社1998年版，第138页。

题。但是，国际经济法并不是简单地重复这些课程的相关内容，也不能仅仅运用该些课程的知识解决国际经济法领域的法律问题，而是需要在该前置课程的基础上综合运用相关的法律知识。

第二，与相关学科的国际经济类课程紧密关联。

国际贸易法作为国际经济法课程中的重要部分，其涉及交易性质的内容，往往与经贸类课程紧密关联，比如货物的买卖、货物的运输、贸易的结算等等。在一些财经院校，法学院的学生学习国际经济法，必须选修经济学院的国际贸易学课程，这些课程对于国际经济法的学习是一个必要的补充。

第三，课程内容的实务化程度高。

国际经济法课程的内容具有很高的实务性，而且这种实务性具有专门性和技术性。国际经济法课程的设置就是为了促进国际贸易的发展，加强国家与国家之间的经济往来。比如，在国际货物买卖中，涉及的提单、价格术语、信用证等均需要专门的实务知识，而且涉及商业技术性。

第四，课程内容的理论化程度高。

随着全球经济一体化程度的加深，国际贸易发展也愈来愈迅速，相应由此带来的问题也越来越多。国际经济法在我国仍然是一门比较年轻的学科，包括学科基础理论等问题仍然没有形成共识，需要从理论上予以解决。①

国际经济法课程内容的上述特点，既要强调在教学中不简单重复前置课程的内容，更需要不回避、不忽略这些知识在国际经济领域的运用所出现的特点。更为重要的是，通过前置课程知识提升学生运用相关知识解决国家与国家之间进行经济交往时，各相关内容的能力，从而在基础知识和专业知识之间形成良性的互动。我们实现的途径就是把国际经济法领域的理论问题实务化，而把国际经济法领域的实务问题理论化，从而促使学生能够从多角度思考相同的法律问题。

二、国际经济法教学中引入案例教学的必要性

在法律体系中主要有大陆法系和英美法系，我国是属于比较典型的大

---

① 邓旭：《国际贸易法教学中创新能力培养方式探索》，载《2009年中国法学会国际经济法研究会年会论文》，第20—23页。

陆法系国家，奉行法典化传统。权利先于救济，实体权利由法典立法设定，其诉讼仅为权利行使的手段，比较注重法律的系统性。与这种法律体制相因应，长期以来，演讲式教学法一直是我国法学教育中的主要教学方法。[①]

英美法系国家一般采纳案例教学法。又称为苏格拉底式教学法（socratic method）。是19世纪70年代美国哈佛大学法学院院长克里斯托佛·哥伦布·兰戴尔所创，是20世纪20年代美国法学院协会著名的会员法学院进行系统性和评判性分析而采用的标准化教学方法。教师选取某一法律领域的特色案例，指示学生课前阅读，课上采用苏格拉底式问答法，通过学生回答问题、彼此之间的探讨和辩论，使学生了解和掌握某个法律规则的内容、适用范围、形成和发展的过程以及如何应对新的情况。[②]

其实，我国春秋时期的先贤孔子，其述而不作、诲人不倦的作风无疑是案例教学法的一个鲜活的例证。一部《论语》，并无长篇大论的理论体系，我们能看到的是一位智者与弟子们就各个问题展开的讨论和对话。这种教学方法，对于激发学生学习的主动性，启发思路，培养思辨的能力，成效非常显著。

传统的灌输式的演讲式教学，虽然在知识传播上有一定积极意义，但整体上局限于知识传授、理论讲解、法条注释，而忽视了实践能力的训练和思辨精神的培养，从而使学生蜕变成堆积知识的仓库和应付考试的机器。这无疑是与教育的目标是相背离的。以实践为主导的案例教学法，恰恰可以有效克服传统法学教育模式的弊端。

法学是一门应用性很强的综合学科。法学教育的根本目的之一，在于提高学生应用法律知识解决实际问题的能力，案例教学法对实现这一目的有不可替代的作用。

我们针对本校学生的特点和专业培养目标和培养模式，以“理论问题实务化、实务问题理论化”为国际经济法课程的基本出发点，针对课程的不同内容将“案例教学法”与“演讲式教学法”相结合，使学生真切地感受到现实生活中的法律，而不是死板的书面知识，激发他们的学习兴趣和参与意识，培养和提高他们的思辨能力。学生根据预先拟定的“教学进度表”在上课之前对教师事先发放的“案例和资料”进行充分的预习，上课时教师不

---

① 马特：《讨论式教学在法学教育中的运用》，载《中国成人教育》2008年第5期，第15页。

② 彼得哈伊著、沈宗灵译：《美国法律概论》，北京大学出版社1997年版，第246页

再陈述案例中的内容，而是就案例提出一系列的问题，让学生讨论，学生除了回答和提出问题之外，经常主动地讨论与案例有关的问题发表自己的见解。

“国际经济法”所要讲授的不是单纯的理论，它的规范要运用于实践，让学生感知实践要求，体会到需要了解商业背景、商业做法，才能把法律知识融入实践。为了让学生全面、深入地了解和掌握“国际经济法”中的主要理论和规则，从开设“国际经济法”课程伊始，我们一直把教学的务实性和培养学生的技能作为主要目标，对教学方法的探索也是围绕这些目标展开。为了加强教学效果，有意识地在课堂上引用案例，以适应“国际经济法”课程内容的特点。

三、案例的选择

教师对于案例的选择和应用是案例教学的关键。国际经济法课程内容的特殊性，既需要国内法案例，也需要国际法案例。大陆法案例中，法官的判词在说理过程中通常比较简单，基本上是简单的三段论，没有更复杂的推理过程。而在英美法系案例中，不是简单的形式逻辑的推论，而是经验和逻辑的结合。

第一，结合新的知识点，选择案例。

由于国际经济法主要调整的是国际经济关系，与国民的日常生活关联的并不紧密，比如介绍某一术语、概念，为避免学生的生疏，可能会选择社会实践中的具体事件，也可以是自己设计出来的虚拟事件，其目的就是让学生对该知识点的有一个感性的认识。比如，在讲授信用证时，我就引入前不久社会上沸沸扬扬的“许霆案”中的银行卡让学生分析，信用证与银行卡之间的区别，进而对信用证有一个深入的认识。

第二，结合章节，选择案例。

在学习管制国际贸易的法律机制时，由于学生在平时生活中没有接触过国际贸易，无法理解国际贸易的管制。我们通过选取香港和大陆两地关税的差异，比如赖昌星案例，让学生认识关税对民众生活的重要，进而认识关税壁垒。采用典型案例，让学生摸索把理论付诸实践的问题有哪些、实践中的问题如何归纳其中的理论问题。尤为重要的是通过案例教学让学生去探索如何把理论问题演变为实务的场景，如何透过实务问题的表象挖掘其中蕴含的理论点。这样汇集了章节的知识点，有助于培养学生掌握和综合运用课程整体知识的能力，加强学生系统思维的训练，防止学生处理问题的片面性和偏激性。

第三，结合学科，选择案例。

上述我们也提到，国际经济法是一个涉及学科比较多的课程。比如，在学习第四编国际金融法律制度，对于法学本科学生去理解金融知识存在很大的障碍。我们通过讲授当今国际金融危机来切入国际货币金融组织，介绍其产生和发展的历史，其规则和体系。同时，在这些内容产生的历史背景和理论基础上，介绍各国的金融制度以及出现金融危机时各国采取的措施，来掌握实际运用的原理、原则。采用案例教学，有助于培养学生在复杂的案情中，能够兼顾各学科的关系，统筹掌握和运用整体法律知识的高级能力。

四、案例法在国际经济法教学中的应用

根据案例在教学过程中的作用的不同，案例教学的基本方法可分为案例讲授法、案例模拟法、案例讨论法以及案例练习法等。[①] 国际经济法课程设置具有一定的特殊性，我们在课堂上以讲授为主灵活引入各种案例教学法。根据教学部的规定国际经济法的课时限定在54学时，共计六编二十六章，在既定的课时范围之内，教师讲授完整个课程已经是匆忙的情形之下，只能有选择性的取其重点章节采取案例教学。

1. 教师通过案例的讲解，介绍背景资料、基本理论的形成和演变，对不同理论之间进行比较、评价。案例是浓缩的社会生活，学生在判例中寻找法律规则时，必然同时了解到案件发生的背景，争议出现的原因以及法官创制法律、解释和运用规则的考虑和过程，这样容易地记住了法律规则，同时也掌握了应用的技巧。

例如，在学习国际贸易组织法的内容时，详细地介绍当今世界最复杂、最庞大的多边体系——世界贸易组织(WTO)，介绍其产生和发展的历史，其规则和体系。同时，在这些内容产生的历史背景和理论基础上，通过专家组和上诉机构报告了解该组织的规则，并且掌握实际运用的原理、原则。

2. 教师选取在国际经济法课程中比较有特色的判例，针对课程的进

---

① 马其家：《法学案例教学问题研究》，载《高等教育问题研究》2007年第1期，第15页。

度，有目的地布置学生课前预习，组织学生讨论；在有条件的情况下，将学生分组，代表不同的当事人，彼此之间展开辩论；由教师提出问题，一步步引导学生回答，启发他们注意对国际经济法规则的归纳并应用到新的案件中。

法学教育不但是对学生理论修养的培养，而且也要提高他们处理法律实务的技能。案例引入课堂后，组织学生讨论，教师只是一个引导者，学生不再被动地听讲和记录，大家都是参与者。

3. 国际经济法的体系庞杂，教师单纯的讲解不能使学生将法律规范和实际问题有机结合起来，对规范本身的掌握可能也不扎实。而教师用有针对性具体的事例说明抽象的理论，比较说明国际经济法规则在现实生活中的意义，学生掌握起来更容易。

例如，在学习国际贸易救济措施时，我们针对反垄断问题，选取商务部公告的反垄断调查的案例，要求学生根据实际案例来认识我国商务部如何启动反垄断调查、如何认定垄断等。通过对典型案例的分析，让学生摸索把理论付诸实践的问题有哪些，实践中的问题如何归纳其中的理论问题。尤为重要的是通过案例教学让学生去探索如何把理论问题演变为实务的场景，如何透过实务问题的表象挖掘其中蕴含的理论点。①

因此，教师讲解、案例讨论和分析是相辅相成的，结合教学内容的不同特点，在教学方法中安排相应的侧重点，实现优势互补。和以往的教师满堂灌，学生记笔记的方法比较，案例教学中侧重学生参与，组织课堂讨论的特点，在教学中表现出不容替代的优势。

五、国际经济法教学中引入案例法的瓶颈

1. 对学生的要求。案例教学需要学生积极配合，才能达到案例教学的预期目的。由于司法部规定法学本科学生大三结束可以参加国家司法考试，同时由于目前就业的压力，大部分学生除了参加国家公务员考试之外，更多的就是参加研究生考试。学生为了应付众多的考试之外，对于课程的学习只能是敷衍，没有太多富裕的时间去完成老师课后的作业。教师布置的材料，学生没有足够的时间看，上课组织讨论的时候，因为学生会

① 丁丁：《在“公司法”教学中借鉴案例教学法的体会》，载《对外经济贸易大学学报》2000 年第 1 期，第 28 页。

出现对背景资料了解得不够，讨论展开的不能充分，进而达不到理想的教学效果。

2. 对教师也是一个很大的挑战。将案例引入教学不但对学生是一个挑战，而且也要求教师对自己的角色有一个正确的定位。在课堂中虽然学生是活动的主体，但是主导课堂的仍然是教师，并且是一个协调者。

首先，教师课前需要花费大量时间进行准备工作。

教师对于案例的选择和了解是案例教学的关键。有学者认为，案例必须是真实的，只有真实的案例，才能激发学生的兴趣，进入完整的情景世界去探寻和解决其中的法律问题。① 但华中科技大学的李红海教授认为，案例的选择必须具有针对性，需要进行裁剪，让案例能够符合教学要求，并且学生易于接受和认同。国际经济法课程内容的特殊性，既需要国内法案例，也需要国际法案例。大陆法案例中，法官的判词在说理过程中通常比较简单，基本上是简单的三段论，没有更复杂的推理过程。而在英美法系案例中，不是简单的形式逻辑的推论，而是经验和逻辑的结合。

这样，教师必须花费大量的时间去准备课堂阅读和讨论材料，熟悉案例教学内容，分析案例事实和隐藏在案例中的法律语义信息，根据案例情节和所涉及的各学科各知识点，做好课前判断和预分析，以便在学生讨论中予以适当的引导和协调。同时，教师除了教学和科研之外，还有许多日常事务需要花费时间，比如学生论文的指导，学生思想的引导，教师必然存在时间支配的冲突。

其次，需要具备较强的专业素质。

课堂需要精心组织，必然要求教师具备很强的专业能力。在课堂上，对学生反映出来的问题要及时关注、及时处理；对于课堂讨论的方向和节奏要把握得当；教师要分辨同学提出的问题，是共性？是个性？结合教学目的，作出相应的推演、归纳、总结。每个学生的个性不同，在课堂的活跃程度不同，如果不注意引导，仍然会有一部分学生只是听众，教学效果会出现较大的差异。这就要求教师需要有一个良好职业道德，耐心注意观察学生的不同特点，通过有针对性的办法尽可能让大家都参与讨论，共同提高。

（作者单位：法学院）

---

① 谈建俊：《论法学教育中的案例教学》，载《江苏大学学报》(高教研究版)2002 年第 4 期，第 6—8 页。

少学时大学物理教学研究①

张谷令　邹　斌　苏玉成　王义全
贾　莹　冯　帅　付军丽　渠　朕

一、引　言

物理学研究物质运动的基本规律是自然科学的基石，其基本理论、方法和知识渗透到自然科学的众多领域，在社会生产的各个方面都有应用。大学物理作为高等学校理工科学生的一门重要基础课，其所阐述的物理学基本概念、基本思想、基本规律和基本方法是学生学习后续专业课程的重要基础，对于培养学生的综合素质和科技创新能力起着不可替代的关键作用。因此，大学物理被视为高等教育理工科本科通识课程。由教育部高等学校物理学与天文学教学指导委员会物理基础课程教学指导分委会撰写的《2008 年版理工科类大学物理课程教学基本要求》（以下简称《基本要求》），建议大学物理的最低学时数为 126 学时，对于需要加强物理基础的非物理专业建议不少于 144 学时。然而，随着高等教育改革的推进，各高校都面临着增加应用性课程，减少必修基础课学时的难题。以中央民族大学为例，在 2006 版培养方案中绝大多数非物理类理工科专业大学物理学时数均为 54 学时，这远远低于《基本要求》所规定的学时数，甚至在 2010 版培养方案中有的专业将 54 学时修订为 48 学时。作者调研了国内（特别是北京）一些兄弟院校的情况，发现大部分学校的理工科专业大学物理的学时能够保证 126 学时。表 1 中列出了国内部分高校同类专业的大学物理

① 本文是 2009—2011 年度中央民族大学教育教学改革项目“物理学教学体系及其数字化教学创新优化的研究与实践”及中央民族大学 2009—2011 年度教学项目“应用物理专业建设”的阶段性成果。

学时设置，以供参考。由表 1 可见，物理学作为重要的基础课程，在高等教育中的地位得到了足够地重视。当然，由于中央民族大学自身的特殊性，把大学物理课程设置为 54 学时也有其困难。但是由此而引起的少学时与内容多、课程难的矛盾则更加突出，如何在如此少的学时下将大学物理课程教好是摆在物理教师面前的艰难任务。本文就如何有效利用理学院现有资源，从教学内容、方法手段及考核方式方面做以下探讨。

表 1　部分高校理工科非物理专业大学物理课程学时设置情况

学校	专　业	学时/学分	备　注
清华大学	建筑类专业	68/4	
	数学类专业	136/8	需另修量子力学
	其他理工科	136/8	至少
北京大学	数学类专业	60/4	至少 3 学分，可选其他物理课
	计算机类专业	90/6	只修力学和电磁学各 3 学分
	电子技术类专业	255/17	含电动力学和量子力学
	化学类专业	150/10	力 3、热 2、光 2、电 3
	生物类专业	120/8	普通物理
	环境类专业	60/4	普通物理
中国人民大学	理科专业试点	72/4	理科试点
北京邮电大学	计算机科学与技术	68/4	
	自动化	120/7	第二、三学期
北京理工大学	所有理工科专业	128/8	第二、三两学期
北京科技大学	所有理工科专业	118/7	第二、三两学期
北京化工大学	电子技术类专业	320/20	含电动、量子、固体物理
	其他非物理类理工专业	128/8	第二、三两学期
浙江大学	所有理工科专业	128/8	第二、三两学期

二、54 学时大学物理教学初探

（一）内容选择

大学物理由力学、热学、电磁学、光学和近代物理五大部分组成，按照《基本要求》建议，全部知识大约需要 180 学时才能讲完，其中 A 类核心内容约需 120 课时，而 54 学时则根本不能保证物理学知识的完整性。按照我们往年的教学经验，若要照顾到大学物理知识的完整性，则只能讲授一些相对浅显的内容而且不能有复杂的推导。几乎所有的公式、定理都直接拿来应用，这样快速、蜻蜓点水似的教学方式很难有好的教学效果。快速的教学进度使物理知识的美感荡然无存，教师辛苦劳累，而学生却不知所云。这样势必会挫伤教师和学生的积极性，教学目的很难完全达到。众所周知，物理知识的系统性及其方法论往往都在那些公式、定理的推导中体现，通过教师由浅入深、循序渐进地带领学生去体会物理学的基本规律，这样的推理和演绎过程是培养学生综合素质及创新能力所必需的。因此，根据学生专业特点及大学物理课程的培养目标，教师必须合理取舍教学内容。而实际上，在高中物理课程所实行的新课标中也将物理学知识分成相应几块，有的内容讲，有的内容不讲。从知识体系来看，大学物理中有很大一部分物理学概念、定理、规律在高中物理中已经有所涉及，特别是牛顿力学、基本电磁规律及光的干涉衍射现象等。所不同的是上述知识在大学物理中涉及微积分，可以求解高中物理不能求解的复杂问题，进而更为系统的研究物理规律以及新的物理现象，比如变力和变质量问题、麦克斯韦方程组等等。另外，从自然科学的发展来看，各个学科所倚重的物理学知识侧重点略有不同。比如，计算机类或者自动化类专业可能更多需要电磁学的知识，而化学或环境类专业学生后续课程中的物理化学课则较多需要热力学的相关内容等等。

基于以上的思考，我们认为内容的选择需要把大学物理模块化，而选择的标准就是看大学物理的知识点与学生后继课程的匹配程度。

牛顿力学、热力学基本定律、麦克斯韦电磁学理论、波动光学及相对论和量子物理是物质运动基本规律和自然科学的基石，同时也是所有非物理专业的理工类学生必须掌握的物理学基本框架，没有这些约束物理学便是零散无力的，所以不管实际怎样模块化，应该让学生感知物理知识的完整性。为此，在经过近几年教学实践及充分调研之后，我们认为根据学生的专业性质可将大学物理课程分为两大模块，即精讲与略讲两大模块。为了保证知识的系统性与完整性，我们并没有采用所谓少学时的大学物理教材，而是采用程守洙等人编著的《普通物理学》（第六版）（下文简称“第六版”）。“第六版”的修订正是根据 2004 版《基本要求》规定，保证 A 类核心内容的同时，选取了适量 B 类扩展内容。“第六版”分上下两册，全书核心内容讲完至少需要120学时，因此用作54学时教材肯定会有许多内容讲不到。

表2列出了针对不同专业学生所设54学时各部分内容学时安排。因为学生在中学已经对牛顿运动定律及能量守恒定律非常熟悉，所以在课程中我们直接将相关定律、公式以微积分形式来描述，进而讨论复杂问题的求解，这样不但能使学生加深对概念、定律的理解，而且节省了教学时间。通过有所侧重的学习，学生更能深刻体会大学物理分析研究问题方法的科学性、系统性。考虑到计算机及自动化专业研究应用对象更有可能渗透到实际的物体特别是机械控制等，所以对计算机专业讲授刚体部分。而相对论力学则把坐标系、坐标变换应用到四维时空，可以极大地拓展学生的逻辑思维能力，所以对数学专业学生讲述相对论力学部分。对于化学、制药、环境及生物专业的学生，因为热学是他们后续课程，如物理化学等课程的基础，所以热学部分必须要详细讲解。而数学专业的学生则需要通过学习热学掌握统计物理的基本思想。电磁现象是最重要的自然规律之一，所有专业学生都需要学习，利用微积分求解连续带电体所产生的电磁场是学生必须要掌握的知识点。而电磁学更是计算机及自动化专业的重要基础，要求学生能够掌握麦克斯韦方程组。因为学生在中学就已经学习了简谐振动、光的干涉衍射等波动光学知识，所以这部分内容略讲并结合当前科学前沿适当补充一些专题知识。原子物理知识在高中涉及很少，用到量子力学知识又非常抽象，所以在少课时的情况下以专题形式介绍，引导学生通过课外阅读来增加这部分知识是合适的。这样既保障了对重点内容的详细讲解，又使得学生在掌握物理知识框架体系的基础上对现代科技中用到的物理问题有所认识。

表2　大学物理模块化各知识点计划用学时列表

知识体系	内　容	基本要求	54学时	建　议
绪论	物理学基本框架	课程体系及安排	1	所有专业必修
力学	运动学	运用微积分及矢量分解求解非相对论运动	4	所有专业必修（精讲＋略讲）
	功能原理及守恒定律	熟悉各物理量概念	3	所有专业必修(略讲)
	刚体	定轴转动	6	计算机自动化专业
	相对论基础	相对论时空观	6	数学专业

续表

知识体系	内　　容	基本要求	54学时	建　　议
热学	气体运动论	压强、麦克斯韦速率	6/10	数学/化学
	热力学基础	热力学定律及熵	6/10	数学/化学
电磁学	静电场	库仑定律、高斯定理、电势、电介质	8/12	数学化学专业/计算机自动化专业
	稳恒磁场	毕萨定律、环路定理、磁介质	8/12	
	电磁感应	各感应电动势、方程组	4	计算机自动化专业
光学	振动与波动	波函数、惠更斯原理	2	概念高中接触过（略讲）
	波动光学	干涉、衍射、偏振	8	
原子	量子力学基础	量子概念、自旋	2	所有专业（专题报告）

（二）现代化教学方法与手段

物理学是大学理工类课程中重要的基础课，经过众多物理教育工作者的努力，大学物理的教学资源已经非常丰富，各种电子课件库、动画库、习题库、试题库、网站、精品课程等资源可供我校教学选择。为了配合大学物理教学，理学院于2007年建设物理演示实验室，可进行40多项物理问题的演示教学。2009年又购买仿真实验网络版，教师可以利用教室的计算机终端进行现场物理现象与具体过程的讲解，而学生也可以在课下进行学校没有开设的昂贵或危险实验的操作。现代化的教学手段已经成为大学物理课堂教学的必要环节。特别是对于少课时情况，教学方式方法的改革尤为重要。抽象的物理问题、繁杂的求解可以通过简单演示、动画等多媒体技术而变得生动形象，比如热力学中的动态分布、刚体的转动惯量、驻波等等。

随着计算机和网络技术的发展，学生的自学手段及能力越来越强，教学过程中不能满堂灌，要使学生能领悟到实际问题中的物理知识，可以采用启发式教学方法引导学生思考激发其兴趣和动力，以课外作业的形式锻炼学生自学及科研能力。比如热力学中熵的概念是很重要的，但是课堂上却没有时间展开，可以让学生以课外论文的形式讨论自己对熵的认识。当然，在物理教学中也不能完全放弃传统板书。适当的板书可以进行逻辑分析及深入推理，能够体现物理的逻辑美，加深学生对问题的理解。

总之，有限的课时内只能尽可能地在物理教学中采取合理的教学手段，来引导学生掌握物理学基本规律及其研究问题的方法。

（三）合理的考核模式

考试成绩是考核学生掌握知识的程度的一种有效手段，但不是唯一手段。成绩的评定方式对学生的学习起促进和引导作用，考虑到少学时的特殊性，为了更好地完成教学内容，要求考核内容能够很好地引导学生自觉学习与独立思考。因此，需要对考核成绩的评定方式进行一定完善。课堂成绩仍然采取传统的考查方式，即10%（平时）＋30%（期中考试）＋60%（期末考试），仍然采取闭卷考试的方式，该成绩占课程总成绩的80%。

另外，教学过程中可以布置10个左右的专题性大作业，学生根据专业需要及兴趣选择其中3—5个。让学生通过文献调研，自己推导或计算机求解等方式来完成，最终形成论文，该成绩占课程总成绩的20%。大作业的知识点可以是略讲的内容，也可以是不讲的内容。通过自主解决实际问题，学生能够锻炼其独立创新能力及综合素质，从而达到课程的教学目的。

采取灵活的考核方式，调动学生课后学习的积极性和主动性，尽可能多的完成教学任务，引导学生提高其综合素质和创新能力。

三、小　结

在2009年底举行的北京市物理学会年会上，大学物理课程学时被一定程度压缩已经成为各在京高等院校共同面临的问题，而中央民族大学尤为严重。学时不够用，是因为知识更新快，学生需要学习的科目越来越多，因此必须要进行教学改革以求尽可能达到教学要求。我们所提出的将大学物理课程分割是不得已所为，虽然不能保证课程体系的完整，但可以保证重要知识点的深入细致讲解，使学生学有所获。如何更有效地利用现有资源，在54学时内完成大学物理课程教学任务，有待大家共同商讨。

参考文献

[1] 教育部高等学校物理学与天文学教学指导委员会物理基础课程教学指导分委会:

《理工科类大学物理课程教学基本要求》，高等教育出版社，2008 年版。
[2] 程守洙、江之永：《普通物理学》第六版，高等教育出版社，2006 年版。

（作者单位：理学院）

刑事诊所的困境与出路[①]

闫永安

一、法律诊所的现状

（一）美国法律诊所的现状

法律是一门实践性的学科，脱离实践，法律的学习如同无本之木，无源之水。因此学习法律不能仅停留在思想和意思的层面，否则只能是纸上谈兵。深谙实践对法律教育的重要性之真谛，随着民权运动的发展和高涨，美国在 20 世纪 60 年代开设了法律诊所教育（Clinical Legal Education）。法律诊所教育，就是在法学院建立法律诊所，通过老师的指导，学生在法律诊所中为当事人提供法律咨询，诊断案件所涉及的法律问题，提出解决问题的法律应对方案，以达到为当事人提供法律服务，在司法实践中学习和掌握法律实务的操作技能[②]，缩小学校知识教育与职业技能教育之间的距离而开设的一种法律教育模式。

法律诊所教育作为一种新的法学教学的实践性方法，其产生可以追溯到 19 世界末期。当时美国的法学教育最初沿袭的是英国的学徒制。1784 年，法官塔平·里夫在康狄格州的利奇菲尔德创办了美国第一家法学院，开始施行以授课为中心的学院制教育模式并取得了成功。1870 年，受美国本土形式主义思潮的影响，出任美国哈佛大学法学院院长的著名法律教育家兰德尔，反对当时盛行的脱离现实的纯理论讲授方法，坚持实行法律教

---

① 本文是 2010 度中央民族大学校级教学改革立项项目“应用型法学人才实践能力培养培养途径与机制研究”的阶段性成果。

② 刘加良等：《法律诊所教育：发展概况、内容体系和积极意义》，载《山东商业职业技术学院学报》2006 年第 6 期，第 73 页。

育改革，推广“判例教学法”。这种教学方法突破传统法律知识讲授的弊端，对于学生法律思维能力的获得及形成法律职业共同体的同质的法律意识与法律观念等方面有着积极意义，但是它所产生的案件事实与社会真实隔离的缺陷却受到了学者们的猛烈抨击。在批判和反思的过程中，为了弥补案例教学法的缺陷。20世纪早期，耶鲁大学法学院教授杰勒科·弗兰克领导、组织了“法律诊所”，为法学院学生提供了实践机会。同时，杜克大学的约翰·布拉德维首先在杜克大学和南卡罗莱那大学创设“法律援助诊所”，并为其他大学法学院仿效。由此可见，法律诊所教育是美国法律教育趋向实践教学模式发展与革新的必然。

如今，经过近40多年的探索和发展，起源于美国哈佛大学、耶鲁大学等著名法学院的美国法律诊所教育取得了巨大的成功，其不但表现在“现在的美国法律规定，在美国注册的120多所法律院校均必须开设某种形式的法律诊所教育课程”[①]，且表现在美国式的法律诊所教育早已经走出国门，并成为欧洲、亚洲和非洲等地区诸多国家法学实践教育体系中不可缺少的组成部分。

（二）中国法律诊所的现状

中国法学教育自20世纪70年代末80年代初重新恢复后，可谓波澜壮阔，席卷而来。从1977年的两个半法律系到如今的六百多所法学院系，从单纯的本科教育到如今的大专、本科、法学硕士、法律硕士、博士等众多学位项目，从传统的“知识性传授”甚至是“灌输”，到如今的案例式、启发式、讨论式和诊所式教学方法，从“最畅销的专业”到“最难就业的专业”，其跌宕起伏令人眼花缭乱。其中鱼龙混杂，泥沙俱下的局面也孕育着危机和困境，令人不无担心和忧虑。法学教育改革的呼声几乎是与其与生俱来，于今愈加强烈。诊所式法学教育模式的引进和发展是过去10年法学教育改革的一个重要舞台，它作为改革举措所带来的对于中国法学教育的反思和冲击则远远超出了一个单纯模式的引进。

在新的历史时期，面对急剧变化的社会，“注释法学”和“经院法学”的教学模式，显然不能应对丰富多彩和变动不居的社会现实。在这种压力下，我国开始重新思考法学教育的定位是“通识教育”还是“职业教育”。

---

① 姜素红：《法律诊所教学方法初探》，载《湖南师范大学教育科学学报》2005第11期，第109页。

当越来越多的法律学人和职业者认识到法学不仅仅是书斋中的僵化和抽象的文本知识，而且是影响着社会中每一个人的实践理性和人类智慧。在这种认识的推动下，1999 年 12 月，美国福特基金会在北京主持了关于法律诊所教育课程的研讨会。会后，福特基金会向全国高校发出了《关于参加福特基金会召开的拟在中国法律院系中开设法律诊所教育课程会议的报告》。2000 年 1 月，中国 7 所重点大学如北京大学、武汉大学、清华大学、人民大学，中南政法大学、华东政法大学、复旦大学正式向福特基金会提出了立项申请，要求参加法律诊所项目。随着福特基金会确立该 7 所院校为接受法律诊所援助项目的院校，上述 7 所院校在 2000 年 9 月开设了法律诊所教育课程。这标志着诊所法律教育模式在中国的正式确立。至 2002 年，又有中山大学、西北政法大学、四川大学、云南大学 4 所高校法学院、系设立该课程。

2002 年 7 月 28 日，经中国法学会批准，由上述 11 所院校成立了“中国法学会法学教育研究诊所法律教育专业委员会”，英文名称为：“The Committee of Chinese Clinical Legal Educators，简称 CCCLE ”。该委员会成立后，对诊所式法学教育在中国的推动和开展起到了关键性的作用。[①]

10 年中，全国各地建立了不同主题诊所式法学课程 130 个，诊所的内容涉及：民事诉讼、行政诉讼、谈判和调解、公益诉讼、消费者保护、弱者权益保护、农民工法律服务、农村法律服务、妇女权益保护、未成年人权益保护、青少年违法行为矫正、地方立法、社区法律服务、婚姻家庭、知识产权保护、环境保护、刑事诉讼、艾滋病患者权益保护等领域。截止到 2010 年 6 月 18 日，CCCLE 共有 134 个会员院校，其中已经有 82 个会员院校开设了诊所课程。

2007 年，中国诊所法律教育专业委员会又与国际司法桥梁合作实施了为期 3 年的“刑事诊所法律教育项目”，以此为全国法学院树立形式教育模范，为鼓励和培养年轻一代律师献身于形式辩护工作。从 2007 年到目前为止，委员会资助的刑事法律诊所的院校总数达到 16 所，并多次举办了刑事诊所主题培训。

---

① CCCLE 主任王晨光教授在“中国诊所法律教育十周年庆典暨诊所教育论坛”上的上述致辞明确表明了法律诊所教育在中国的现状。

二、刑事诊所面临的困境

（一）刑事传统理论课程教育的影响根深蒂固

我国传统的法学教育一直存在着重理论、轻实践的观念。在传统法学教学中，理论一直占据着主导地位，与理论教学所占用的时间相比，实践教学简直可以忽略不计。传统法学教育以课堂为主，课堂教学则以讲授理论知识为主。这是一种“填鸭式”的教育模式：教师是课堂上的主角，学生作为受教育者是观众。

在传统的教学实践中，虽然也采取了一些实践性的教学方法，如案例讨论、审判观摩、模拟法庭和毕业实习。但实践性教学环节的使用，表明我们在法学教育中已经意识到传统理论教学方式的不足，作为实践性科学的法律，不仅仅是传授法律知识，更重要的是使学生学会分析问题、辨识问题和解决问题的能力。实际上这些实践性教学模式都有其本身的局限性，从实际教学的效果来看，也不是特别理想。如案例讨论模式仅仅能使学生对所学法律知识停留在感性的认识上，缺乏实际的可操作性，再如审判观摩模式仅靠旁听，学生缺乏主动积极地学习。更为重要的是学生在旁听过程中很容易受到控辩双方或者当事人双方发表意见的影响，从而影响其独立判断的能力。而模拟法庭教学模式，由于是学生来扮演各种角色，像演戏一样，缺乏真实感，且均是事先准备好的在理论上具有典型性的案例，缺乏突发性和鲜活性，这会使学生缺乏学习激情和兴趣，不能设身处地理解当事人的感受，难以锻炼其职业责任心，难以对法律实践的全过程进行有效地训练，如接待当事人、提供咨询、谈判技巧等。对于一向被法学教育看好的毕业实习模式虽其在一定程度上可以弥补模拟法庭的不足，学生通过毕业实习，可以接触到鲜活的案例，引起学生主动积极地学习和思考。但由于毕业实习一般安排在大四，且由于毕业实习本身的不规范性，时间的有限性，内容的有机性，途径的局限性以及缺乏有效的监督和指导制度，这导致实习往往流于形式，很难达到实习的目的，也无法使学生全程经历一个案件案例的全过程。

法律诊所课程则采用实验教学为中心的教学模式，是对传统法学教育的一种突破和创新。在法律诊所的教育中，学生是真正的主角，教师只是起到引导的作用。因此，应借鉴国外的法学教育模式，引入诊所式教育。

但诊所式法律教育单一的教学目标是"通过法律实践，学习律师的执业技能"，这无疑会导致诊所式法律教育的功能缺陷①的传统思想已经成为法律诊所发展的巨大障碍。

（二）刑事诊所学生代理案件身份不明确

我国有关法律援助的立法只有《法律援助条例》，而且其中只规定了"国家支持和鼓励社会团体、事业单位等社会组织利用自身资源为经济困难的公民提供法律援助"。而法律诊所作为法学院的一个教学机构并不是一个依法登记的社会团体，那么诊所的学生亦只能以一般公民的身份办案。这样诊所学生在办理案件特别是刑事和行政案件时，其享有的权利远不如律师。这不仅损害了需要法律援助的社会弱者的诉讼权益，还使学生无法全面锻炼自己的实践能力。② 尤其在刑事实践之中，诊所学生根本无法会见犯罪嫌疑人或者被告人，无法参与和进行刑事辩护。

（三）刑事诊所课程及刑事诊所的社会地位没有得到足够的重视

诊所法律作为高校法学教育改革的重要组成部分，势在必行。但在目前的尝试阶段，其地位如何，与其他课程的关系怎样，能否将它作为必修的一门课程去考核、评价学生的问题，必须从建立高校学生的学分体制上去进一步健全、完善。

另外，由于" 诊所"属于高校民间法律援助组织，到目前为止，国家还没有相关的政策和法律明确规定其法律地位、职能及作用。因此，"诊所"在发展过程中，会面临来自各方的压力，难以得到社会应有的理解。③

（四）刑事法律诊所教育的经费来源不足

诊所法律教育被称为是"贵族式教育"，是一项十分昂贵的教学活动。然而，由于诊所法律教育在中国发展还只有10年时间，其与传统的教学模式存在着尖锐的矛盾，尚未融入我国主流教育体制之中，因而很难获得学校教育经费的支持。我国目前的法律诊所的课程主要依赖美国福特基金会的支持，长此以往势必会影响诊所教育在我国的发展。④

---

① 甄贞：《一种新的教学方式：诊所式法律教育》，载《中国高等教育》2002年第8期，第33页。

② 张雷、陈赞强：《法律理论教学与实践的结合》，载《中国大学教学》2006年第11期，第46页。

③ 同上。

④ 同上。

（五）法律诊所教育的案源不充足

首先，很多学校只建立了专业性很强的诊所，如人民大学在刑事诊所只开设了刑事和解诊所，由于接受援助对象有限，也使案源受到很大限制。其次，如西北政法大学开设了社区矫正诊所。这些诊所的开设，并不能真正使学生学习到在刑事辩护应当学到的重要内容。

三、刑事诊所的出路

（一）充分认识并重视刑事诊所，提高刑事诊所的地位

法律诊所课程与传统理论课程在对学生的教育和培养方面，可以说是一种表里关系。理论的学习是一种本质的东西，这一点不能动摇。但要将理论学习到的东西运用到实践之中，则需要依托于法律诊所课程。

首先，传统理论课程是法律诊所课程的前提和基础，法律是一门实践性的学科，法律诊所课程正是因应法学实践性学科的特质而开设的一门课程。但任何法律的实践，都需要一个基本的前提，即理论知识的把握。没有理论知识的把握，任何人不可能做到理论联系实际。因此，在学习法律诊所课程之前，必须具有坚实的理论基础，否则，在学生向当事人提供法律咨询、进行谈判、撰写法律文书、进行诉讼等法律活动时，不可能具有实务操作的能力和解决任何问题。法律诊所课程的教学必须建立在学生具有坚实的理论基础之上。

其次，法律诊所课程是将理论与实践结合并将理论知识得以深化和拓展的有效途径。“纸上得来终觉浅，绝知此事要躬行”。只有亲身体验法律实践中的具体环节如进行谈判、撰写法律文书、进行诉讼等法律活动时，才能将实体法和程序法具体理论运用到实践之中，也唯有如此，才能知晓法律的真谛。在具体的实践之中，面对错综复杂的案件事实，梳理和综合运用所学理论知识，从而避免理论与实践的脱节。这是培养应用型人才的应然要求。当然，正是由于接触到实践，并运用所学知识处理实践中出现的问题时，也会发现，基于法律事实或者法律现象的多样性，在实践中也有法律不能解决的问题。这些问题的出现，要么是法律本身出现了疏漏，要么是法律条文本身出现了歧义的理解，要么是法律本身调整范围和调整手段的限制，这无疑会促使我们进行批判性的反思。在批判性反思的过程

中，一方面深化了所学理论知识，另一方面也拓展了所学理论知识。

因此，作为法律诊所课程与传统理论课程而言，二者都应当作为我国法学教育课程中不可或缺的课程，都应当作为法学教育课程体系中的重要组成部分，不可偏废，必须相互衔接与配合，只有如此，才能促使刑事诊所良性发展。

（二）从法律上解决学生代理刑事案件的身份问题

赋予刑事诊所学生准律师的身份和地位，以使其能够会见犯罪嫌疑人、被告人，能够复印卷宗材料，进行调查取证等。唯其如此，刑事诊所才能得到长足的发展。关于这一点，甄贞老师在2008年全国政协会议上，针对诊所教学提出了提案：即建议在法律诊所刑事案件中，学生以准律师的身份参加诉讼，并且呼吁国家尽快制定相关法律法规来规范保障法律诊所学生的活动。

（三）提高刑事诊所教育与司法机关的联系，扩大诊所教育的影响力

诊所教育是一门实践性课程，这一特征就决定了诊所教育离不开司法机关的帮助与支持，特别是法院、检察院、司法局等司法行政机关的支持。首先，要建立刑事法律诊所与司法机关之间的联动机制。司法行政机关应参与到法律诊所的课程设计与具体的实践性教学环节，在具体的法律咨询、社区调解和实案代理中给予法律诊所更多的便利，从更加专业的角度给予指导和帮助。其次，通过法律诊所与司法机关的日常交流，如举办专题讲座、观摩庭审、参与调解等，借助司法机关的平台，扩大诊所教育的影响力。从而提高大众对诊所课程的重视，并提高刑事诊所的法律地位。

（四）拓展资金来源渠道，寻求资金支持

资金支持不足也是诊所教育发展的瓶颈之一。目前，诊所教育主要是福特基金会的资金支持，而在刑事诊所法律项目上主要是由国际司法桥梁（“IBJ”）提供资金支持，资金来源较为单一，而且只有极少数院校能够得到福特基金会的支持。因此，应拓展资金的来源渠道，寻求多方资金支持。首先，诊所所在院校对于诊所教育的发展具有义不容辞的责任，对诊所教育应大力支持，提供诊所教育所必需的办公场所、办公用具和办公经费。其次，可以通过与司法局的合作，以建立法律援助中心工作站的方式

提供法律援助，通过办理法律援助案件，获得法律援助费用。最后，扩大宣传，提高诊所教育的影响力和知名度，通过社会各界，主要是企业资助的形式获得资金支持。

四、结　语

刑事诊所教育作为一种新生事物，其道路在中国的发展是不会平坦的，诚如学者所言："教授法律知识的院校，除了对学生进行实在法规和法律程序方面的基础训练以外，还必须教导他们像法律工作者一样去思考问题和掌握法律论证与推理的复杂艺术。"刑事诊所教育的引进为我国法学教育的改革和发展提供了契机。然而正如其他法律文化移植一样，作为外来的法学教育模式，要植入中国法学教育这片具有深厚传统色彩的土壤中并非易事，需要在实践中不断地积累和探索。唯有如此，我们才能在本土经验与国外经验的交融中，在趋同又求异的理性抉择中走出一条创新之路。①

参考文献

[1] 王立民、牟逍媛：《 诊所法律教育研究》，上海交通大学出版社 2004 年版。
[2] 甄贞主编：《诊所法律教育在中国》，法律出版社 2002 年版。
[3] 杨欣欣主编：《法学教育与诊所式教学方法》，法律出版社 2002 年版。

（作者单位：法学院）

① 熊跃敏、汤晓贺：《法律诊所教育：价值诉求与本土化实践》，载《沈阳师范大学学报》2005 年第 3 期，第 4 页。

对法律诊所教学目标的思考[①]

——以中央民族大学法学院民事法律诊所为例

姜 莉

自2000年法律诊所的教学形式从美国引入中国，至今已有10年。在这10年中，法律诊所教学模式如雨后春笋般在中国的法学院校中不断涌现，到目前为止，已有100多所法学院校开设了法律诊所课程，其专业涉及了刑法、民法、知识产权法、环境保护法、社区法律服务、劳动法等多方面。各高校在开设法律诊所课程的同时，也不断强化着对法律诊所课程的理论研究。中国法学会诊所法律教育委员会主任王晨光曾经明确提出了“五化”的概念：“目前，诊所式法律教育发展仍有许多需要加强的方面。包括诊所教育规模的扩大化、诊所教育的规范化、诊所式法律教育模式的正规化、诊所教育教学质量的优质化、诊所式法律教育未来发展的本土化。”[②] 我们认为，在法律诊所教学本土化研究过程中，对法律诊所教学目标的研究应当属于基础性的理论研究范畴，对这一问题的深入研究，将有助于法律诊所教学与我国法学教育之间建立充分、有效的对接，使之得以更好地为我国法学教育事业服务。

法律诊所课程的教学目标，应当是各开设法律诊所课程的法学院校进行课程建设时首先要解决的问题。从我们所了解的一些已经开设法律诊所课程院校的教学大纲来看，虽然都强调了要树立明确的法律诊所教学目标，但是其对目标内容的设定却过于简单，不够全面、具体。我们知道，确定教学目标应当是教学活动的第一步，目标一经确定，教学就有了明确的方向，各项教学内容的设计就会围绕该目标的实现来开展。对此，法律

---

① 本论文系2010年北京市教育委员会研究课题《应用型法学人才实践能力培养的途径与机制研究》的项目成果之一。

② 李美琪：《中国诊所式法律教育10年探索路——专访中国法学会诊所法律教育委员会主任王晨光》，载《法制日报》2010年6月20日。

诊所课程的教学也不例外。对法律诊所教学目标的设计有其总体的要求，同时由于受不同的法学专业的影响，法律诊所教学又可以分为民事法律诊所、刑事法律诊所、知识产权法律诊所、环境保护法律诊所、社区法律诊所等不同类型，因此我们认为，法律诊所课程的教学有其总的目标，同时基于法律诊所的类型不同，其具体的培养目标又有所不同。笔者基于这样的认识及从事法律诊所教学实践的心得，在本文中就法律诊所教学的总体目标和具体目标分别进行研究和设计，以期为法律诊所教学的本土化研究贡献绵薄之力。

一、对法律诊所教学总体目标的思考

“法律诊所教育目标的实质在于帮助学生培养经验式学习的能力以及凭借经验进行反思的能力。法律诊所教育实际上应当为学生提供从事法律行业的基本素质，培养学生完善人格、完备道德感与法律头脑、实践操作能力三者结合的基本素质。在法律诊所教育中，作为一名法律诊所的教师个人目标是希望学生能通过法律诊所式的学习具备终生学习的能力，了解司法制度问题所在，并为其改进作贡献，最终成为一名有道德、有职业技能的律师。”① 有的法学院校在其法律诊所课程的教学大纲中也明确提到，法律诊所课程“弥补了传统教学在理论和实践上的脱节，使法学专业的学生在校期间就能够通过接触和处理真实的案件而进一步掌握所学的法律专业知识，锻炼学生协同工作的能力和相应的基本职业技能，加强对职业责任和职业道德的理解和学习，为培养合格的法律人才奠定基础”。②

在此，从事法律诊所教学和研究的同仁们对法律诊所课程的教学目标是有共识的，即法律诊所课程至少应当实现如下目标，即加强学生的实践能力、提高学生的法学理论水平、培养学生的职业道德和执业纪律。

（一）加强学生的实际办案能力

众所周知，多年以来我国法学专业本科一直沿袭着以学生理论学习为主的教学模式，虽然在教学中也强调运用案例分析、法庭观摩、模拟法庭

---

① 孙淑云等：《论诊所法律教育的教学目标和特点》，载《河北工程大学学报》（社会科学版）2009 年第 3 期。

② 刘瑛：《中国政法大学知识产权法律诊所教学大纲》，第 1 页。

等方法，但是这些教学方法的运用不外乎是为学生的理论学习服务的，只是教学的辅助方法，对学生实践能力的培养帮助不大，学生无法通过这些途径对社会形成认知，因此也就很难在本科毕业之后迅速适应法律实务工作的需要。而法律诊所课程的引入能够比较有效的解决我国既往法律教学的弊端。在法律诊所课堂上，通过教师对教学任务的精心设计，引导学生学会运用其所掌握的法学理论和法律规定解决实践中的法律问题，进而实现法律诊所的教学目标。具体来说，就是在法律诊所课堂上，为学生提供律师基本执业技能和技巧指导，通过模拟练习和实地办案，使学生掌握与客户见面、提供咨询、调查取证、法律分析和推理、谈判、法庭辩论等一系列的基本技能，形成法律思维习惯，体会律师和法律条文的真正含义，提高自己的处理法律实务的水平，并对司法制度做出自己的评判。

（二）提高学生的法学理论水平

有些人认为，法律诊所课程的教学就是培养学生处理法律实务的能力，只要教会学生如何办案就足够了，对此我们不能认同。我们认为，开设法律诊所课程的一个重要目标，应当是通过学习，使学生有机会对自己的法律知识体系的建构有一个系统的梳理，及时发现知识盲点并予以弥补，从而提高学生的法学理论水平，强化学生对法学理论和法律条文的理解。很多选修过法律诊所课程的学生在总结课程学习的心得中均谈到了这一点。他们普遍认为，法律诊所课程的学习与一般意义上的课堂授课之间的不同点，在于通过法律诊所课程的学习，使他们加深了对法律知识的理解，更为重要的是，由于法律诊所课程要求学生对法学理论及法律规定必须要有全方位的掌握，从而使学生能够充分认识到实体法之间、程序法之间以及程序法与实体法之间的内在联系，使学生的学科知识体系真正得到建立并日趋完整。对此最直观的表现就是，学生在课程学习的初始阶段，往往对案件的法律关系及应适用的部门法律缺乏准确的把握，但是通过有意识的学习，在学期课程结束时，他们已经能够比较自觉的运用法学原理对法律问题进行分析，在法律的选择适用上准确度也大为提高。

（三）培养学生的法律职业道德和执业纪律

法律本科专业的学生由于一直在学校这一相对封闭的环境中学习，一方面他们不了解社会，缺乏对社会的认识，另一方面又容易受到社会上不良风气的影响，认为从事法律实务工作离不开“拉关系”、“请客送礼”

等，按照正当的途径很难办好案子。因此，除上述目标之外，在法律诊所教学中还有一个重要的目标必须要实现，这就是对学生法律职业道德和执业纪律的培养。在法律诊所课堂上，作为任课教师，应当时刻将学生的法律职业道德和执业纪律的培养体现在课堂教学的设计中，帮助学生学习未来执业的基本准则，树立高尚的法律职业道德和职业责任心。作为一个对正义这一社会品质承担着特殊责任的法律工作者，由于其职业的高度自主性以及在维护法律的公正性和当事人的合法权益方面需要承担的重要责任，决定了法律职业的从业者必须具有高尚的职业道德水准，并严格的恪守执业纪律与执业规范。基于这一理念，法律诊所教学就必须要承担起这一重任，在学生接触和处理真实案件、接受当事人委托的过程中，使他们树立良好的道德观与责任感，努力促进正义、公平与道德，并最终使学生能够具备正确判断是非、抵御社会不良风气的能力。

综上，我们认为，法律诊所教学的总体目标，应当是通过采用有效的教学方式对学生从法律思维、职业技能、法学理论、职业道德和执业纪律等方面进行全方位的培养，将培养一名合格的法律工作者作为其总的目标。

二、对法律诊所教学具体目标的思考

法律诊所课程的开设不仅要对学生处理法律问题的实践能力进行培养，更重要的是通过教学，使学生学会如何将法学理论与法律实践有机结合起来，做到知识的融会贯通，能够切实有效的解决实务中出现的各类法律问题，并进而对学生的自主学习能力和综合办案能力进行训练，使其能力得以不断提高。不同类型的法律诊所，由于其自身的特点不同，因此在具体的目标设定上是存在一定的差别的。在此，我们仅以我校法学院开设的民事法律诊所为例，说明在不同的课堂设计环节中的具体的教学目标。

（一）接待与会见

接待与会见是法律诊所学生接触到的第一个实践训练环节。我校民事法律诊所的学生要想学习如何做一名合格的律师，首先就要学会接待当事人，接待方式可以有电话咨询接待、社区咨询接待等。其次，要求学生掌握会见的方法与技巧。

不管采用何种接待方式，其目标应当是明确的，即以训练学生学习如何接待当事人及会见当事人的方法、注意事项等为教学目标，在接待与会见中分别对学生提出不同的要求。具体来说，在接待的训练中，要求学生学习礼貌地与客户进行交流，了解案件基本情况，并对客户就案件进行简要的法律分析，其间应注意法言法语的运用；在会见的训练中，则要求学生学习如何了解案件情况、明确法律关系的性质，并能够找出争议焦点，为客户提供基本的法律分析，在这一环节，还要求学生学习如何抓住案源和办理委托手续。

（二）谈判

谈判是指双方或多方位寻求做某事或不做某事的合意所进行的一系列信息传递或交换过程。[①] 谈判是律师业务中常见的一种解决问题的方式，如果律师不了解谈判，仅仅运用一些诉讼技巧来解决问题，则很容易使自己在处理法律事务时陷于不利的地位。同时，运用谈判而不是审判来解决法律问题与我国当前建设和谐社会的法治理念也是相一致的，理应作为法律诊所教学内容的一部分。

对学生的训练目标是使学生掌握有关谈判的策略与技巧，要求学生掌握不同类型的谈判对谈判策略与技巧的不同要求，了解对谈判技巧的运用对谈判目的的实现所能起到的作用，使学生能够将所学习的谈判策略与技巧比较熟练的应用于谈判中。

（三）争议解决方式

在律师业务中，常见的争议解决方式有协商、仲裁和诉讼等，不同的争议解决方式其作用不同，给当事人带来的结果往往也会有所不同。采用何种方式能够更加有效的解决当事人之间的争议，并帮助当事人最大限度地节约时间成本与物质成本的投入，是律师必须帮助当事人进行选择的。因此在这样的课程中，教学目标的设计上就要包括这样一些内容：

1. 要求学生必须熟练掌握有关协商、仲裁和诉讼等争议解决方式的法律规定。

2. 要求学生通过体验协商、仲裁和诉讼等争议解决方式，了解其特点、功能、运用的技巧。

---

① ［印］马海发·梅隆主编，《诊所式法律教育》，彭锡华等译，法律出版社 2002 年版，第 114 页。

3. 要求学生对协商、仲裁和诉讼等不同争议解决方式进行利弊分析，了解其对案件解决所带来的影响。

4. 通过上述目标的实现，使学生掌握针对不同类型的案件，选择最适当的争议解决方法。这是争议解决方式这一环节的最终目标。

（四）证据的运用

证据是证明案件事实的证明性材料，证据的合理运用对案件的胜败或当事人主张的实现起着至关重要的作用。如何掌握证据运用的规则和技巧，是本环节教学目标之所在。首先，学生应当学习制作证据目录，包括证据名称、证据形成的时间、证据类型、证明目的或事项等内容。其次，学生应当学习质证提纲的撰写，具体来说，就是要使学生懂得如何质证，即要求学生仅就证据的真实性、合法性、关联性和证明力的大小等方面发表意见，不要纠缠在案件事实的陈述上。

（五）民事法律文件的写作

民事法律文件的写作包括了法律文书写作与合同制作两个教学环节。虽然同为写作，但是这两个环节在教学内容上有所不同，因此在教学目标的设定上也要有所区分。首先，民事法律文书写作是律师业务的基本功，在民事法律诊所教学中，法律文书写作主要要求学生学习民事诉状、答辩状、代理意见等文书的写作。学生不仅要掌握法律文书在文本格式上的要求，也要学会运用法律对事实和证据进行分析，并最终形成诉讼中所需要的法律文件。其次，民事合同的制作是律师的常见业务，学生要清楚不同类型的合同，其写作要求、文本格式等均会有所不同，因此要有针对性的练习，例如在合同撰写中要界定合同的类型；应充分了解当事人的需求，并将之体现在合同的具体条款中。

（六）律师职业道德与执业纪律的学习

在民事法律诊所的教学中，对学生进行律师职业道德和执业纪律的教育是非常重要的一项内容，是对学生法律意识和思想道德品质的培养，严格来说，这项教学内容不应被列为一个环节，而是应当贯穿于法律诊所教学始终的。其具体目标，就是通过教学和具体业务的学习，使学生了解我国《律师法》与有关律师职业道德和执业规范的规定，认识到作为一名律师必须要依法执业，接受当事人的委托后应当维护当事人合法权益，恪守律师职业道德和执业纪律，维护法律的正确实施，维护社会公平和正义。

（七）代理出庭

代理出庭是民事法律诊所教学中的最后一个环节，也是对学生一个学期的民事法律诊所学习效果的总的检验和考核，所以这一环节的教学内容是在教师选定案件后，由学生结合既往所学的法律知识和办案方法，运用办案技巧，代理当事人出庭以实现诉求或者成功答辩。而教学目标则是对学生办理案件综合能力的考查，对学生的要求包括如下几个方面：学生应当在熟悉案件事实的基础上组织证据，制作证据目录，能够进行比较规范的质证；考查学生的逻辑思维能力和分析能力，要求学生准确的适用法律规定，对案件进行必要的法律分析，形成明确的法律意见；规范制作出庭所需的各种法律文书，具有良好的法律文书写作能力；掌握并运用庭审的程序和技巧，并具备良好的应变能力和口头表达能力。

总之，在对法律诊所学生进行培养的过程中，对具体的教学环节进行目标设计是必要的，它有助于教师在教学中有的放矢，有效地完成教学安排，并最终实现法律诊所教学的总体目标。

（作者单位：法学院）

民族团结教育课程案例选取原则浅析①

马东亮 麦麦提

与其他高等院校相比，我国民族地区高校以及招收少数民族学生为主的民族类院校普遍增开了“民族理论与民族政策”课程。这门课程一般以公共政治必修课的形式纳入教学计划，通过传授马克思列宁主义关于民族问题的基本理论与中国共产党民族理论与政策为主要内容。“民族理论与民族政策”不仅担负着传授马列主义民族知识、传播中国共产党民族理论与政策的任务，更因其主要面对广大民族地区大学生及少数民族大学生而承担着宣传爱国主义思想、弘扬中华民族团结精神的重要作用。换言之，它既是一门民族理论与政策的知识教学课，又是一门事关民族团结的思想教育课程，它要求整个课程在设计与教学诸环节中，既要体现以理服人，也要贯彻以情动人，这是这门课的重要性所在，但同时也是上好这门课的困难之处。

以民族理论与政策为主要代表的民族团结教育课程，兼有理论与宣传的“二重性”特点：面对一门理论政策课，一个掌握了最基本的教育教学方法的合格教师很容易把握其中的教学难点与重点，也并不难于将一些生动的案例融入课堂中，使学生清晰地掌握课程的理论脉络，把握课程相关知识点。但是，作为一门民族团结思想教育课，以“民族理论与民族政策”为代表的一类课程除了在以理服人方面对广大教师给出了常规教学要求之外，还在以情动人方面给相关教师提出了新的挑战。

如何在讲授与宣传时更好地协调民族团结教育课程的二重性，不仅是所有进行民族团结教育的各类院校所面临的现实问题，也是高校思想政治公共课提升教育水平、转变教育理念的题中应有之义。本文结合作者在民

① 本论文系中央民族大学自主科研计划项目“当代少数民族大学生中华民族认同‘内隐化’现状研究”（项目编号：0910KYQN27）阶段性成果。

族理论与民族政策课程上的授课实践，尝试从课程案例的选取上切入，试图归纳出案例选取的一些基本原则，以求教于方家。

一、从宏观上掌握党和国家民族政策大方向的原则

如前所述，以民族理论与民族政策课程为主要类型的民族团结教育课，担负着理论教学与思想意识形态宣传双重使命。从理论教学课的层面讲，它的受众是对马克思主义基本理论以及马克思主义民族理论与政策细节不甚明了的高校大学生。从思想政治教育课的层面讲，它的受众是包括汉族大学生在内的以民族身份出现的各个民族大学生。因此，课堂上的教师实际上也承担着理论课教师与党和国家民族政策宣传员的双重使命。

高校思想政治教育课程中，一般假设受教育对象具有以下特点：一是在高中阶段接受过初步的马克思主义哲学教育，能够简单理解与运用一般马克思主义常识分析解决实际问题；二是对马克思主义传入中国之后的发展与演进有一定的了解与认识，即初步了解“马克思主义中国化”的概念与发展史；三是对马克思主义中国化过程中产生的中国共产党的集体智慧的结晶——毛泽东思想，以及新时期中国共产党在政治、经济、文化等方面的具体理论成果有初步的认识，而所有的这些认识与了解，仍处在一个浅显的程度，不足以使他们在面对大学学习与生活时灵活自如地对相关原理与知识加以运用。作为民族理论与民族政策的授课教师，除了这些假设之外，我们必须面对一个显而易见的新假设，即受教育对象对马克思主义民族理论与中国共产党的民族理论与民族政策仅有一般常识性的了解，对民族的产生、发展与演进等概念并没有系统性的认知，从而导致在以民族身份处理自己与外部世界的关系时，有可能进退失据。

因此，作为一名理论课教师，教员本人必须在熟练地掌握马克思主义基本原理的基础上对马克思主义民族理论有深刻的认识与了解，能够解答学生对相关知识点的疑问，但同时教师应该意识到，理论从来都不是单纯的纯粹理念与框架而已，它来自于思想家对社会现实的深入思考，同时也带有思想家以及传播者本人深深的价值判断与好恶心理。尤其在各种思想、价值观渗透与影响下的当代中国，大学生出于对知识的好奇，往往容易被某些仅仅因为追求标新立异而存在的思想所吸引甚至沉迷进去。在这种情况下，所谓的熟练掌握与深刻认识民族理论与政策知识，就必须具体化为对党和国家现当代民族理论与政策大方向的把握与认知，并在授课时

以此为基本原则来选取案例。

在2005年的中央民族工作会议上，胡锦涛同志深刻阐述了新世纪新阶段民族工作主题的科学内涵，即“各民族共同奋斗，共同繁荣发展”，在此基础上，中国共产党提出关于民族问题十二个方面的基本理论与政策。这些系统的理论与政策观点，理应成为新时期讲授民族团结教育课程的老师所应熟知与理解的方向性目标，并应在选取案例时作为首先必须考虑的决定性原则。

如在讲授“解决当代中国民族问题的道路”一章，解释“为什么只有中国共产党才能正确处理民族问题”的知识点时，我除了认真讲授“中国共产党能正确处理民族问题，不仅因为她是中华民族的先锋队，还因为她有正确的民族观，能够用历史唯物主义分析民族与民族问题并做出科学回答”之外，还举了中国共产党坚持民族平等政策，以斜玉旁的“瑶”代替有封建时代侮辱性“犭”旁的“猺”来为瑶族进行民族识别的例子，使学生们对中国共产党的民族平等理念有了实际的认识。通过这个案例，学生能够很清楚地意识到，民族平等的理论政策必须落实在一些具体工作之中，名义上的平等实质来自于中国共产党的平等理念本身，这使得教师对我国民族平等原则的讲解更加深入人心，更加让人信服。

二、贯彻“以人为本”的教育理念，尤其突出尊重少数民族的原则

贯彻“以人为本”的教育理念与我们培养社会主义人才的目标没有根本的冲突，在民族团结教育课程的教育目标与方向上同样如此。少数民族大学生或许会因为来自教育基础条件不甚发达的民族地区而在接受知识的方法上有所欠缺，但这并不等于他们在接受能力上与内地汉族大学生有着高下的区别，以人为本，以少数民族大学生的思想健康成长为本的理念应当被讲授民族团结课程的教师所重视，并反映到对课堂案例的选择中来。其中对很多汉族教师来说尤为重要的是突出“尊重少数民族”的原则，完全改变猎奇心态，平等与理解性地选取相关课堂案例。

中国共产党坚持民族平等的思想，反对地方民族主义，更反对大汉族主义，之所以强调“反对大汉族主义”，是因为长期以来类似思想对人们的影响较深，表现在教师的授课中，极易出现以猎奇的目光来选取案例的现象。这种情况下，一些少数民族的生活习惯与信仰容易被拿来当成叙述

性、故事性的案例来讲述，以达到吸引学生注意力等目的，但所谓“说者无心听者有意”，这种猎奇的视角必然给案例涉及的少数民族学生带来负面的感受，引起与民族团结教育完全相悖的后果。比如一些民族在婚姻方面的走婚习俗、饮食上的习俗以及在丧葬方面不同于汉族土葬的习俗等，从其民族的角度看，这些习俗因其独特的自然社会环境而自成传统，因此在其本民族看来并没有什么奇特之处，教师刻意拿来作为案例来讲，极易给课堂上的受众以“这个民族的某些社会现象与我们都不同，与大多数人都不同”的心理暗示，从而给相关的少数民族同学带来负面的心理感受。因此，在实际课堂教学中应该避免大篇幅地选择类似案例来辅助教学。如果教师在课堂上一定要以此为案例，必须在尊重少数民族的前提下，从民族平等的角度出发，对这些习俗习惯的产生做出认真科学的解释，那种出于刻意为吸引学生注意力的心理而选取此类案例的情况应当禁止。

三、选取正面案例为主，非正面案例为辅的原则

民族与种族问题是任何国家与社会都会遇到的现代问题，我国正处于社会主义初级阶段，民族问题表现为经济问题与政治问题相交织、现实问题与历史问题相交织、民族问题与宗教问题相交织以及国内问题与国际问题相交织的复杂特点，因此对民族问题不能采取刻意回避的态度。但是，对民族团结教育课程来说，中国当代民族问题的上述特点并不意味着教师在授课时要重点强调中国民族问题的复杂性，以及由此产生的现实生活中民族关系中的种种不尽如人意的地方，更不能以此为着眼点，过多地选取非正面的案例，对民族问题、民族关系的不完善之处进行渲染。这不仅违背民族团结教育的初衷，而且从某种意义来讲是一种影响民族团结的行为。

毫无疑问，我国各民族间的发展差距客观存在，而且我国的民族问题集中表现为少数民族和民族地区要求加快发展经济文化事业的诉求，这使得民族关系的发展与社会主义国家的整体发展命运联系在一起，社会主义初级阶段的不完善性也必然在民族问题上有或多或少的表现。但是，从事民族团结教育的教师要首先认识到，包括五十六个民族在内的多元一体多民族国家的存在有其悠久的历史基础，中华民族的团结与统一也是一个政治现实，作为一个主权国家的社会主义中国为每个民族提供着生存的保障与发展的机会，统一和团结是中心，更是主流。在一些具体的问题上，不

能仅仅因为出过一些负面的事件就影响到对整个党的民族理论与政策体系的评价，在民族团结教育课的案例选择上更是如此。

比如在讲解“民族发展差距客观存在”这一知识点时，选择案例的思路有两条：一是强调现存的民族地区与内陆地区的现实差距，以数字或图表的方式展现内陆地区和少数民族地区在教育、卫生、收入等方面静态差距的思路，这种思路常常被众多课程设计与教学者选用，在笔者接触到的众多教案与讲座中，这种思路占到了大多数。第二种思路则是强调民族发展历史差距虽然存在，但却在迅速缩小的事实，以数字对比及实物图片对比的方法，展现党和中央政府在缩小民族发展差距方面所做的努力，以及内陆地区与少数民族地区正在走向社会主义时期各民族共同繁荣的事实。也就是说，承认现实差距，但不过分渲染，以事实说话，以数据服人，把改革开放以来各民族走向共同进步与共同富裕的动态数据与案例选择出来，融入课堂讲授之中。

毫无疑问，第二种思路既遵循了客观求是的态度方法，也从动态发展的角度揭示了差距存在的原因，让听课的各民族大学生坚定了以发展促团结的决心和信心，是一种比较好的思路。

再比如在讲解“中国统一多民族国家共同性增多的历史基础时”，正值西藏发生“3·14”事件之后不久，我在讲课时，并没有过多地谈到事件带来的非正面影响，而是引述历史事实，讲授在近代史上，西藏为维护国家民族统一，为抗日战争捐资献力的爱国事迹，从正面论述中国族群关系的历史，提醒大家珍惜祖先留下的宝贵政治遗产，从历史的高度，从整个中华民族共同繁荣的角度思考如何处理民族关系的问题，起到了非常好的理论阐释与正面宣传作用。

四、遵循心理科学规律，顾及受众民族心理感受，采取因族而异的原则

民族团结教育课程因课程设置目的与教学内容的原因，所面对的首先是以各民族成员身份出现的大学生，因为只有有了民族归属意识，才能谈到和其他民族成员的相处问题，而没有民族感，自然无从谈起民族团结。因此，此类课程事实上是以教育的形式持续地提醒受众的民族身份，课程中案例的选取，也必须要考虑到这个潜在的影响因素，换言之，我们既然在此类课程上不断地提醒受众的民族身份，当然就应该考虑到案例的选取

对各个民族成员的不同心理影响。此时，遵循一定的心理科学规律，坚持因族而异的原则就显得十分必要。

顾及受众民族不同的心理状况，坚持因族而异的原则，其出发点仍然是尊重少数民族的原则，只不过将这个原则深化到了具体的操作领域。具体而言该原则是指，当我们在课堂上面对不同的少数民族受众时，要考虑到当前我国社会生活中现实存在的民族问题状况，以及由此产生的不同少数民族成员的不同心理状态，在面对不同的少数民族个体时，要充分体察所选取案例会给受众带来哪些心理层面的深层次、持续性影响。比如，当面对那些经常被媒体和社会舆论提及的似乎是“民族事件多发地”的少数民族学生时，一定要留意，不要为了追求案例的代表性、典型性等因素而过多地举这些少数民族的负面案例；同样，与该民族相关的案例如果一定要出现在课堂上，也需要尽可能地隐去那个少数民族的具体名称，以免带来相反的效果，之所以不应如此，主要是基于一定的心理科学规律的考虑。

心理学的相关研究告诉我们：“当个人遇到团体压力或别人影响而感觉自由受到威胁时，在心理上不期而然地产生反感，继而在行为上表现出反从众的倾向，这种现象称为心理反感（psychological reactance）……反感的产生，是因为团体压力或别人影响而致使自由受到威胁，因而产生一种维持自由的内在动机，终而促成表现于外的反感行为。”① 过多地以某个或某些少数民族为例，不仅是没有深入了解中国民族问题本质的表现②，同时，也会引起相关少数民族学生的反感，甚至厌恶情绪，这与民族团结教育的初衷是相背离的。这种反感行为不一定会显露于外，但会因之而产生一种不服从的态度，这种态度或多或少会影响到个人的行为举止，至少会对别人的互动要求给予一种消极冷淡的反应。本人在课堂授课的实践也印证了这种观点。

比如在一些由多个民族的大学生组成的班级中，在课堂气氛原本比较活跃的条件下，当以某些民族为例展开讲解时，那个民族的学生从外表观

---

① 朱翠英：《现代心理学导论》，湖南科学技术出版社 2005 年版，第 178 页。

② 某些民族似乎总是因为事件、问题多发而占据更多的媒体空间，这并非是那些民族倾向于用引发冲突与矛盾的方式来处理和解决问题，而是和国际政治大环境与国内政治大气候的影响（尤其是前者的影响）分不开的。媒体不关注的民族不一定就没有民族矛盾与利益冲突，而只是这些矛盾因为种种原因没有更多地吸引人们的视线而已。中国只有“民族问题”，而没有“问题民族”，这应当是所有从事相关教育者的一个共识性结论。

察上看会明显地发生忽然间的变化：或者从兴致勃勃的状态转到忽然间表现的对课堂失去兴致，或者从认真盯着教师板书的状态转变到忽然低头看书而后表现得对课堂讲授再也不感兴趣①，我在课堂上多次留心观察的结果都是如此。再比如在新疆“7・5”事件发生后，作为教师必然要在课堂上对有关事件的发生、发展与后续事态向广大同学解释清楚，但是当本人多次用此事件举例后，课下就有来自新疆的少数民族同学找到我，问以后能否在课堂上尽量少谈此次事件，问其原因，回答一般都是不想让周围同学因此次事件对他们产生异样的感觉，或者不想让身边的同学感到来自新疆的少数民族同学与他们有什么不同。基于上述原则，我同意了他们的要求，并且在案例选取上有了新的经验。

中华民族的伟大复兴是一项历史伟业，复兴的前提条件之一就是包括56个民族在内的中华民族的团结统一，民族团结教育课程既是面向下一代的马克思主义民族理论与民族政策的知识传播，也是面向未来公民的民族团结意识宣传，1990年9月，江泽民同志在新疆考察工作期间强调：“在我们祖国的大家庭里，各民族之间的关系是社会主义的新型民族关系，汉族离不开少数民族，少数民族离不开汉族，少数民族之间也相互离不开。”② 在复杂的国际国内政治、经济形势下，承担民族团结教育课程的教师必须明确自己的责任所在，不断地从包括案例选取在内的各个方面提升自己的教育教学水平，为中华民族的团结乃至民族的伟大复兴贡献自己的力量。

（作者单位：马克思主义学院、维吾尔语言文学系）

① 这种现象在大学新生中表现得尤为明显。

② 国家民族事务委员会政策研究室：《中国共产党主要领导人论民族问题》，民族出版社1994年版，第238页。

“民族理论与民族政策”课程试题库建设的探索研究

——以中央民族大学为例

王冬丽

“民族理论与民族政策”课程是中央民族大学公共思想政治理论系列课程之一，作为中央民族大学的一门公共必修课，与其他公共必修课相比有着自己较为显著的特点。它是我校作为民族院校的一门特色课程，担负着帮助青少年学生树立正确的祖国观、民族观、宗教观，对各族青少年进行爱国主义教育的历史任务，在中央民族大学的整个教学体系中，该门课程有着极其特殊与重要的地位。因此，很有必要加强对该门课程授课与学习结果的评价方式的改革与研究。担负该门课程教学的民族理论与民族政策研究院在做好授课工作的同时，也致力于对该课程考试的改革，在试题库的建设与应用方面进行了初步的探索与研究，取得了一系列的成绩。当然，也有需要完善与改进的方面。

一、“民族理论与民族政策”课程试题库建设的必要性

（一）是实现教考分离的前提和基础

考试是教学过程的重要一环。它既可以检测教师教学水平与教学质量，给教师改进教学工作提供直接的依据，促使教师做好课堂教学工作；也可以检测学生理论知识的掌握程度与应用能力的培养状况，促使学生提高学习的积极性与主动性。但是，传统的“教考合一”的做法暴露了越来越多的弊端，使得考试作为对教学效果检查的有效性受到质疑。而与之相对应的“教考分离”的模式却显示了其符合教学与学习规律的优势，正在为越来越多的高校所认同和重视，成为高校考试改革的一个方向所在。而

教考分离首先要求具有一个完备的试题库。一个基于丰富教学经验基础上的试题库可以使教考分离成为现实，它是实现教考分离的前提和基础。中央民族大学的民族理论与民族政策课程作为公共必修课之一，有国家级教学名师作为学科带头人领航课程教学与科研；有结构优化、稳定的师资队伍；有开课多年所积累的经验。2003 年该门课程被评为北京市精品课程，这些都为试题库的建立准备了条件。

（二）是实现教学与考试公平的重要途径

在教考合一的模式下，教研室主任负责试卷的编组。尽管教研室主任可能会最大限度照顾公平的考试原则，但不可避免地会使试卷带上个人色彩。教研室主任个人在授课中的重点与难点，心得与体会会在试卷中有所反应。这一方面增加了教研室主任的工作量与教学负担，另一方面也给教研室其他老师的教学及所带班级学生的考试造成不公。由教研室主任独立包办出题的方法可能出现命题的随意性，试题的难度、广度、区分度、题型布局无法得到科学的保证，从而试卷的质量无法得到保证。而保证教考分离的试题库的建立是由教研室全体教师集体完成的。试题的命题是基于教师们集体讨论、反复推敲、仔细斟酌的。每一位教师参与每道题的编排，这就保证了授课教师对考试重点与难点了然于胸，从而把这些难点与重点贯穿在平时的讲课中。同时，依照试题库建设的要求，阅卷时采用流水线式的程序，教师要依照所给定的答案和评分标准判卷，评分过程的公开性和透明度得到了保证，使得“人情分”或者随意打分的现象受到了限制，保证了教学与考试的公平性。

（三）有利于促进教学水平与质量的评价

在教考合一的模式下，任课教师包干学生的考试与教学。命题、阅卷中的主观随意性会较大程度影响学生考试成绩的真实性与可信度。如果把这种模式下的考试成绩作为评价教学水平与质量的标准会失之公允。学校不但无法依照考试成绩对同一课程下不同教师的教学效果进行评价，更无法对同一课程下不同年级间的教学效果进行评价。而试题库的考试方式使得考试成绩具有较强的可比性。教师依据统一的教学大纲授课，学生的素质基本相近，全体教师对试题库的建立过程及内容了然于心。这就使得学生考试成绩的信度和效度得到了保证，客观性增强，考试成绩具备可比性。考试可以成为检验课堂教学效果、反馈课堂教学的主要途径。教师通过横向比较并结合试卷分析、成绩分析，互相借鉴，不断改进教学，促进他们积极对待平时的教学活动，为教学内容、教学方法、教学手段和教学形式的改革和完善，提供真实的信息和有力的证据，有利于提高教师教学质量，促进教学水平不断提高。

（四）有利于良好教风与学风的建立

有效的教考分离机制可以促使教师以科学严谨和实事求是的态度组织教学，潜心钻研和改进教学方法，提高所讲授知识的深度和广度，避免以往考试过程中存在的漏题或划重点等现象的发生，保证考试的严肃性，从根本上促进教风改进；试题库的建立有效减少了考试中的人为因素。一个完备的试题库基本要涵盖所有的知识点，基本上包括课程的全部内容。学生要想取得好的考试成绩，单纯依靠押题或者考前突击显然是不可能的，要把功夫放在平常。这就要求学生要由被动学习转为主动学习，系统全面地掌握学科知识。敦促学生把精力放在基础知识的理解与掌握上，放在学习方法的改进与学习效率的提高上，放在脚踏实地的勤奋与用功上，而不是放在投机取巧的钻营上，从而降低考试过程中的各种舞弊行为，促进良好学风的建立。

二、"民族理论与民族政策"课程试题库建设的实践

（一）精心组织试题库建设

2006 年 3 月，中央民族大学马列主义学院（中国民族理论与民族政策研究院）出台了《马列主义学院中国民族理论与民族政策研究院思想政治理论课考试改革实施意见》。在考试改革的基础上，学院又于 2008 年 4 月制定了使用试题库的意见与要求。依据教学改革的要求，要求院公共必修课程加强试题库建设，使用试题库作为期末考试的方式。并规定了试题库建设的一些原则：要依据教学大纲与考试大纲出题组卷。试卷要以现行教材和知识点作为考试内容，以教学大纲与考试大纲作为依据；在试题库的容量上，要求题库中的题目要有一定的规模，尽可能涵盖课程所有的知识点。为了保证试题库的规模，要求每一个教研室出题 12 套，各套重复率不超过 20%，各章重点难点占考核内容 80%。另外，同一套试卷的 A 卷和 B 卷的重复率不得超过 30%，不同试卷的重复率不得超过 10%；根据学生特

点进行分类考试。为了照顾到学生的水平差别，实现一定意义上的“因材施考”，把学生分成文科、理科、艺术、民考民等不同种类，根据学生特点进行出题组卷。

（二）完善教学大纲和考试大纲，依纲扣本完成命题

试题库建设应根据教学大纲和考试大纲的要求进行组建。教学大纲和考试大纲对于教学工作和教学管理、组卷命题有着方向性的指导，是确保教学和考试质量的纲领性文件。因此，科学、完善的教学大纲和考试大纲是试题库建设的基础。中国民族理论与民族政策研究院在学科带头人的领导下，由年长资深的教师重新修订和完善了教学大纲和考试大纲，并由教研室担任该门课程的授课教师根据授课情况进行集体讨论。修订后的教学大纲和考试大纲从学科培养人才的目标出发，考虑到学生的知识结构与能力结构，突出课程的基础性、实践性，旨在着力培养学生利用基础知识解决所遇到的各类相关问题。在修订后的教学大纲中，知识点按照程度分为重点与难点、掌握、理解、识记、熟悉等不同的层次，试题的知识点相互兼顾，合理分布，覆盖整个课程的教学内容。在考试大纲中，明了各个不同层次的知识点所占的分值与比重，采用易于被学生接受、又能很好体现学生能力的题型。在试题库的题目选编上，严格依照教学大纲和考试大纲，力争每道题都反映大纲的具体要求，在所选教材中有所体现，真正做到依纲扣本出题。使教师和学生在教与学中都有“纲”可循，有“本”可依。

（三）科学、认真控制入库试题

入库试题的质量是保证试题库质量的关键。试题库中的试题必须是科学编排、精心挑选的。在试题库建设中，民族理论与民族政策研究院特别注重科学、认真地控制入库试题。学科带头人对任课教师进行了系统培训，严格进行了两学期的集体备课。这样，任课教师的理论水平有了很大提升，积累了丰富的授课经验。在此基础上，授课教师分工协作，按章节编选试题，编选后的试题经由教研室主任汇总后审核。为确保入库试题的广泛性、适用性、代表性与典型性，教研室全体教师对经过教研室主任审核后的试题再进行集体讨论，仔细推敲。一套试卷涵盖80%的知识点，试题的难易有梯次安排。尤其结合授课学生的特点，进行了分类出题与组卷。对于艺术类与民考民类学生，适当降低考试难度，注重试题的灵活

性，关键考察他们用所学理论与实践的结合上。

（四）科学管理与使用试题库

试题库终稿完成后，交由学院教学秘书保管。教学秘书负责对试卷进行编号，并采用 WORD 文档的形式保存试题库，为试题库的保密性负责。每学期末，在"民族理论与民族政策"课程学完之后，由教研室主任随机抽取一套试题（包括 A、B 两套试卷）为期末之备，再由教务处选择一份试卷打印。这个过程一般都在考试前数周完成。这样，教研室主任和任课教师都不知具体采用哪一份试卷，从而确保了试卷的保密性。考试结束后，由教研室主任组织全体任课教师阅卷。试卷的客观题采用答题卡，由机器阅卷。主观题部分采用流水作业方式阅卷，每个教师采用抓阄方式分得所阅题型，并依据标准答案给定分数。最后由人工统计合成主观题与客观题得分，生成学生的期末考试成绩。

三、关于"民族理论与民族政策"课程试题库建设问题的几点思考

毋庸置疑，试题库不是万能的，不能盲目夸大它的功能与优势。为了更好地推进"民族理论与民族政策"课程的考试改革，有些问题仍需要给予正视。

（一）试题库会在一定程度上限制教师拓展教学内容的积极性

"依纲扣本"的试题库具有一定的稳定性。这种稳定性一方面使教师在教学活动中有章可循，另一方面，也在一定程度上限制了教师拓展教学内容的积极性。作为一门与形势和政策联系较为紧密的思想政治课，很多新的事例应该走进课堂教学，成为课堂教学的案例；一些新的研究成果与理论应该成为课堂内容的新拓展。教师应该有意识地把这些新事例、新成果、新理论补充到教学中来。但是，试题库作为评价课堂教学与学习的标准无疑会成为一个指挥棒，为了取得好的考试成绩，教师的教与学生的学都会向"依纲扣本"靠拢，教师和学生难免会唯"书"是从，唯"试题库"是从。这无疑会降低教师把新知识、新理论与新成果引入到课堂教学中来的积极性、主动性，从而不利于学术的探索与创新。

（二）试题库需要适时修正、更新

试题库组卷完工并不意味着试题库工作的完成。事实上，试题库不可能是一劳永逸的。要想试题库运行良好，试题始终保持一定质量，试题库必须是开放，可更新与修正的。这既和课程本身有关系，也和教学规律有关。“民族理论与民族政策”作为中央民族大学思想政治课之一，必然要和时代发展相联系，社会中新近发生的民族问题和民族理论研究中的最新成果应该在教学内容中体现出来，这就要求试题应该随着教学内容的变化而发生变化，以适应社会发展和学科发展。另外，学生的水平也不是一成不变的，试卷应该随着考生水平的变化而做出一定的修订。在整个的教学过程中，都应该对试题做出锤炼。发现不合适的题目应及时修改，一些为实践所证明的不好的试题应从试题库中得以剔除。唯其如此，试题库的质量才能得以真正的保证。

（三）需要辅以其他的评价方式方能全面提高学生的能力

试题库建设的过程中，为了使后续的评卷工作不由任课教师“包干”完成，从而减少人情分产生的可能，消弭评卷教师的主观随意对考生成绩的影响，在命题过程中也同时给出了评卷的统一尺度，也即“标准答案”。为了使标准答案更标准，往往会舍弃众家的争论，采用“定论”，保留“一家之言”，甚至不会让有争论的内容出现在试题库中。学生为了考出好的成绩，也会在学习过程中倾向对“定论”的记忆。高校教育的目标本来应是培养学生分析与解决问题的能力，但在应对试题库模式的考试过程中，一定程度上培养了学生“应试”的能力，或者说是识记能力。但不能有效地训练学生的创新能力，不利于学生创造性思维的发展。而要全面提高学生的能力，真正达到高等教育培养创新型人才、复合型人才的目标，还要辅以其他的评价方式，不能一“考”定乾坤。要考虑平时成绩，要在期末考试之外设期中考试，而期中考试则采取较为灵活的社会调研、实习、面试、写论文、做课题之类的评价方式，克服试题库模式本身的缺陷。

中央民族大学“民族理论与民族政策”课程的试题库已经于2009年建成并投入使用。在经过几轮实际操作之后，初步体现了教考分离模式对课堂教学的促进作用。如果能够结合实际对试题库做出更进一步的完善，相信它将为“民族理论与民族政策”课程的教学发挥更加显著的作用。

参考文献

［1］ 金炳镐、乌小花、张谋：《论加强马克思主义民族理论与民族政策课程建设——以中央民族大学为例》，载《中南民族大学学报》2005 年第 6 期，第 173 页。
［2］ 翟迎建：《题库建设的规范和实践初探》，载《天津电大学报》2003 年第 4 期。
［3］ 李文芳：《题库管理系统在现代教学管理中的应用》，载《教育理论与实践》2006 年第 12 期。
［4］ 史保怀、魏裕博、王金柱等：《高等学校学科试题库建设的实践与研究》，载《陕西教育学院学报》2005 年第 4 期。

（作者单位：马克思主义学院）

生物科学专业“无机化学”课程建设的探索与实践①

刘春兰　李　华　刘　颖　李转秀

生命科学的发展和生物技术的进步，使化学在生物科学中的重要性越来越突出。无机化学课程是生物科学本科专业学生的重要基础课程之一，由于课程安排在第一学期，担负着使学生尽快适应大学专业课程学习的重要任务，所以教学质量好坏，对后继课程的学习具有一定的影响。为了保证该门课程的教学质量，达到课程建设的基本要求，在无机化学优秀课程建设项目过程中，我们一直在教学规范、考核手段、课程体系、教学内容、教学方法等方面不断进行探讨和总结。在多年的教学实践中，使我们深深感到，只有尽量结合课程的特点，采取行之有效的教学方法，调动学生学习的主动性，提高课堂教学效果，才能让学生在学习中能事半功倍地学好必需的知识和技能。本文结合基础化学在生物科学人才培养中所具有的作用，根据对“无机化学”课程建设的探索与实践进行总结。

一、教学内容的优选

在课程设置中，无机化学的教学由理论课“无机化学”和实验课“无机化学实验”两部分组成，理论课为54学时（3学分），实验课为36学时（1学分）。

---

①　基金资助：中央民族大学无机化学优秀课程建设项目（2008）的阶段性成果、北京高等学校化学实验教学示范中心建设项目（2008）、中央民族大学本科专业建设项目（2008）、中央民族大学教学改革项目（2008）。

（一）理论课教学内容的优化

按照大纲要求，结合我院生物科学专业的培养计划，在教学内容上注重基础与新技术新方法相结合，将庞杂的课程内容整合成“三大模块”，即化学基本原理模块、物质结构模块和元素化学模块。在各大模块的内容上坚持加强基础内容的教学，要使学生对化学有一个系统全面、较中学化学有更深入一步的了解。即较全面地介绍化学原理三个主要部分：化学变化方向和限度问题（化学热力学）；化学反应速度和机理问题（化学动力学）；物质结构和性能之间的关系。学生通过上述学习，达到能把握和初步利用这些基本观点处理化学问题。在基本理论的阐述上，力求简明扼要，控制理论深度，注重扩大知识层面。例如：在处理化学热力学内容时，简化焓、熵、自由能等基本概念的讨论，重点放在突出理解化学反应与化学平衡。在动力学中引入了反应进度，突出反应级数，温度、浓度等影响反应速率的因素，简化不宜在大一学习的反应机理、催化理论、量子化学理论等，这样强化了基本知识、基本理论和基本概念的学习，突出了无机化学在化学教学中的基础地位和母体地位，为学生学好后继课程打下了坚实的基础。

近年来无机化学发展迅速，涌现出很多新成果，它与生物等学科融合和交叉，又产生了元素无机化学、生物无机化学、配合物化学等分支学科，所以在教学内容的安排上，我们重视拓宽知识范畴，充分反映学科发展的新成果。例如介绍超分子、配位化学进展、金属簇状化合物、生物化学、生命科学等反映学科及交叉学科的最新研究成果，突出教学内容的先进性和前沿性，这样有利于拓宽学生的知识面，有利于学生综合素质的提高。

（二）实验课内容的优化

在无机化学教学中，实验是学生学习化学理论，掌握实验操作技能，培养严谨的科学素质必不可少的过程。如何优化整合实验内容也是“无机化学”课程建设的一部分。

近年来在教育部进行的本科教学评估中，明确规定了实验教学中要设立综合设计性实验教学。在实验教学实践中，我们深深体会到该类实验在学生综合素质和创新意识提高方面的重要性。现行无机化学实验课教学及教材主要是“验证式实验”，甚至最基本的“试管实验”，根据学生的实际情况，由于中学化学实验训练较差，在进入大学后的第一门基础化学实验课中，要取消所谓“验证式”实验，完全采用“设计式（研究式）实验”，显然是不适宜的。而且“验证式实验”对学生掌握基本理论，基本知识、基本实验技能和实验素养方面的训练是必不可少的。因此，在无机化学实验内容的选择上，我们首选与无机化学实验有关的基本操作如天平使用、溶液配制等。其次是常数测定及简单的制备实验，不仅要求学生学会这些基本操作，还要求他们的操作能够规范。在有一定的实验技能的基础上，开设了一些综合性和设计性实验，用以巩固学生所学的基本操作技能，提高他们的独立思考的能力及初步培养他们的创新意识，使学生的综合素质得到全面的提高。

无机化学内容的安排既要考虑结构完整合理，又要在整体上体现宏观与微观的结合；既要理论论证科学、准确，又要突出与实际的联系；还要及时反映本学科的新概念、新知识以及新成果。总之，既要符合专业基本要求和教学认识规律，又要富有启发性，利于学生创造能力、思维能力的培养。

二、教学方法的改革

现代认知心理学家皮亚杰十分重视兴趣在学习中的作用，他认为：“强迫工作是违反心理学原则的，而且一切有成效的活动必须以某种兴趣为先决条件。在教学中教师要尽量避免学生把考试当成无机化学学习的唯一目的，而是在每一个环节上引导学生的兴趣形成。在教学中，始终贯彻的教学思想是——明确教学目的，寻找适宜教学方法，寻求最好的教学环境，加强教学管理。为此我们在无机化学教学中从以下几个方面进行了探索实践。

（一）讲好绪论，引起学习兴趣

每一门课程的开篇都是绪论，介绍学科的研究对象、研究内容和学科发展史。通常学生不太重视绪论的学习。在教学实践中，我们深深体会到绪论是激发学生对学科的学习兴趣的关键步骤。因此在绪论的教学中，我们充分利用多媒体，精选内容，精选图片，设计课程的讲授次序，以“讲”、“侃”结合的语言引发学生对本门课程的学习兴趣。在介绍无机化学研究对象、内容和主要任务的基础上，正确、适时地着重介绍无机化学与人类生活和生物学专业的密切联系以及无机化学当前研究热点领域和发展趋势。两个小时的绪论内容不仅介绍了课程的性质、教学安排、教学参考资料、学科研究对象、任务和学科发展史，而且还介绍了学习的方法，告诉学生学好这门课程需要学生和老师共同努力。同时引导学生认识化学在生命科学中的作用，如布置小论文题目《化学在生命科学中的作用》等。学生在学习热情、主动性和学习效果方面得到提高。由于学生对无机化学课程的喜欢，使无机化学在化学教学中真正起到了基础地位和母体地位，为学生学好后继课程打下了坚实的基础。

（二）注重难点的讲解方法

原理部分中的物质结构理论有相当的深度和难度，往往令大一学生望而生畏；而元素部分中描述性的内容较多，易给人以松散零乱之感而抓不住要领，有时让学生感到枯燥厌烦。针对这些特点，并考虑到大一学生的特殊性，我们在教学中始终紧扣备、讲、辅、改、考、实各个环节，注重引导学生探寻适合自己的学习方法。原理部分系统性、理论性、逻辑性强，一直坚持讲授为主、练讲结合的教学方法。元素部分则坚持以讲带学、以点带面、自学为主的教学模式。课堂讲授采用 ppt 幻灯片教学，辅之以课堂讨论和课外自学。

（三）设置问题，引发学生思考

启发式教学历来是老一辈教育家所推崇的教学模式，从南京大学戴安邦院士开始就是一直崇尚启发式教学。带着问题学习，可以在学习上帮助学生思考，做到有的放矢。设置问题包括两种方式：其一在每一章中将主要内容设置为问题，告知学生需要掌握的基本内容。如在讲授化学热力学这一章，设置了“人类使用新化石燃料面临哪些重大问题？如何寻找新能源？你每天活动所需要的热能哪里来？”让学生明确在这一章中要掌握的基本内容就是能量的计算。其二根据教学内容设置问题。在教授过程中给出问题（一般是 3～4 个问题）让学生讨论，充分发挥学生的学习积极性，以提高学生的思维能力，最后教师做总结归纳。如在化学平衡章节教授中，考虑学生在中学已初步学习“化学平衡”的内容，学生对它已不陌生，为此，在实施教学中，通过启发，让学生回忆并回答下列几个问题：化学反应的平衡条件、平衡移动的条件、平衡移动原理，然后引出平衡常数的不同表达方式及相互关系，van’ tHoff 等温方程导出及在生物科学中的应用等。这种教学方式不再是单纯的教师讲授，而是真正意义上的教学互动。

（四）学以致用，联系生活实际

理论和实践相结合有利于避免教学内容枯燥无味、空洞抽象，也利于学生明确学习目的，激发学生的学习兴趣与积极性。所以在授课时，我们始终将联系生活实际、解决实际问题贯穿始终。在教学过程中，联系实际讲到一些在科研中涉及的领域或是科技研究的新成果，如心脏起搏器中的电池、碳酸锂治疗狂躁型抑郁症，利用氧化还原对角线规则解释 SOD 抗氧化等都能引起学生极大的兴趣。这些内容可以促使学生在理论与实践的联系中理解和掌握知识，提高分析与解决问题的能力，同时可以活跃课堂气氛，增强师生间的共鸣及学生的学习情趣，达到较好的教学效果。

（五）形象直观，充分利用现代教育手段

现代教育教学手段的应用，不仅使形象直观教学成为可能，而且可以在短时间内可以使学生获得更多的信息量。由于无机化学课堂内容丰富，信息量大，课时紧，为了充分利用课堂时间，提高课堂讲课和听课效果，有关结构和图表等教学内容可采用多媒体教学。多媒体具有高速、准确、储存量大等独特的优点，而且动静结合、表达能力强。因此，备受教师青睐，也是目前各高校及教师普遍使用的设备。但在课堂中要科学、合理地使用多媒体，让学生更容易地掌握教材内容。首先，教师必须明白使用各种多媒体的目的，都是为了突出重点、突破难点。因此，多媒体的制作要立足于科学、准确地解决教材中的重点、难点，应认真写好教案，将课件次序，提什么问题，讲解分析的内容都编定。在具体设计每一张课件时，要明确课件要解决的问题，才有助于改进教学方法和提高教学质量。同时还必须把握时机，以吸引学生的注意力，激发学生的求知欲，增强学生感性认识，这样才能恰当地指导学生观察、分析、解决问题，从而突破教学难点，促进学生对教学内容的掌握，才能提高课堂教学效果。比如，在介绍“轨道杂化”时，学生对新形成的轨道模型很难理解，通过多色动态课件使学生理解新轨道的形状。随着多媒体技术的发展，无机化学的大部分枯燥无味的教学内容，都可以采用多媒体教学，利用信息、图、文、声等的交互作用，调动学生的各种感官，有利于学生对知识的理解和记忆，同时提高课堂教学容量，激发学生的积极性。此外，网络技术为师生互动学习提供了教

学平台。我们利用学校的教学网络平台、设置学生的公共邮箱等形式，将每个模块中的设置问题和实验教学内容的幻灯片向学生发布，请学生课下阅读思考。

总之，现代教育教学手段的合理使用，在激发学生学习兴趣和提高教学效果方面发挥了重要作用。

三、加强教学团队建设

教师是教学和教学改革的主体，高水平的教师队伍是教学改革与创新、提高教学质量的保证。目前，无机化学和无机化学实验不仅作为生物科学类的必修课，同时在生态学专业、环境科学专业开设，因此教学团队的建设对无机化学的整体教学水平的提高具有积极的促进作用。作为师资队伍建设的重要内容，教学团队的建设也是教育质量工程的重要内容。在课程建设的教学实践中，我们加强了教学团队的建设，由责任教师安排教学内容，并指导参与教学的年轻教师。教师队伍中包括理论课教师、实验课教师和实验技术人员，使无机化学教学正规化。在课程建设和教学改革的探索与实践中，培育一支热爱教学，知识、年龄、职称、专业结构合理，有创新精神、团结协作的教学团队，优势互补、各尽其长，以发挥教师队伍的整体优势；并且保证课程建设和教学改革的可持续性。

四、效果与评价

通过教学改革，对学生综合素质能力的培养已见成效。丰富的理论课、实验课内容和教学模式的实施，学生在基本理论、基本知识、基本概念、自学能力、科学素养、创新意识等方面都有较大的提高。培养训练了学生的实验技能，调动了学生学习的积极性和主动性，提高了学生独立思考问题和科学实验的能力，增强了学生的思维能力、文字表述能力和口头表达能力。特别是设计性实验的训练，使学生在科学研究的态度、团结协作意识、思维能力培养、面对失败的态度等方面都有了较大的提高。经过无机化学理论的学习和实验的训练，一些学生根据已掌握的相关技术和方法，提出研究课题，积极参加学校设立的本科生研究训练项目的申请，并获得批准。在学校组织的教学评价中，学生给予任课教师很高的评价，作为一名教师，教学得到学生的认可，甚感欣慰。我们将继续实施这种教学模式，进一步提高学生的综合能力。

21世纪是科学技术高速发展的时代，每个学校、每个教师都应清楚自己的使命。加强非化学类无机化学教学改革，与时俱进，为培养具有竞争能力的复合型创新人才，为科教兴国而贡献我们的力量。

参考文献

[1] 张志红：《本科无机化学课程建设与教学改革》，载《新疆职业大学学报》2005年第14卷第1期，第53页。
[2] 薛德平：《〈无机及分析化学〉(第四版)教材的编写体会》，载《中国大学教学》2007年第3期，第94页。
[3] 南京大学：《无机及分析化学实验》，高等教育出版社2006年版。
[4] 南京大学：《无机及分析化学》，高等教育出版社2006年版。

（作者单位：生命与环境科学学院）

光信息科学与技术专业课程体系改革与创新[①]

陈 笑 朱伟利 王义全

光信息科学是在近代光学基础上发展起来的一门新学科，它是顺应当今信息爆炸时代的需要，以光子代替电子作为信息传输媒体，可将信息传输速度和处理速度提高将近3—4个数量级。目前光信息学科的研究成果已应用于通信、军事、医学等诸多领域。为适应光信息科学与技术的发展，以及社会对人才需求的迅速增长，我校“光信息科学与技术专业”于2002年由国家民委批准为新建专业，2003年招收第一批新生。

光信息科学与技术专业是一个正在建设和发展中的新兴专业，目前设置光信息专业的高校为数不多，因此可参考借鉴的资料有限，且由于这个专业具有“亦工亦理”、“非工非理”的特点，因此各学校对新专业的认知、定位和理解尚不统一，办学的思路和方向也各有特色和侧重，尤其在专业课程体系方面，工科院校较侧重于应用实践，而理科院校侧重于理论基础，因此对课程设置的要求也各不相同，基本处于“百花齐放”的状态。在没有成熟的模式和经验可以直接借鉴的情况下，我们只有边摸索边改进，研究确定合理的培养模式。目前我校光信息专业在课程设置方面存在一定的薄弱环节，具体表现在开设的专业课程数量不够多、内容涉及的专业方向还显单调，如现有课程内容较多集中在光信息传输和处理部分，其占到专业课学分的70%，而其他部分包括信号的调制、检测等方面未有相应的理论和实践教学环节支撑，同时科研和教学相结合的涉及面还不够大、教学队伍人员新，教学经验少，这一切都导致该专业的学生缺乏全面

---

① 本文是2008—2010年国家民委本科教学改革与质量建设研究项目“光信息科学与技术新建专业创新人才实验基地课程建设”、2009—2010年度中央民族大学校级教学改革立项项目“光信息科学与技术专业课程体系创新研究”和2009—2010年度中央民族大学校级特色教材“光信息科学与技术专业实验教程”的阶段性成果。

充足的专业能力训练，这对提升就业竞争力是不利的。为了迅速改变上述状况以适应社会需求和科技发展，有必要在充分调研的基础上，结合中央民族大学自身的特点，以校级教改项目立项为契机，结合2010版培养方案的修订，重点推进原有课程体系的建设、改革和创新，在点面兼顾的基础上，推出精品课程，突出专业特色，使之更符合本专业的培养目标。具体工作体现在三个方面：

一、基础课程体系的完善

在本专业课程体系建设中，我们应本着一二年级夯实数理基础，三四年级加强专业培养的思路，有计划地、循序渐进地逐步推进和深化课程体系建设和改革。

高度重视对学生数学和物理基础知识的培养。光信息科学与技术专业虽为特色专业，但本质上隶属于物理，而物理的发展是建立在五门基础物理课程（力学、热学、光学、电磁学和原子物理学）和四大理论物理（理论力学、热力学和统计物理学、电动力学和量子力学）基础上，如果没有扎实的数理基础，就无法深刻理解和系统掌握后续的专业课程，这就如同大厦地基打不结实，就无法保证上层建筑一样。通过对兄弟院校光信息专业的调研，包括北京理工大学、北京交通大学、哈尔滨工业大学、上海理工大学等，我们发现本校光信息专业的部分物理基础课程存在课时偏少，开课时间偏迟的现象。例如“原子物理与量子力学”是物理学科中最重要的基础课程之一，目前总课时只有72学时，远不能满足教学需求，而且许多知识点由于学时有限只能在讲授中蜻蜓点水，影响教学效果。因此在2010版培养方案的修订中我们将该课拆成“原子物理学”（36学时）和“量子力学”（63学时）两门课。又如“热力学与统计物理学”，该课程原来安排在大三下，开课时间过迟，因此调整到大二下更为合理。

二、专业理论课程体系的完善

在专业课程设置上，我们按照光信息科学与技术所涵盖的知识体系设立专业课程，重新整合原有的专业理论课程体系，完善和扩展课程平台，使培养的学生满足光信息科学、光电子与集成等领域的需求。

高度重视各门专业课程之间的逻辑顺序和内容衔接关系。为了给学生搭建完善的专业知识体系，我们根据光信息从光源发射到接收的知识链设置专业课程，具体涵盖六个方面，即激光光源发射、光信息的调制、光信息的传输、光信息的检测、光信息的处理、光信息的显示和存储，以便学生全面系统掌握相关知识，了解各种技术在光信息科学与技术中的应用。目前在我们项目组成员的共同努力下，在2010版培养方案中六个环节均都有理论课程支撑，具体表现在“激光原理与技术”研究光的激发、“光电子技术”研究光的调制、“导波光学”“光纤通信”研究光的传输、“光电检测技术”研究光信息检测、“傅里叶光学”研究光信息处理、“全息原理与应用”研究信息的显示和存储。此外作为必修课的延伸和拓展，我们还以选修课的形式开设“非线性光学”、“光纤光学”、“光学设计”、“近代物理前沿讲座”等，扩充学生专业知识面。

根据知识体系的逻辑顺序，遵循由浅入深的原则，调整各门专业课程的开课时间，使之更加科学合理。目前2006版培养方案中开课前后顺序比较乱，比如“激光原理与技术”是属于光源发射，应安排在大三上，但目前设在大四上，造成大三下开设的光信息专业必修实验中凡涉及激光类的实验，均出现实验先开，理论未讲的现象，影响教学效果。这一情况将在2010版培养方案中得到修正。另外在课程内容上要求精简内容，明确突出主干部分，尽量避免“大拼盘”式的课程以及同一内容在不同课中多次涉及的现象。

三、专业实验课程体系的完善

参考兄弟院校经验，根据自身的特点，我们初步确定本专业实验课程体系建设的指导思想为：建立与理论教学有机结合，以创新能力培养为核心，分层次的实验课程教学体系，为本专业学生创建一个较为完善的实践教学平台，提高他们的创新力和竞争力，培养能适应现代信息社会高新技术发展的研究发展型人才。

经过项目组成员的共同努力，我们整合了原有的17个专业实验项目，最近两年内又新编排了10个专业实验项目，计划未来两年内待编排10个。在06版培养方案的大框架下，初步形成了演示/验证型实验、综合/设计型实验和创新/研究型实验三个层次的实验课程体系雏形。在实验内容编排上我们非常重视和专业理论课程的衔接，而且新构建的实验课程体系无论是在知识内容的涵盖面，还是在学科方向的丰富性上，较之原来都得到了充分扩展，除了原有的全息技术类、光信息处理类和光纤通信类三个专业方向外，又增加了激光类和光电子技术类两个专业方向。

我们建立了科研项目针对实验教学项目的引入机制，在过去已经积累的经验的基础上，加大了编排设计性、综合性实验的力度，加之有选择性地将历届优秀毕业论文成果引入实验课程建设，丰富了实验内容，合理增加了知识点和多项技能训练，推陈出新，使新编排的一批大型综合型实验具有一定先进性、前沿性和可操作性，综合型设计型实验的比重有所增加，给学生创造了更大的思维空间和环境，提高了学生实践动手能力和科研思维能力。例如光纤通信实验室引入先进的熔融拉锥系统，开发了光纤通信各种耦合器和波分复用器的研制实验。信息光学实验室引入优秀毕业论文成果编排了“联合傅里叶变换相关图像识别综合实验”、“彩色编码摄影综合实验”和“利用液晶空间光调制器合成全息综合实验”，并已经纳入“光信息专业综合实验课”教学中，取得了初步成效。激光和光电子技术实验室也正在结合教师各自的科研成果及 URTP 项目成果，购置必要的仪器设备，策划设计编排激光类和光电检测类的大型综合型实验，努力使光信息专业实验室成为学生获取知识、实践创新、提高能力的重要基地。

在实验教学中，我们也深刻体会到实验教材对具有创新精神和创新能力人才培养的重要性。由于目前现有的实验教材普遍存在着实验步骤阐述过细，实验方案单一化，实验报告程序化等弊病，因此我们根据自身特点，以校级特色教材立项为契机，着手开始编排一套全新的光信息科学与技术专业实验教材。我们在编写中遵循的一个原则就是摈弃传统教材中那些和时代发展不相适应的写作手法，以启发、引导为切入点，分层次、分类别，有效激发学生自主学习积极性和创造性，确实体现出创新人才的培养思路。具体教材的编写模式请见参考文献。

通过这几年的专业建设，我们深深体会到专业特色是在本专业领域中保持竞争力的基础，必须不断努力致力于开创具有自身特色的发展道路，才能取得优秀成果。在没有成熟的模式和经验可以直接借鉴的情况下，我们以 2010 版培养方案制订为契机，边摸索边改进，结合中央民族大学的特点，联系科研、工程和社会应用实践，融入科技创新和教学改革成果，现在已经研究确定了一套较为合理的光信息科学与技术专业课程体系，为构建一个较为完善的教学平台提供坚实的课程基础。

参考文献

[1] 朱伟利、张颖、游澜、吕敏、张可如、杨玉平、陈笑、杨笛：《实验课程的教学改革应从改革实验教材的编写模式做起》，载《中央民族大学本科教学研究》第六辑，中央民族大学出版社 2010 年版。

（作者单位：理学院）

关于对外汉语专业课程设置的浅思[①]

——以中央民族大学2010版对外汉语本科教学培养方案为例

丁启播　王　正　唐　静　田　孜　石　栗

近年来，随着“汉语热”风靡全球，学汉语、教汉语已成为教育领域较为关注的话题。为培养对外汉语领域的专业人才，国内许多重点高校陆续开设了对外汉语专业，不同版本的专业培养方案纷纷出台。与此同时，随着对外汉语教学行业的日臻成熟，在领域内也已形成了较为稳定的专业人才需求模式。因此，如何确保高校培养方案切实地满足社会对本专业人才的实际需求，已成为一个值得深入思考的问题。

近期，中央民族大学推出了2010版对外汉语本科教学培养方案（以下简称2010版培养方案）。较之2006版培养方案，2010版培养方案有着明显的优点，然而在两版方案对比之余，通过调研专业任课教师、在校学生、用人单位，我们认为2010版培养方案在课程设置上仍略显不足，对此我们将尝试进行分析，并提出几条合理化建议，以供参考。

一、调研相关情况说明

本次调研从两方面展开：一方面调研了中央民族大学文学与新闻传播学院对外汉语专业的任课教师及2010级对外汉语专业学生；另一方面调研了北京地区相关对外汉语教学机构（详见下表）。调研过程中，我们采用的主要方法为问卷调研及访谈调研。

---

① 本文为2009—2010年度中央民族大学URTP（本科生研究训练计划项目）“中央民族大学对外汉语专业本科生培养模式的思考与研究”的阶段性成果，指导老师：翟燕。

北京地区对外汉语教学机构列表

类　型①	采访机构	特　点
外国在华汉语培训项目	ACC（美国各大学联合汉语中心）	非盈利机构，项目中留学生多来自美国各重点院校
	IES（美国国际教育学会）	
高校对外汉语教学机构	中央民族大学国际教育学院	与本论文研究对象息息相关
	北京语言大学汉语学院	在对外汉语教学与研究领域一直处于领军位置
	北京外国语大学中文学院	
汉语培训商业机构	北京唐风汉语教育科技有限公司	以开发对外汉语网络教学为主
	北京高丽学校	重在对韩国人进行汉语培训
	汉大山语言学校	
	方块字对外汉语培训学校北京分校	由法国方块字语言学院在北京地区开设
	天下汇友汉语学校	倾向于儿童汉语教育
	北京实用汉语培训学校	主要采取小班教学和一对一教学形式
	北京精英圣泰国际文化交流有限公司	以对外文化交流为主
	汉语桥学校	规模和影响力较大
	北京英迈汉语培训学校	普通汉语培训机构
	北京地球村汉语培训学校	

二、调查的主要内容

我们本次调研主要围绕对本专业教师访谈、2010 级对外汉语专业学生问卷调查、走访用人单位、分析 2010 版培养方案几个方面展开。

（一）访谈对外汉语专业任课教师

对外汉语专业任课教师们认为，在专业课程设置中，现代汉语、古代汉语、语言学为重中之重，其中语言学侧重理论，古代汉语、现代汉语侧重汉语本体研究。古代汉语一方面是现代汉语的基础，对学好现代汉语和语言学有潜在的影响，另一方面更贴近于汉语的原本状态和本质，对中国

① 外国在华汉语培训项目、高校对外汉语教学机构、汉语培训商业机构在行文中分别简称为在华项目、高校、商业机构。

思想文化的研究和教学有直接的帮助。对外汉语教学课程属于技巧性的外在型课程，与本专业联系最为密切，具有实用性，但本质上仍然以语言类课程为内在灵魂。同时老师们均反映培养方案中所安排的课时量偏少，不能满足授课需求。如何在极为有限的授课时间内达到良好的教学效果，是老师们面临的棘手问题。外语类课程在将来发挥的是工具性的作用，文学文化类课程则为文科类学生的基本人文素养奠定基础，同时中国文学及西方文学对了解中西文化交流和融合有一定作用。外语类、文学类课程普遍存在的问题是缺乏专业针对性。各门课程在教材、授课内容上没有和其他专业进行区分，一方面使得课程对本专业的作用与影响受到限制，另一方面也对本专业学生的学习能力提出了挑战。

（二）调查 2010 级对外汉语专业学生

为了进一步了解 2010 版培养方案在对外汉语专业教学中的实施效果，我们对方案的使用者——文学与新闻传播学院 2010 级对外汉语专业的 30 名学生进行了问卷调查，以了解学生对培养方案课时设置、课程安排等方面的意见和感受。本次调查发放问卷 30 份，回收有效问卷 28 份。调查结果主要有两点：

1. 课时设置

多数同学反映课程量偏大。28 人中 6 人反映课程量非常大，难以应付，20 人认为课程量大，但可以应付。

2. 课程安排

28 人中有 18 人认为语言学类课程是最重要的专业课程，有 22 人认为在英语类课程中投入了过多时间，有 12 人认为文化课程应在大一开设。

（三）了解对外汉语教师就职机构的任职要求

1. 教学能力

高校对外汉语教学机构、汉语培训商业机构、外国在华汉语培训项目这三种类型的用人单位都很重视教师的教学能力，认为这是最基本的素质。然而对于这一素质，不同就业单位有不同的考虑：高校对外汉语教学机构一般同时看重教师的发展潜质与经验，如北京外国语大学中文学院会优先考虑拥有教学经验的教师，但如果学院认为应聘者综合素质不错且有潜质，也有可能聘用没有教学经验的人才，在录用后对其进行岗前、岗中培训；作为美国在华项目，IES 要求应聘者最好有半年到一年的独立的教池澈耳朵一竖！

王峻峻报道："男生过来了。哟，还拿着情书。"

李子枫点评："这次这个长得还行，挺般配。"

池澈把书往桌上一扔，走了两步，像是无意中晃到他们那儿，也跟着趴在窗台上看。

"哈，这叫还行？般配？"他嗤笑了一声，"什么眼光？"

王峻峻道："这人是一班的，年级前十。"

李子枫道："池哥什么都强，就语文太烂，总拖分。"

池哥语文稀巴烂，张魔头都替池哥着急。

池澈被两人堵得没脾气，但仍居高临下，傲慢地瞥了那男生一眼："土不拉叽。"

他们从三楼往下望。

蔚观雪娉娉婷婷，礼貌地跟对方隔着一米远。

池澈突然发问："跟她表白的人多吗？"

王峻峻大嗓门："谁？"

李子枫用胳膊肘撞了王胖子一下："蔚观雪。"

"她？挺多的。"

池澈假装看别处："这么招人喜欢？我怎么看不出。"

"人美条顺成绩好，作文常被拿到别的班念，咱们学校有几个男生不知道她？"

一班学霸要把情书交给蔚观雪了。

池澈盯紧对方。

蔚观雪摇摇头，说了什么，没接情书。男生又说了一些话。蔚观雪笑了笑，还是摇头，走了。

池澈心情大好："才高中就想早恋，这小子想死。"

王峻峻和李子枫保持沉默。

蔚观雪温了会儿书。

她在学校就把作业做完了，犹豫了一会儿，点开《众神圣耀》。

恢宏的交响乐奏起。

奥林匹斯神山巍峨神圣，众神矗立于云海间。战神、赫拉、缪斯、波塞冬、雅典娜……神容依次浮现。

游戏开场怎么看都很大气。

画面跳转主界面。

蔚观雪设定的玩家形象是“SSR爱神”。

粉白花瓣吹往天际，爱神阿佛洛狄忒摇摆了一下身姿，金发碧眼，浑身飘着淡淡的玫瑰色神光，向屏幕外抛了个吻：

“我的‘小仙女只喝露水’殿下，这是您登陆《众神圣耀》的第二天。”

都尊称她为殿下了，谁能抵挡得了自家主神的问候，舍得不上线？

游戏策划师花了心思。

蔚观雪边欣赏游戏画面，边查看日常任务。

“海底神殿”主升经验，是《众神圣耀》七大副本之一。

深蓝色海底。

神庙宫廷倾倒着闪闪发光的沉船宝藏，游动的鱼群和巨大鲸鱼贯穿而过。

仙金色三叉戟斜斜钉在宫殿正中央。

这个副本boss是海皇波塞冬的王后，仙女安菲特里忒。她身边有五条美丽的海豚守护。

一旦血量被打到百分之一，飘着莹蓝色神光的仙女王后就会希望你手下留情，赐予你一个宝箱。

宝箱里面有蓝宝石、红晶珊瑚。

蔚观雪选了随机匹配组队。

组队经验更多。

其他玩家看到她放入的神卡，纷纷惊呼。

“第一次看到活的‘SSR爱神’！”

“太美了吧。做梦都想要！”

“小姐姐不要下线，求卖账号，跪求！”

哥哥给她的神卡这么珍贵吗?

正在带“蕾妹妹”打“神域之光”的兰斯人打了个喷嚏。

蔚观雪打到好多蓝宝石、红晶珊瑚，又熔炼了昨天的金橄榄、绿宝石。

红芒闪过，她的爱神升到二星。

好像有什么不一样了。

爱神柔软的金色长发闪动着神光。

这是之前没有的。

原来每升一星，神卡就会增加画面特效，使画面变得更美更精致。

突然，她被拉入一个“众神决斗”界面。屏幕上快速闪过一组信息。

“美丽女神公会”你的小爱酱：五十八级。

“众神之巅”尼古拉斯他哥：八十三级。

“黄金神明”金泉仙神·澈：八十七级。

“无公会”小仙女只喝露水：二十级。

她的级别最低。

她的心慌了一下。

这是?

金泉仙神·澈的私信来了：“别怕，有我。”

她微乱的心奇异地渐渐平静下来。

神界公屏。

你的小爱酱：“就是这对狗男女。”

尼古拉斯他哥：“我替你教训他们。”

蔚观雪蒙在那儿。

金泉仙神·澈："道歉。"

进入战斗画面。

双人对决战倒计时："当——当——当！3，2，1！"

背景音乐变成急速战斗风。

"听我的歌声你们就找不到回家的路。"

"SS海妖塞壬"坐在礁石上，率先发动攻击。

她眉心一颗红宝石，容貌妖异。两条手臂赤裸着，肩膀圆润。胸前两个海贝。一条蓝色的似蛇似人鱼的尾巴拍打水面。

塞壬的歌声回荡在整个空间。

"沉浸歌声""晕眩"——蔚观雪发现自己的爱神头顶出现一行提示。

动弹不得，大招全被沉默。

爱神发出普通攻击"爱的祈祷"，只有六百攻击力。

蔚观雪赶紧看向池澈。

没想到敌方"SSR战神"速度很快。战神阿瑞斯威力强悍，身形魁梧，右手火焰一举，一个巨大火球冲他们砸来。

"一万七千攻击力。"

"SSR爱神""SSR水仙之王"纷纷被暴击。

蔚观雪一看，她的爱神只剩一点残血了。

尼古拉斯他哥在公屏炫耀："还黄金团老大，照样被我吊打。"

你的小爱酱继续对池澈释放"晕眩"技能。

"什么小仙女？"

"说不定真人难看得要死。"

金泉仙神·澈："闭嘴，吵死了。"

你的小爱酱气疯："那么急着维护，怕不是被我说中了？"

蔚观雪没有在意，冷静注视着战局。

她稳定心神，瞅准时机，指尖按下三火大招"爱的呵护"。

觉醒后增加了一项技能。

她想试试。

一道道玫瑰圣光以爱神胸口为圆心射往四周！

爱神脚趾秀美，被海浪轻托。

发间闪着珍珠、神光，红玫瑰花瓣疯狂吹向天际。

“爱神的美丽令众神臣服。”

“SSR战神”阿瑞斯被瑰丽的光芒笼罩，头顶浮现出一颗爱心。尼古拉斯他哥正在疑惑，下一秒，战神变节，“啪”一下砸向海妖塞壬！

海妖塞壬发出惨叫。

“爱的呵护”令敌方损失多少生命，己方就恢复多少血量。

爱神、水仙之王血线回升！

你的小爱酱尖叫：“你干吗砸我？”

尼古拉斯他哥：“老子被爱神控制了！”

金泉仙神·澈：“玩够了？玩够了就受死吧。”

字间好像都冷了几分。

蔚观雪看着水仙之王释放大招。神境一展，湖波荡漾，巨大的水仙花开满屏幕。无数圣光狂轰滥炸，炸了又炸，但并不让对方死，吊着对方一条命，又来回炸了十几回。

战神阿瑞斯、海妖塞壬被炸焦了。

金泉仙神·澈却冷冷发着游戏表情包：“你可真是个天才。”

蔚观雪无语。

你的小爱酱、尼古拉斯他哥被炸得“嗷嗷”叫，但系统规定众神决斗的发起人无法主动退出，必须有一方战败，烙下耻辱标记，则被视作赶下神坛。

她的爱神才玩了两天，差点就要被打下烙印。

蔚观雪这才明白他们的恶意。

她干脆配合起来。

金泉仙神·澈：“你可真是个天才。”继续嘲笑。

小仙女只喝露水："遇见你是我的幸运。"她赞美对方。

你的小爱酱、尼古拉斯他哥被闪瞎了眼。

"你们到底要咋样？！"

金泉仙神·澈冷酷地道："我是一个没有感情的杀手。"

下一秒。

小仙女只喝露水："大神好厉害。"

蔚观雪看看时间。

游戏虽然好玩，但是要睡觉了。她的每周计划本上记录着明天要早起背文言文。

金泉仙神·澈："要下了？"

小仙女只喝露水："嗯。"

池澈点点头。

你的小爱酱、尼古拉斯他哥一喜，终于有机会翻盘！

金泉仙神·澈："那我速战速决。"

只见"SSR水仙之王"爆发，暴击伤害九万！

尼古拉斯他哥目瞪口呆。

他的战神阿瑞斯群攻才一万七千，这下简直是被暴力碾压。

战神、海妖塞壬灰飞烟灭。

水仙之王拨动金泉，水仙花微微摇晃。

"多么美丽的颜容。"

"你玷污了我用来顾影自怜的金泉，不可饶恕。"

你的小爱酱、尼古拉斯他哥："见了鬼了，卡随主人形。"

两人灰溜溜退出界面。他们的战神阿瑞斯、海妖被打上"次神者"的烙印。不仅神光变灰，黯淡无光，头顶还有标记，得顶七天。

特丢人。

晦气，越想越怄。

好好的"众神之巅"大佬不当，冲冠一怒为红颜，结果搞得灰头土脸。

尼古拉斯他哥刚想埋怨网红主播两句，你的小爱酱就说：“真没用！还成天夸自己是大佬。骗子！”

删人，拉黑。

这臭娘儿们，尼古拉斯他哥气笑了，刚要发作，就蹦出来系统提示：

“你已被‘众神之巅’踢出神团！剥夺‘众神之巅’成员称号。”

“你已被‘众神之巅’踢出神团！回收‘众神之巅’成员福利。”

“你已被‘众神之巅’管理员设置无法再加入该团。”

尼古拉斯他哥心慌得很。

发生了什么？！系统错误？管理员被盗号了？

网红可以不要，第一神团团员身份不能掉啊！

尼古拉斯他哥连忙狂求“第一神团·月亮女神”：“副团，兄弟我做错什么了？求给一个改过机会！”

兰斯人在神界公屏回复他。

月亮女神温柔地道：“踢出去已经很轻了。Wei皇下令。谁打小仙女只喝露水，谁就等着上第一神团的死亡名单。”

晴天霹雳。尼古拉斯他哥一脸呆滞，悔得肠子都青了。

都怪那个傻网红！

神界公屏炸了。

才隔一天，大家又吃到新瓜。

众人震惊。

第一神团死亡名单？Wei皇的命令？这个小仙女什么来头？

一路围观八卦的玩家顿时摆出老人姿态，给错过好戏的人科普。

何止，她还娶过澈神。

“黄金神明”内部。

“Wei皇几个意思，跟澈神抢小仙女？跟我大黄金团过不去是吧？”

“他们第一神团一直看我们不顺眼。”

“老大人呢？”

“我们老大玩游戏超过了一小时，已被系统强制下线。”

他们忘了。

澈神还是个高二弟弟，没能目睹到今晚的盛况。

蔚听松跑步回来。

大腿肌肉线条紧绷，几滴汗顺着他冷峻的脸往下淌。

哥哥的意志力真强。

蔚观雪揉揉惺忪的睡眼，套了件兔子T恤，松松的，刷了牙，扎了个双马尾，一口一口吃着哥哥做的早餐。

蔚听松淋浴完出来，用毛巾擦拭黑发。

“游戏怎么样？”

蔚观雪小脸鼓着，想了想：“很美，希腊神话也很特别。”

“要是有人欺负你，跟兰斯人说。”

兰斯人跟他们从小玩到大，在中国政法大学念法学专业。家人希望他出国深造，回来接手他父亲的律师事务所。

“嗯。”似乎没什么人欺负她。

她幽深的黑眸一闪。

昨晚蔚观雪预习过文言文，今早背起来事半功倍。一遍流利背熟后，又默背了四五遍。金蕾在早自习上偷玩手机。

“不怕被老师发现？”蔚观雪帮她打掩护，用书挡了挡。

“嘘，我在看八卦。”

蔚观雪瞟了眼，是《众神圣耀》。

“你也在玩？”

“现在谁不玩这个，在餐厅等座，一堆人玩。出租车司机都跟你聊这个。”

原来《众神圣耀》这么受欢迎。

金蕾扯扯蔚观雪：“快看快看，大新闻！”

“昨晚第一神团把一个对决神榜百强大佬踢出去了，打得女神公会公开道歉都没用。女神公会其他网红联名要求赶走‘你的小爱酱’并严惩。求生欲真强。”

还有这些内幕？

“好想左手一个澈神，右手一个Wei皇。”金蕾笑眯眯地捂了捂脸，“再让我月亮女神天天带我。”

老师关心地看了过来，她们的动作有些大。蔚观雪连忙拉拉金蕾。

“老师来了。”

“我的小仙女只喝露水殿下，这是您登陆《众神圣耀》的第三天。”

蔚观雪点开界面，莫名收到很多好友申请。

自己的面板上也多了很多留言。

“‘黄金神明’观光团到此一游，向小嫂子问好。”

“‘光明圣骑士’观光团到此一游，向小仙女问好。”

“‘众神之巅’观光团到此一游，谁打谁上死亡名单。”

“霸气，‘众神之巅’这一次赢了。”

……

一条组队邀请出现。

“酒神王座”千杯不醉邀请小仙女只喝露水。

蔚观雪犹豫了一下。

对方笑笑：“只是组个队。”

她点开千杯不醉的玩家面板。

哎？是“酒神王座”团长。

蔚观雪被带到“宙斯金橡树”副本。

这里是永生神灵宙斯最爱的金橡树圣园，也是七大副本之一，掉落金币和黄宝石。

巨大金橡树闪烁着绿色光芒。

树叶丁零悦耳。

九层圣洁之云往外扩散。

千杯不醉使用的神卡是“SSR酒神”。酒神头戴常春藤金冠，左手执酒神杖，右手优雅地端着金杯，手背刺着金色法阵，满地紫葡萄。账号等级，八十级。

“SSR酒神”举起酒神杖。

一道紫色光芒击向boss。伤害值六万，又回加了两万攻击！

葡萄酒之神，年轻、英俊、颀长。

金冠上的柔软枝条与一串串紫葡萄轻轻摇晃。

千杯不醉：“你的爱神很难抽。我有朋友抽了好久都没抽到。你很乖。”

是指她很少说话吗？

蔚观雪看了看大boss。酒神攻击力很高，但这个副本打得很慢。不像池澈带她过另外两个副本那么快。

千杯不醉：“这个副本由河神之女、财富女神、阿尔戈斯公主、水草牧场女神、青春女神把守。五位女神轮流出现，要打中正确的女神才可以。”

小仙女只喝露水：“原来如此。”

全是朦朦胧胧的金色幻影。

很难猜。

金泉仙神·澈加入队伍。

蔚观雪一惊。

他怎么来了？这样也能找到？

她有点吃惊，唇角却忍不住翘了翘，目光也专注起来。

金泉仙神·澈没说话。

“SSR水仙之王”跟他的主人一样傲慢，只是一个劲地闪着湖泊之光和水仙花。

千杯不醉话也变少了。

金泉仙神·澈突然开口：“火给我。”

酒神速度快，但需要四点火，水仙之王被弄得只能发动普通攻击。这种情况叫抢火。

千杯不醉：“我的酒神也是SSR。”

金泉仙神·澈不理会：“左边第三个。”

蔚观雪一顿，随即反应过来，池澈在指真正boss的位置。

酒神就是不打第三个。

爱神和水仙之王合力，打中正确的女神。

通关！

又一局。

金泉仙神·澈：“左一。”

又一局。

金泉仙神·澈：“右二。”

千杯不醉不得不听，偏偏局局都对，盘盘秒杀，再也不像之前要磨半天。

金泉仙神·澈再次说：“火给我。”

千杯不醉咬咬牙，把酒神改为普通攻击，递火给水仙之王。

水仙花，波中影，绝美少年之神。

金光狂轰滥炸。

半秒不到，所有女神幻影都被打死！

蔚观雪呆了。

千杯不醉似乎被打击到了，迟迟不点开战，故意磨时间。

池澈偏不开腔。

拥有“六星SSR主神”的两个神团团长干耗着。

倒计时四十秒、三十秒、二十秒、十秒……倒计时结束。

系统提示：“千杯不醉退出组队。”

对方自己退了。

金泉仙神·澈：“我的人也敢抢。”

她什么时候成他的人了？

小仙女只喝露水：“你是怎么猜中的？”

金泉仙神·澈很高傲：“想知道？”

小仙女只喝露水发了一个省略号。

屏幕上多了一条消息。

金泉仙神·澈赠送小仙女只喝露水十个魔法宝匣。

蔚观雪一愣。

金泉仙神·澈命令：“点接受。”

爱神温顺地点开。

突现一道金光。

神界公告栏顶部滚动。

“小仙女只喝露水收到金泉仙神·澈一千斛珍珠。”

一千斛珍珠！

所有人都望着这个消息震惊了！

《众神圣耀》里的珍珠是男生眼中最花钱最鸡肋最没用的东西。既不能当金币花，又不能增加攻击力，还贵得要死。

打“神域之光”那条龙时，才偶尔掉那么一两斛。

其他途径就只有在商城购买了。

但它十分受女性玩家的欢迎。

只有收到礼物，而且必须是男性玩家送的，主神四周才会悬浮珍珠，珍珠有粉的、紫的、莹白的，十分美丽。男性玩家就算收到，也不会有什么特殊效果。不少男玩家为此还在论坛上揶揄过这个游戏设定，当然，高冷的游戏策划师不为所动。

有珍珠的，跟没珍珠的，那光彩度可有天壤之别。

带着有珍珠的主神出场，拉风程度超高，昂首挺胸。没珍珠的，自惭形秽。

所以珍珠榜又被称为女性玩家魅力榜。

珍珠越多，排名越高。

蔚观雪一下收到一千斛珍珠。

玩家魅力直线上升。

不少女玩家羡慕地对自己男友说，人家也想要珍珠。

男方道："等我被澈神附体。"

女方回："今晚跪榴梿吧！"

爱神头顶多了一个"珍珠榜TOP3"。

四周出现很多粉色珍珠，珍珠圆润饱满，流光四溢，特别美，随着爱神阿佛洛狄忒的拂动，它们上下悬浮，美不胜收。

蔚观雪收到礼物自然开心。

但是……

她点开珍珠榜。

发现自己已经出现在排行榜上。网红你的小爱酱是第六名，"众神之巅"的月亮女神是第一名。

前面的都是五六十级，就她一个二十二级。

有点高调了。

蔚观雪歪头思考，要怎么还这份大礼呢？

"黄金神明"群又连连点评：

"我澈神送一千斛珍珠，眼都不眨！"

"刚被女友揪耳朵。然而，我只送得起她一百斛。"

"为什么只能送女的？"

"挥刀自宫，系统就把你丢去珍珠榜。"

突然，神界公屏上又出现系统通告：

"众神之巅"副团长月亮女神邀请小仙女只喝露水加入"众神之巅"。

“什么鬼操作，知道小仙女娶了我们澈神，还来这出？要跟我们抢人是吧？！”黄金团里的土豪们不乐意了。

“黄金神明”公会在神界刷屏。

“来我们黄金团，我们一人送小姐姐一套皮肤！”

“娶了我们老大就要对老大负责，我们一人送一百斛珍珠当份子钱。”

“我家澈神任性，来我们黄金团，我们一人送小姐姐一套极品神奉当彩礼。”

公共频道炸开了：“好久没见到黄金团大佬集体出动了！我怕不是在做梦？”

屏幕外的兰斯人纹丝不动，又点了一条发送：

“众神之巅”副团长月亮女神邀请小仙女只喝露水加入“众神之巅”。

随即——

“黄金神明”团长金泉仙神·澈邀请小仙女只喝露水加入“黄金神明”。

两条邀请不分上下。

针锋相对的意味十分明显。

公共频道里又沸腾了：“两大神团公开抢人？！”

CHAPTER 03

花冠

天使还在飞翔时，
我们无法前去追寻，
凝眸看她已是莫大的光荣。
——〔意〕米开朗琪罗

五月中旬，有点热了。

池澈骑着自行车。

前方不远，双马尾荡啊荡，梳在漂亮的后脑勺后。

蔚观雪跟金蕾捧了两个热乎乎的小包子，吃得腮帮子一鼓一鼓的。

她的眼睫异常精致，脸有巴掌那么小。

“这儿沾了点。”少女抽出一张纸巾，轻柔地擦了擦金蕾的嘴角。

纸巾上还印着紫色小熊。

池澈故意按车铃，炫技般跟她们擦身而过。

蔚观雪小声惊呼。

池澈唇角翘起，脚踩得更快。这车是他父亲派人去香港提的货，不知道有没有衬出他的帅气。

自行车带起风。

少女洁白的腿从白裙子下方露出，花骨朵一样清新，撞进他眼角的余光。

“砰——”

王峻峻的自行车被池澈撞上了，幸好他敦实，稳稳压住车身。

“怎么了，池哥？”

骑在前面的王峻峻一脸蒙，这么一条又平又宽又顺的道还能撞上？是他干了啥，池哥要惩罚他吧？

车头差点被撞歪。

“闭嘴。”池澈大佬脸红耳热，长腿一撑，溜得不见身影，剩下摸不着头脑的王峻峻。

第二节课课间，池澈被叫到教务处。各班老师和他都熟，捧着泡了胖大海的茶杯，瞧着这个数学宠儿到来。

“怎么了？”

“语文八十分。”

老师们也很八卦。

二班语文老师孙莉莉的办公桌在最里面。她教了三年语文，资历不算深，但经验也不少，对付差生也有法子，可……

她翻着试卷，用余光瞥瞥池澈。

高挑的少年，姿势轻松，站在办公桌旁，下巴微昂。

一看性子就很傲。

满试卷的红叉，孙莉莉摇摇头，尽管是她自己动手批的。

是不是男孩子数理化成绩好，语文都不行啊？

池澈心烦。

又要被他爸念叨了，他跟语文好像天生有仇。真搞不懂什么阅读理解，好好一篇文章，偏要让人去揣摩作者的深层含义，都是中国人，何苦为难中国人?

孙莉莉开始教育："数学满分，语文怎么回事，作文十几分？"

"大概因为我是一个没有感情的杀手。"池澈随口一说。

教务处老师嘴里的水都差点喷出来。

这小子！

孙莉莉嘴角忍不住抽了一下，但还是要拿出做老师的架子。

上次校领导特地见了池卫国。那天她也在场，池父没有商人的市侩气，倒有股军人的干练爽朗，看着就让人有好感，后来她才知道他是退伍军官。

那么硬朗的男人，生的儿子怎么这么娇?

她也给他开过课后小灶，请过语文家教。

她想了想："先拿着试卷回教室。我跟你的班主任商量一下，换个语文好的同学坐你旁边，你看看人家怎么学。"

回到教室。

一男生差点踩了他的鞋。

"眼睛看不看路？"池澈一肚子闷火。

"你真是！"那男生摇头。

朱芸芸皱了皱眉，池澈最宝贝他的鞋。

她坐在池澈前座，听他的兄弟们侃过，哪儿有鞋哪儿就有池澈，池哥到哪里就记得买鞋。

男生好像天生爱鞋、爱车。

朱芸芸瞟了瞟池澈的脸色，好像有点不太对劲。

王峻峻、李子枫一屁股围在池澈身边，大咧咧调侃："旧的不去，新的不来。池哥再买双就是了，不要跟他计较。"

池澈火大："啰唆。"

老大面色有异。

两人对视一眼，收敛起来。

"不会是语文老师要找你爸告状吧？"

“虽然这次月考很重要，但就算没考好，也不至于考不上重点大学吧？”

池澈更加心烦。

朱芸芸的坐姿跟上课时一样，手压着课本，眼睛扫着书，字里行间的意思却没有一丁点往心里去。

“孙莉莉要给我换个同桌，说要找个语文好的。”

朱芸芸的心猛地跳了一下。

“这还不好？池哥的破语文说不定就能被抢救一下了。”王峻峻、李子枫面露喜色。

高傲的少年，手搭上现任男同桌的背。

“烦，肯定要给我调个女的，老子不喜欢女的。”

王峻峻、李子枫神色复杂地看了他一眼，然后叹了口气。

“我就喜欢男的，比如老余。”池澈斜瞅了自己的同桌一眼，漂亮的下颌线露了出来，老余抖了抖，脸渐渐红了，“总给我带水、跑腿。”

王峻峻、李子枫顿了半晌：“池哥就是天才。大脑回路都跟我们不一样。”

书看了五分钟，还停留在那一页，朱芸芸偷偷抿嘴。

周四下午第三节课，班主任开班会。

讲完班上几件大事，张力用中指推了推眼镜架，目光从黑框眼镜后射向全班：“下面，换座位。”

班上一静。

“程亮，调到楚中榆旁边。”

被点名的程亮有点蒙，不知道自己为什么会被换座位。

“李涛，洪颖旁边。”

满脸藏不住窃喜的李涛，还没等到老师的行动指令就已开始欢快地收拾东西。他跟现在这同桌相看两厌。解脱！

换座位就像换了一个新世界。

几家欢乐几家愁。

已经调了两对。

朱芸芸低着头，一一听着名单，捏了捏自己手指，如果是自己跟池澈同桌的话……

“蔚观雪——”

班上再次一静，接着议论纷纷。

“蔚观雪也要换？”

蔚观雪坐得笔直。

金蕾脸色很不好，她不愿意蔚观雪调到别处，手指勾着蔚观雪的手指。蔚观雪安慰地拍拍她的手背。

“池澈旁边。”

班上不知怎么炸了一下，看热闹的目光在两人身上穿梭。

“张魔头好懂。”

“再也不说张魔头是魔头了！”

蔚观雪半垂着眸，胳膊微微发颤。

王峻峻闷笑，从后面猛踢池澈凳子：“池哥池哥，你的初吻杀手要跟你坐一块儿了。”

李子枫补刀：“池哥要以牙还牙，以嘴还嘴。”

池澈的身子垮在墙壁上：“滚。”

耳根有点红。

班会散会。

李涛、程亮换了新座位。蔚观雪迟迟没动。

金蕾的下巴抵在蔚观雪的胳膊上，手环上她的纤腰。

“不想你走。”满眼的依依不舍。

换谁不好，干吗换她的蔚观雪。她真不开心。

蔚观雪顺了顺她的背：“没关系，上学放学，我们还是可以一起走。”

“嗯。”金蕾又腻又不舍地搂了她一会儿。

蔚观雪将课本抱在臂弯里。

池澈的前同桌已经搬走了。留下一个空桌子。池澈坐在一组，靠窗户的位置。

窗外走廊栏杆上靠着一排人，大家搬出凳子当课桌做作业，只剩下几个在教室里走动，三三两两聊着天。校园里响起广播，天色有点暖。

池澈没走。前座坐着一个人。

教室空荡荡。

池澈单手支着下巴，半张脸遥望窗外。

值日生在打扫教室，也不怕被灰呛。

蔚观雪的目光游移了一会儿，抱着书走到一组。

池澈的后脑勺像长了眼睛，见她过来，刻意挑挑眉，又扭头看窗外，半张脸被夕阳照出艳色。

一大堆书还有水杯，有点沉。

她的手臂一颤。

“啪”，一本书砸在了池澈的鞋上。

池澈眉头一皱，站了起来，凳子被拖得一响！

蔚观雪心惊胆战，往后退了一小步，咬着唇，眼睫颤颤。全班都知道鞋是池哥的“老婆”，擦到都心疼。

池澈站在那儿，抬着下巴，不耐烦地看了书一眼。

“这么重，不会叫人搬啊！”

还没反应过来，蔚观雪发现自己手中一空，怀中的书已被抢过去。

“女生就是麻烦。”

蔚观雪瞟了瞟对方手中厚厚一摞书，抿抿唇，浅笑。

正要道谢，一支夹在书中的笔倏然滚了出来。

兔子笔转了几个圈。

直线下坠。

又砸在池澈的鞋上!

这一次，直接在白鞋面上戳出一个中性笔黑点。

蔚观雪的心一紧，赶紧抬头看他的神情。

高傲的少年定定盯着自己被弄上污点的鞋，一脸想要掐死始作俑者的样子。

“我可以帮你洗。”

池澈斜睨她的脸，半晌，冷声一哼，人却弯下腰。

一只骨节分明的手拾起笔。

粉粉的兔子头，软软的三瓣嘴，两只乖乖的兔耳朵。

他下意识地觉得跟某人很像。

他的视线往上，停在蔚观雪洁白小巧的耳朵上，那对耳朵像雨后枝头的茉莉花。

池澈不知是怎么想的，修长的手指捏了捏兔子笔的耳朵，硬是将那耳朵在手中把玩了好一会儿。

蔚观雪莫名有点脸红。

耳根发烫。

池澈掐着兔子头，丢给蔚观雪。

“又欠我一次，偷吻狂魔。”

高挑少年嫌弃完，单手拎起衣服，往肩上一搭离开教室。

周五，第三、四节课取消了。

学校组织统一打疫苗，白大褂医生取出注射器，让学生从讲台两边排队上来，男生在左边，女生在右边。

不用上课，大家一阵轻松，但是看看尖锐的针头，又一阵肉疼，纷纷龇牙。

“疼不疼？”有人问打完的人。

“还好。”

“疼死我了。”

“到底是痛，还是不痛？”

“两眼一闭，十八年后又是一条好汉。”

“滚，老子才十七！”

没过一会儿，男生之间交头接耳，目光不断地往台上的女生身上瞟。

“快看快看，轮到洪颖了。”

“胳膊挺白。”

王峻峻、李子枫、池澈三人排在左边队伍。

王峻峻伸长脖子往讲台上看，只看到一群糙老爷们儿的壮实身影，看不到香香的女生。

“早知道就不这么早上来了，什么都看不到！”

李子枫挤对他：“你就这点出息，瞧瞧人家池哥。”

王峻峻一看，愣了。

女孩们单手捂着脸露出眼睛，羞涩又难以抑制地盯着池澈，止不住激动。

不少男生也在偷瞄。

黑发少年，肩直，腿长，高高站在他前面，一脸不耐烦，等着打疫苗。

前面的人一个个上台，有女生衣服不合适，羞怯地脱了外衣，被一阵调笑。蔚观雪轻轻呼了口气，幸好她的袖子比较好挽。

金蕾拉了拉蔚观雪，兴奋地小声道：“快快，看池澈。”

她们站在右边，从这个角度正好可以看到男生的队伍。

前方后方的女生，也直直瞅着对面，红着脸快要尖叫出来。

蔚观雪顺着方向望去。

池澈下巴斜抬，手臂懒散地搭在男生肩上，上身脱得只剩一件黑色T恤。

黑色T恤非常紧，露出他精致的锁骨。他手指修长，脖颈修长。

额前搭着黑发，黑眸懒散。

T恤下摆不经意被撩起了一些，隐隐露出波浪般的腹肌线，让人垂涎欲滴。

可惜，只露了一秒。

女生叽叽喳喳讨论开了，队形都乱了。

“好帅啊。”

“你们好猥琐。”

池澈不自知，依旧歪着头，跟男生说话。

蔚观雪的心跳快了一拍。

对方斜着身体，手指不经意地带起下摆，露出腹肌那一幕在她脑海里回放。

腹肌是蜜色的。

神情懒散傲慢，拒人千里。

她好像也被这气氛感染了。

“好帅好帅。”金蕾目不转睛，抓着蔚观雪的胳膊，“啊，刚刚衣摆那一撩，迷人死了。”

“你不是……对他有点意见吗？”

“对他家钱有意见，对人没意见！你看看那些女生，谁不巴望当池澈女朋友？可他那人，又傲又冷，哪个吃得住？”

蔚观雪想了想，好像形容得没错。

那些喜欢池澈的，总在暗处激动，幻想被“翻牌子”，从不敢主动凑上去。

她的视线跟池澈的无意间一撞。

两人隔着大半个教室。

蔚观雪的脸红了红。

池澈打完疫苗，拉上校服下了讲台。不少人好失落。池澈回到座位没事干，背往后面桌子上一靠，腿跷起，目光定在讲台上的某人身上。

不少声音传入耳中。

“金蕾要打针了，大小姐皮肤真不错。”

“什么时候轮到蔚观雪？”

“快了快了。”

“其他人我没兴趣，我只看蔚观雪。”

青春期的男生们一阵躁动，眼巴巴瞅着自己心中的女神。

“眼睛给我闭上。”

池澈发号施令，语气不悦。

男生们一愣，不知道池澈大佬什么意思。

“女生也偷看我们，我们看回来才不亏。”

“就是就是。”

“池老大刚刚差点被看光了，我们要替天行道。”

池澈拖长声音，冷冷地说：“闭上——”

男生们只好郁闷地收敛自己。大佬发话，他们只能乖乖照做。

结果下一秒转头，他们就看到池澈光明正大地掏出手机，双腿交叠，正在构图。

众男生目瞪口呆。

“不是不让我们看吗？”

“池澈大佬怎么自己……”

“在拍谁？”

“不知道，不让看。刚想偷看，他就把手机遮了，还横了我一眼。”

界面弹出一个弹窗。

《众神圣耀》与银行推出联名信用卡，确定以“SSR宙斯、水仙之王、爱神、酒神、天后赫拉”为限定形象，分享送一百神钻。

朋友圈已有不少人转发。

“安排上了。宙斯爸爸等我！”

“得不到爱神的SSR，也要得到爱神的人，懂？”

“《众神圣耀》牛！随便出，买不起算我输，圣耀女孩冲呀！”

蔚观雪没到年龄，无法申请信用卡。

她点了分享，看了看主界面右上角，神钻数刚好达到一千。这是个不小的数目。

神钻在游戏里可以买宝石体力，也可以用来抽神卡，还有另外一个用途。

“黄金神明”宴会厅。

八座巨大的艺术女神雕像高举夜明珠。

奢靡之音出自宫廷乐师之手，头戴金面纱，腕缠金铃，露出肚皮的碧眼波斯舞娘倒着美酒。

众神风流潇洒，手端红玛瑙金杯痛快畅饮。杯子由三只黄金狮托举。

异国公主额间佩戴着金珠头饰，用华丽的孔雀羽毛给众神扇着风。

黄金团大佬没一个用游戏自带原始形象，全部穿戴着商场里最昂贵的神级皮肤（指游戏角色衣饰）。

“小仙女没接受我们团的邀请。”有人提了一嘴。

“也没答应‘众神之巅’。”

搞不明白。

“莫非……需要我澈神以身色诱？”

“哈哈哈，胆肥，小心澈神捏爆你。”

神界公频跳出一个系统公告。

黄金团大佬们见了一呆，面面相觑。

“这……”

“万一澈神上线看到的话……”

“会不会气爆？”

屏幕外的兰斯人也看到了。

他微微一怔，端详了一下那条系统公告。别墅中大金毛吐着舌头，叼起球球，跑到他脚边。大金毛模样温顺，围着兰斯人的腿打转，尾巴直摇。

兰斯人慢条斯理地挠了挠大金毛。

“有趣。”他脸上浮现出一抹笑。

上海浦东国际机场。

蔚听松在候机厅打开笔记本电脑，西装革履，戴着腕表，气质卓尔不凡。

不少在机场等航班的职业女性频频望过来，还有几个长得漂亮的小姐姐佯装自拍，后置摄像头却对准了蔚听松。

“好帅，你去找他要微信。”

“去就去。”

蔚听松接到电话，调了调无线蓝牙耳机，合上电脑。

兰斯人吊儿郎当：“猜猜你妹妹做了什么？”

他墨眉一挑：“说重点。”

这个冷酷的男人，都不让人吊胃口。

兰斯人摇摇头，打好的腹稿被憋了回去，将蔚观雪的行动完完整整地告诉了对方。

机场广播已在通知登机。

蔚听松的脚步却刻意放缓，细细听着兰斯人的汇报。

“就是这样。”

蔚听松顿了顿，道：“你照顾她一下。”

空姐站在登机口，见面前的男人打着手机，半垂黑眸，倏然笑了。

一只骨节分明的右手递过机票。

西服质地高级。

空姐抬眼，这个高大冷峻的精英男，脸上没什么表情，正等着她检票。她手一抖，心跳快得不行。

她的目光迅速扫过机票上的信息。

蔚听松。

她胸口起伏，默默念了念这三个字，对方只剩下一道修长的背影。

系统提示：蕾妹妹离开“圣爱家族”。

“阿雪，是你！”

蔚观雪抿着唇：“是啊。”

蕾妹妹狂喜：“那前几天当众娶澈神，打网红脸，被Wei皇罩，被第一神团、黄金团公开抢的也是你？！”

小仙女只喝露水尴尬地道：“低调低调。走，先去看看我们的仙宫。”

蕾妹妹：“好！”

蔚观雪带着金蕾来到仙宫。她布置了好半天。

不同于“众神之巅”的议事厅，也不同于“黄金神明”的宴会厅，“雅典娜仙宫”坐落在一大片瀑布对面。

神界瀑布异常壮观。

水声隆隆，奔流不息，霞光环绕。

金色水滴飞溅。

华丽的圆柱撑起仙宫。

圣洁的百合盛放，长着可爱翅膀的雪白小花神躲在花丛中。

金光从花蕊中往上飘飞。

高大的圆拱形吊顶下，缪斯三女神弹着竖琴，叮咚悦耳。

身着白袍的美少年端着宝石金杯，要递给仙宫主神，金杯里盛着清冽的泉水。吟游诗人吟唱着诗歌。

宫殿门口耸立着一座圣洁的胜利女神金像。

希腊众神中，她最喜欢雅典娜——智慧女神，爱、和平与荣耀的化身，她以此为公会命名。

金蕾目不暇接，眼里满是惊叹：“好美。”一点都不输给“众神之巅”和“黄金神明”，比她原来的“圣爱家族”更有品位，宏大、空灵、神圣。金蕾能感到蔚观雪往里面注入了自己的想法和风格。

“是你布置的？”

蔚观雪笑笑，点点头。

“要不要做副团长？”

要不是隔着屏幕，她真想一把抱住蔚观雪。

“要！”她还是人生中第一次做副团长。

神界公频上系统提示：

小仙女只喝露水邀请蕾妹妹加入“雅典娜仙宫”。

小仙女只喝露水将蕾妹妹设为“雅典娜仙宫”副团长。

黄金团大佬：“呃……”

他们现在已经稍微习惯了小仙女的操作。

二十分钟前，他们看到的可是：

小仙女只喝露水创建“雅典娜仙宫”，“雅典娜仙宫”团长小仙女只喝露水欢迎各位有识之士加入。

黄金团大佬们心想，第一神团“众神之巅”的邀请，她都不当一回事？

要知道，只要头上顶着“黄金神明”成员、“众神之巅”成员的光环，其他人便会暗中艳羡、不敢得罪。

多少人巴望着加入，两个团的团长主动招人，结果小仙女没考虑半点……

吃惊之后，又莫名有点佩服。

“不愧是小仙女，自己开公会当团长。”

一大佬缓缓开腔。

“不能叫小仙女啰。以后得改口大姐头。”

这才配得上池澈大佬，她不是那种只知道讨男人欢心抱大腿的女人。

“那啥，以后神团争霸赛，要是小仙女带团打我们，我们要不要让让她……”

“废物，我们肯定要……要‘扑通’一下，立刻投降！”某个被女友揪过耳朵的大佬道。

“哈哈哈哈，小仙女跪罚，不得不听。”

众人插科打诨。

“不过，我澈神啥时候上线啊，他知道后会不会……”

黄金团大佬心里一惊。

澈神那脾气，谁琢磨得透？

金泉仙神·澈上线。

有女玩家不知死活，在公频上直接跟澈神说：“你的小仙女自己开了个团。人家心气高着呢，瞧不上第一神团和黄金团。”

黄金团大佬们冷嗤。

“我们的家务事，外人开什么麦。”

“大嫂自己开团，争霸赛里多一个友军。”

“第一次见到女团长，这魄力，不愧是我们澈神看中的女人。”

金泉仙神·澈半天没作声。

大佬们有点慌，该不会真的被刺激了吧？一些玩家坐等吃瓜，等看好戏。

又过了一会儿，金泉仙神·澈问：“那个皮肤，买了怎么送？”

众人人仰马翻。

搞了半天，澈神在偷偷给小仙女买皮肤！纯情澈神没送过女人礼物，买了第一次送，不知道怎么弄！

系统提示：金泉仙神·澈赠送小仙女只喝露水两箱皮肤礼物。

刚刚等着看好戏的人嫉妒得吐血。

又送？不是应该甩了她吗？

蔚观雪收到后，有点诧异。

《众神圣耀》中的皮肤很多，分为神级、贵族、珍品、高级四个等级，都很好看，其中神级价格最贵。

可以买单品，也可以买全套。

全套一箱包含所有单品，十几套，满足女生的所有期待。

私聊。

小仙女只喝露水发了一个问号给金泉仙神·澈。

金泉仙神·澈：“不是刚开了团吗？”顿了顿，补充道，“给你的新团贺礼。”

蔚观雪仿佛看得见池澈昂头睨着她，嫌弃般小声嘀咕。

金泉仙神·澈：“团长当然要穿得漂亮点。”

蔚观雪浅浅一笑，目光柔软，看了对方ID半秒。

又过了半晌。

金泉仙神·澈别扭地道：“就这么不想来我的团？”

蔚观雪摇摇头。

小仙女只喝露水：“太高调，有点不好。”

金泉仙神·澈冷哼一声。

蔚观雪想了想，哄他。

小仙女只喝露水：“就当我们有两套海景房，你偶尔过来好不好？”

对着手机的池澈点着下巴。

嗯，有点头脑。

他鬼使神差地回了一句：“总统套房？”

小仙女只喝露水又发了个省略号过去。

“黄金神明”大佬们眼瞅着跟小仙女聊完天的澈神心情明显变好。

“没吵架？”

“小仙女御人有术啊。”

金泉仙神·澈美滋滋的：“闭嘴。”后边还带着一个波浪号。

大佬们恨不得戳瞎自己。

“好想知道小仙女说了啥。”

金泉仙神·澈：“不告诉你们。猜去吧，反正我现在是有总统套房的男人了！”

众人齐问：“啥？总统套房？”

池澈跷着腿，心情还没美上一分钟，就看到了系统提示：“众神之巅”副团长月亮女神赠送小仙女只喝露水一千斛珍珠、两箱礼物。

神界公频上月亮女神温柔地道：“给你的新团贺礼。”

兰斯人摸摸自家大金毛，大金毛憨憨地看着主人。

“是不是越来越有趣了？”

“汪！”

那端的池澈狠狠戳开游戏商城，刚要再刷点礼物。

系统提示：金泉仙神·澈今日游戏已经超过一小时，系统将强制下线。

头像一暗，界面自动退出。

某人气得要摔手机。

CHAPTER 04

你眼睛的弧线
绕我的心转一圈

你眼睛的弧线绕我的心转一圈，
舞蹈和柔情的一个圆。
风的芦苇，芳香的笑颜，
被覆光的世界的翅膀。
全世界取决于你纯洁的眼睛，
我的全部血液在这一盼一顾中流淌。

——〔法〕艾吕雅

语文早自习。

池澈懒散地倚着墙，打了个哈欠，无聊地把书页翻来翻去，实在看不出有什么可记的。

教室里的读书声有点吵。

池澈没事做，干脆单手撑腮，打量他的新同桌。

新同桌无声地背着书，小脸精致，睫毛柔软。

身上好像有股幽香。

是不是女孩子天生香香的?

他的视线落到对方脸上，她的脸像雨后透明的栀子花。

蔚观雪在背古文，闭眼默背了会儿，再睁眼对对书。她背书习惯不出声，怕吵到同桌，打断他的背诵思路。

她的马尾突然被人一揪。

池澈捏在手里把玩。

蔚观雪脸一红，微微趴下，斜看过去，低声急道："干吗？快放开。"不怕被人看见吗？

前座的朱芸芸好像动了动。

"你语文课代表还用背这个？"

她的马尾老在他眼前晃，晃得他心里直痒。

池澈坏坏地笑。

他的黑眸凝视着蔚观雪粉扑扑的脸。

他的手指下意识转了几下，少女的秀发卷着食指不放，像柔滑的真丝。

蔚观雪的脸真的红了，她不敢正视他。

对视的话……太不对劲了。

"松手。"她又急了，"孙老师让我辅导你语文，再这样，我不跟你坐了。"

池澈昂着下巴，鼻子哼了哼，这才漫不经心地松开手，改玩上了她的那支兔子笔。

"小气。"

蔚观雪吁了口气，心跳慢慢恢复正常。

头发刚才在人手里，形势所迫，她只能往左靠，大半个身子都过去了。两人的脑袋快挨在一起了，睫毛都看得一清二楚。

现在没了制约，她重新坐正。

池澈睨着她坐远的身板，转着她的兔子笔，没话找话："还补不补语文？"他眉尾斜挑，身体懒懒地半侧着，换了个手支下巴，"过来点。坐那么远我怎么听得到？"

真娇气。

"这篇背过了吗？"

语文书被摊到中间。

池澈抬抬眉，望向蔚观雪。

“这篇必考。还有二十分钟，先背这段。”蔚观雪翻出自动铅笔，摁出笔芯，轻轻做了一个记号。

她的脸侧着，脸庞洁白，马尾在颊边荡。

要背的段落被标出记号，蔚观雪抬眼：“十分钟后我来检查。”

哟，新上任的小语文老师。

蔚观雪收回他玩了半天的兔子笔，用兔耳朵敲敲书，声音柔柔的：“能做到吗？”

池澈不搭腔，依旧只是看着她。

蔚观雪想了想：“背不好，会有小惩罚，但背对了，也会有奖励。”又补了一句，“你这么聪明，肯定不在话下。”

池澈仰着下巴，这才用手指挑过书，慢慢坐正。

“当我是巴甫洛夫的狗啊。”

巴甫洛夫的狗，桑代克的猫，斯金纳的老鼠，奖励机制与条件反射，历史上有名的教育心理学实验。

当他不知道？

他嘴上这么说着，目光却已转向要背的范围，盯着她留下的铅笔痕迹。

“什么奖励？”他仿佛漫不经心。

蔚观雪将视线挪回自己的书，目光清澈，笑了笑，腮边一个小旋：“背好了告诉你。”

池澈睨了她一眼，撇嘴，嚷了一句：“卖关子，奖励要双倍。”人已抓过书，“叽里呱啦”背了起来。

还不到十分钟。

语文书被推到蔚观雪那儿，池澈左手托着腮，神情有点懒有点酷：“检查啊，小老师。”

这么快。

蔚观雪接过书，文静地将课本一盖，柔声道：“开始吧。”

都不用看了？

池澈上下打量了一下对方。

池澈开始背诵起来。他本来就是天才，学得快，智商高，只是对语文没兴趣，懒得找法门。现在有了奖惩机制，他才被激起好胜心。

少年的声音传入她耳中。

咬字清晰，流畅度不错，通假字的读音一个没错，气息也很顺。

“者、者……”

快结尾的地方，他卡了壳，后面怎么也接不上，他的脸上闪过一丝不耐烦，大长腿一蹬。

他的手腕被蔚观雪轻轻一按。

“慢慢来。”

对方声音轻柔，提示下一句。

池澈胸口的火好像被澄清的泉水浇灭了。

他一点一点背下去。

小同桌的唇角浅浅地弯起，像在鼓励他。

“不错。”

蛾眉淡淡的女孩望向他。

他的心口好像也被轻轻挠了一下。

他被看得耳热，别开脸，声音却骄傲起来：“那当然。”

蔚观雪将书重新打开。

她半垂着眸，按了按自动铅笔，圈了几个地方。

“这儿，这儿，还有这儿，再温习一下。”

他背的时候，她连课本都没看，这样都能知道？

“睡觉前再看一遍。效果会翻倍。”蔚观雪不自觉地把笔贴在脸颊旁，对池澈颇有信心地说道。

翻倍？

小同桌越来越有意思了。

“手伸出来。”

蔚观雪侧侧身，瞧了瞧一脸蒙的池澈，抿唇笑。

“干吗？”池澈挑眉，身子向墙壁靠，手往背后一藏。

“奖励。”

蔚观雪有点想笑。

娇少爷的防备心还挺强。

“真的？”

蔚观雪点点头。

“好吧。”池澈转转脖子，舒展了一下肩膀，慢吞吞伸出手，谨慎又期待地盯着她。

“闭眼。”

池澈闭上眼暗骂自己，还真是一个指令一个动作，是不是在被对方当狗训？

后面的王峻峻和李子枫挤眼睛，池澈大佬在偷吻狂魔面前乖得不像话。

他的掌心多了一个东西。

池澈睁开眼。

一颗糖。

椰子糖。

白色花纹的糖果包装纸上印着椰子的图案，小时候妈妈老买这种糖给他吃。

池澈将糖纸一剥，直接把糖丢到嘴里，浓浓的椰子味弥漫开来。

还是那个味道。

池少爷吃得右腮一鼓一鼓。

蔚观雪哭笑不得，瞥瞥讲台，小声道：“下课再吃，早自习还没结束……”

池澈居高临下，打断她的话：“说好的奖励翻倍，还有一个呢？”手掌还在蔚观雪面前抬了抬。

她只带了一颗，全给他了。

高傲俊美的少年好整以暇，见对方拿不出来，翘起唇角：“又负债，偷吻小狂魔。”

他当债主上瘾了。

周三下午第三节是政治课。

政治老师人高马大，有点口音，很耿直，提倡不管得了六十分还是八十分，只要每次考试都在进步，总会考到九十分。

还蜗牛总会爬到金字塔塔顶呢。

又不是小学生，现在高中生哪会信这些“鸡汤”。

但政治老师不管，公布成绩时对同学们大加鼓励，哪怕只比上次多考了一分。

“这次六十九分，下次七十分。考个十次，期末八十分！不怕考不好。”声音极其洪亮磊落。

大家捏着试卷觉得好笑，又思忖下次要再考得好一点。

蔚观雪坐在台下，看政治老师操着家乡话，一一表扬进步的学生，轻轻抿唇。来自权威人士的信任会驱散同学们心底的迷雾。她挺喜欢政治老师的。

池澈瞥了一眼同桌的试卷。

分真高。

一节课快上完了，留出十五分钟，这是政治老师的教学法。他强调，他的课，课上学，课上会，下课不要花时间。这十五分钟，背好笔记的上台找他，没背好的下课找组长。组长找课代表。

大家“哗哗”翻着书，埋头苦背。

“又是蔚观雪第一个上去吧？”

“她是不是过目不忘？背得快，准确率还高。”

蔚观雪又默背了两遍，才轻轻起身推开椅子，拿着笔记本上台。

旁边的池澈一脸震惊。

他才背了一个开头。

以往蔚观雪不坐他们组，他还不觉得。此时看到对方纤细的身影就在他面前站起，王峻峻、李子枫的下巴都要惊掉了，第一次感到“SSR宙斯”般的暴力碾压。

“这速度，是人吗？”

“神速。神仙学霸吧？”

前座椅子“吱啦”一响。

有人快一步，挤在前面，衣角差点被勾到。

蔚观雪停了停，让对方先理好衣服。

朱芸芸匆匆将衣服拉了拉，刚刚猛地一拽，有点担心外套的布料被扯破，刚想低头看看，政治老师就望了过来，来不及多想，她加快脚步。

两个小姑娘一前一后走上台。

朱芸芸紧张地把政治笔记本放到讲台。她清了清嗓子，手指捏紧裙子，一瞬间有点迷茫，不知道该直接背大标题，还是先说一两句开场白。

“直接背吧。”

政治老师看小姑娘慌慌忙忙的。

朱芸芸深呼吸了一口气，直了直身体，开始背诵。这是她第一次抢在蔚观雪前面。

她磕磕巴巴地背完，语速时快时慢。

“不错。”政治老师点点头，“第一个背的。”

朱芸芸勉强一笑，心中觉得自己还能表现得再好一些。

她懊恼地下台，用眼角余光掠了一眼。

蔚观雪安安静静站着，沉静的脸像一朵睡莲，她低着眸，在看手中的笔记本。

她没有在意朱芸芸。

政治老师道：“蔚观雪，到你了。”

蔚观雪浅浅一笑，跨了一步，将笔记本轻轻搁到讲台上。

池澈回到家。

池卫国今晚没饭局，也没出去应酬。让家里阿姨备好晚饭，陪儿子一起吃。段燕虹忙道："我来做，我来做，李嫂来帮我打下手。"

她一边抢着系围裙，一边瞥池卫国的脸色："我最近啊，刚学了道菜，五星级主厨教的。鱼那么一做，色香俱全。"池卫国喜欢吃鱼。

池澈两腿叉开，在沙发上玩手机，头抬也不抬："我不吃鱼。"

池卫国连忙倾身，哄着儿子："不吃不吃。澈澈想吃什么，说。"

池澈的手顿了顿，有点迷茫，一时说不上来，椰子糖的味道倒好像还在嘴中。

他烦躁地说："随便。"

池卫国招招手："李嫂，就做几个澈澈爱吃的菜。"

李嫂应了一声："小少爷爱吃什么我再清楚不过。"

段燕虹的脸色变了，一把夺过李嫂取出的食材，高声笑："这孩子我看着长大的，哪能不知道。"

池澈全程不在意。

池卫国看了看儿子，儿子专注地玩游戏，也不抬头看他。

他说道："少玩点手机。"

池澈嚷："一天就玩一小时！"

池卫国连忙说："这不是怕你低头多了不帅了吗？"

"不可能。全校你儿子最潮，品位最好。"池澈这才抬眼，特意在父亲面前展示了一下自己的逆天颜值，又埋头，继续打副本。

瞅瞅自家小子，池卫国有点骄傲又有点想不明白。

他五大三粗一个糙汉子，不知道怎么的，娇养出这么一个儿子。

原本打算对儿子实行铁血教育，不料妻子早产，他一年到头不在家，执行完任务回来，妻子产后体虚，没有母乳，儿子弱得像只小奶猫，眼都睁不开，一天只喝一点点奶粉。他这八尺男儿眼睛都红了。

宠着宠着，就宠成这样，对谁都颐指气使，气焰嚣张，偏偏他那些兄弟还把他当大神供着。

池卫国摇摇头，关心起儿子的成绩来。

“考得怎么样？”

池澈的目光不离手机，眼一横，朝书包高傲地点点下巴。

“数学一百五十分，卷子在我包里。”

“谦受益，满招损。”池父瞧他得意，忍不住指点两句。

池澈不屑：“全年级满分的只有我一个。都第一了，干吗还要装？那不叫谦虚，叫假！”

臭小子，脑子灵，歪理都能被他搅和成对的了，差点被他绕进去。

翻出儿子的试卷，上面都是红钩，池卫国的表情绷不住了，面露喜色，不愧是他儿子。

李嫂、段燕虹经过客厅。

池卫国用手指点点卷子：“看看，我儿子一道题都没错。”

李嫂在围裙上擦擦手，接过卷子：“小少爷一看就聪明，脑门亮堂，有福之人。”

段燕虹凑着看：“虎父无犬子。我们澈澈就是考名牌大学的料。”

池卫国一阵开心大笑。

池澈的身体抖了抖，鸡皮疙瘩都要掉出来了，自家老爹连拍马屁都听不出来。

池卫国放两人继续做饭，坐回池澈身边。

“最近语文怎么样？”

“还没考呢。”

“新同桌怎么样，对你提高语文成绩有没有帮助？不行我们跟孙老师说，再换一个。”

池澈一下急了，手机也不玩了，从沙发上跳起来。

“人家又没收你钱，有义务辅导你儿子吗？

“再说了，冰冻三尺非一日之寒，就是个神仙也救不了你儿子的语文成绩。来个同桌，成绩就能上去，当吃仙丹呢？

“别人也要考大学的。”

说得有点道理。

只是池卫国没想到他反弹得这么厉害。

“消消气，消消气，我就是随口一说。”

“随口一说也不行。”

池父狐疑地瞥向爹毛的儿子，池澈双手抱胸，还没解气的样子，他只好安抚：“爸爸不该随便说，保证没有下次，好不好？”

池澈睨了老爸一眼，自己刚才的反应有点过激，现在语气软了下来：“反正不帮我是本分，帮我是情分。人家没这个义务。”

“对对对，儿子说得都对。”

现在的年轻人，看着没长熟，想法倒一点都不差。

池卫国斟酌着，变了个策略：“那，要不要给人家送送礼，发个红包？”

池澈撇嘴，干脆背过身：“你现在就是商人思维，俗——”人家哪里会要？

蔚观雪那种女孩……

池卫国坐在沙发上，旁敲侧击：“那新同桌人怎么样，处得来吗？”

孙老师说是语文课代表，他也不知人品、成绩，不过看儿子刚刚急得跳脚，好像挺维护。

池澈拿着手机，想了想。

政治课背笔记，蔚观雪总是第一、第二个上去。

别人结结巴巴，她轻松流畅。

笔记也很简明扼要。

语文考试要点难点也替他整理好。

早自习也会守约检查他背书。

背错了，拿兔子笔敲他手心；背对了，奖励椰子糖。

他是不是把她家椰子糖都吃光了？

他没见过那么温柔的女生，声音甜美，动作轻柔，像一场美丽的雪。

一晃神，副本boss把他的水仙之王打死，界面跳出“失败”字样。

同队蒙了：“澈神在挂机吧……”

“肯定掉线了。”

池澈身体拱了拱，脸朝向里面，耳朵被阴影遮着：“记忆力挺好。”他嘟囔了一句。

池卫国抬眉，自家儿子眼比天高，能让儿子服气，恐怕不止挺好这个程度吧。

昨晚下了一夜雨。

父亲在外省监管国家工程，母亲在北京开会，哥哥飞到美国了，家里只有蔚观雪一人。

早上起来头疼，蔚观雪按摩了一下太阳穴，闭了一会儿眼，没有好转。

下了床，她给自己冲了感冒冲剂，灌了一杯水，身体发沉地出了门，想到什么，又折回去，手伸进玻璃罐捞了几颗椰子糖。

雨后空气里水汽很重。校园里的花坛被冲刷一新，校训“格物致知，诚意正心”格外醒目。

蔚观雪读了会儿英文，老提不起劲，头越发重。

她昏昏沉沉地把脑袋搁在胳膊弯，趴了一会儿。

小同桌无精打采，刚刚读书嗓子也哑哑的，小脸有点白，嘴唇却发红，像朵被打蔫的白花。

池澈一大早就发现了不对劲。

他用胳膊肘撞了撞她：“是不是病了？”

蔚观雪晕乎乎地抬起头，目光有点涣散：“可能感冒了。”带着鼻音。

池澈皱皱眉。

不止感冒吧，好像更严重。

“我吃了药。别担心。”蔚观雪转过脸，打起精神，嗓子沙沙的，“手伸出来。”

池澈伸出手。

“昨天的奖励。”

椰子糖放到他掌心，蔚观雪柔柔一笑，不一会儿肩膀又低下去，趴在桌子上休息。

池澈眼神难测。

班长赵炜正在跟朱芸芸聊天。

“这次英语比赛两个名额，一个给了英语课代表，还有一个，英语老师说按这次考试成绩选。”

只有班长才有渠道知道这些。这就是特权。

朱芸芸动了动身子，假装不在乎，又想打听更多。

她的手指翻着英语课本，口吻似乎不在意：“肯定没我的份，我又不像英语课代表，美国回来的。”

她正想问，是不是这次考试谁分高名额归谁，趴着休息的蔚观雪闭着眼，不舒服地皱皱眉，像是被吵到了。

池澈盯着两人，不耐烦地说：“声音小点！”

班长赵炜有点恼火，他讲话关他什么事，这小子管到他这个班长头上，仗着自己是数学天才、家中有钱，是吧？

赵炜回头，刚想教训池澈，对上池澈那双锐利、隐隐含有戾气的眼，心中一怵，变成小声叨叨：“别人讲话，多管闲……”后面的字消失在池澈越发狠厉的注视下。

池澈转过身，眉依旧皱着，看了蔚观雪两眼，朝王峻峻招招手。

“干吗，池哥？”

“搞点感冒药、退烧药。”他又把蔚观雪的水杯拿过去，“换成热的。”

第一、二节课英语考试。

蔚观雪直了直身子，强忍不适，拿起兔子中性笔。

听力听得蒙蒙的，试卷题目像凹凸镜，忽大忽小。

她的头重重一点，脑袋都快磕在课桌上了，不知道是不是感冒药让人想睡觉。

呼吸也变得困难，她小口小口用嘴呼吸着。

她的左臂被轻轻碰了碰，过了片刻，对方问：“要不要去校医院？”

好几秒后，蔚观雪才反应过来，摇摇头。

池澈隔几分钟就担忧地看看自己的小同桌。

他本就精致英俊，美好的事物人人都喜欢。英语老师上课都忍不住多看几眼这个漂亮的男孩子，现在监考，见他动不动就望向同桌，难道想作弊？

不应该啊。

这孩子英语底子不错。

倒是旁边的小美女，明显有发烧症状，艰难地喘着气，做着题，人很虚弱，仿佛下一秒就会晕。

教室一片安静。

只有翻动试卷的“哗啦”声，笔磨在纸上的“沙沙”声。

太阳穴痛得不行，蔚观雪难受地眯着眼，硬撑着最后一口气，写完最后一个单词。

下课铃响了。

池澈把两人的试卷一抢，“唰”地递给王峻峻：“替我们交了。”

英语老师从讲台上望了过来。

下一秒，池澈牵着蔚观雪就往教室后门走。

全班人震惊了，纷纷看着这一对，试卷举在半空，差点忘了交。

“他们……干吗？”

“好像蔚观雪病了。”

后座两个位置空空的。

朱芸芸一交完试卷就转过身，那两人很快消失在后门。

蔚观雪脚步虚浮。

池澈紧握她的手，把她往自己肩膀上揽，一丝幽怨浮上朱芸芸的心头。

校医院离文德楼有点远，需走上五到七分钟，学生们很少去。

路上满是梧桐，巴掌形的梧桐叶叠翠欲滴。

他们要去的方向跟下楼去做广播体操的人流方向是反的，路过的人好像都盯着她，往她脸上瞧，蔚观雪很不好意思，一路垂着眸。

走了一段，终于岔开，人流渐渐少了。

蔚观雪这才吐了一口气。

蔚观雪视线下挪，看了看自己被抓住的手腕，脸发烫，咬了咬唇："要不要放开？"小声说道，"我自己会走。"

校医院的位置有些奇怪。

通往校医院的路，一条是相对平坦的斜坡，供车行驶，还有一条近路，下完台阶就是校医院门口。

"走都走不稳，还想松开？"

池澈"啧"了一声，皱眉驳回。

他支着蔚观雪的胳膊，小心护着她一步一步下台阶，心里嘀咕修这路的人是怎么想的。

来医院的人肯定体虚多病，还要上下一段台阶，这不是折磨病人吗？改明儿让他爸跟校领导提提意见，把这台阶用铲土机铲了。

"没多远了，我能行。"

"闭嘴。再闹公主抱了啊。"

小鸟啾鸣。绿叶清新。

蔚观雪脸上发烫，这种烫，不是发烧的烫。

池澈撑着蔚观雪就要进外科。

见对方丝毫没有关于就医流程的意识，蔚观雪哭笑不得，连忙拉了拉池澈的袖子：“先挂号。”

“挂号？”池澈挑了挑眉，环视一下，果然看到有几个学生在柜台一样的窗户前排队。

他想起来了，自家司机王叔叔送他去医院，第一件事好像就是拿病历本挂号。

“行，我知道了。”池澈侧侧身，安置蔚观雪先坐下。

校医院的等候座是绿色的，洁白纤细的蔚观雪坐上去还空出好大的空间，池澈忍不住轻轻捏了捏她的脸颊：“等我。”

蔚观雪感觉自己像洋娃娃，被小男孩捏脸了。

蔚观雪在座位上注视着池澈。

有点压抑的校医院，池澈高挑英俊，身着红白T恤，身高腿长，格外鹤立鸡群。

他不动声色地瞧着前面人的一举一动，镇定中透着傲然，一点也看不出是个新手。到了窗口，他从牛仔裤后兜掏出一个钱包，有模有样地对窗口说“挂个号”。

成功拿到挂号条，池澈低头看了看，朝蔚观雪扬扬眉，好像在说他搞定了。

蔚观雪抿抿唇，偷笑。

护士俯着身子，给蔚观雪吊了两瓶水，调整了一下流速控制器，抬头看了眼输液瓶：“好了。”

“要吊多久？”后面还有两节语文课，她有点担心。

“两个小时。”

见蔚观雪半垂着眸，咬了咬唇，池澈知道她不想旷课。

“笔记我让李子枫那小子帮我们记上了。发烧也没办法，总不能在课堂上硬撑到晕过去，是吧？手伸出来。”

蔚观雪微怔：“干吗？”

“让你伸你就伸。”

蔚观雪伸出柔白的手。

"本少爷最宝贝的东西破例给你尝一尝。"

一颗椰子糖。

还是她在早自习上给他的那颗。

这是男生的安慰方法吗?

视线停在糖上，蔚观雪的脸颊上笑出一个小窝，莫名地不担心了。

女护士临走前多瞧了他们一眼。

男的看起来有点傲，像个小少爷，安慰起女生来倒是一套一套的。

看不出还蛮细致体贴。

蔚观雪身子有些乏，前两节考试一直强撑，现在输液，心放了下来，困意又渐渐袭上来。

想着池澈在，别人陪她，她睡着不好，于是挣扎着跟困意抵抗，但吊着吊着，还是不知不觉睡了过去。

蔚观雪的头有一下没一下往旁边歪，似乎想找一个倚靠。

池澈的视线侧转，看到对方美丽的脸离自己的肩膀越来越近，第一反应是原来电影中的情节在现实中真的有。

他心跳加速，掌心有点冒汗。

蔚观雪的脸巴掌大，如吹弹可破的兰花，睫毛安安静静垂下，看着就好乖。

今天她没扎马尾，只梳了一个包包，好像叫什么……丸子头。

蔚观雪的脑袋一点一点，眼看要枕到他的肩头，池澈盯着她，肩膀都紧了，一动不敢动，双手拘束地撑在膝盖上。

只是每次快要枕上时，昏睡中的蔚观雪就像被人提醒，脑袋又自动回到原位，一去一来不下十遍。

对面有个男生，同样吊着点滴，经常在校外混，是个小混混。

看池澈纯情成那样，他笑得很邪。

"是男人就上。"他的声音流里流气。

他正要开黄腔，被池澈嚣张地横了一眼，他一看这家伙就不好惹，对他横，对小姑娘倒珍惜得不得了。

池澈转过头，看到蔚观雪乖乖坐在椅子上，头也不往他那边动了。

池澈对着她的眼睫盯了半天，视线又掠过花蕾似的唇。

他瞥了瞥四周，视线跟小混混对上。

他光明正大，很男人地，将蔚观雪的脑袋往自己身上一搂。

小混混："强行靠头？"

池澈给了他一记眼神警告。

这次她真真正正枕在了他的肩头，池澈满足了，唇角翘起。

药效发挥得很快，蔚观雪好像没那么难受了。

她迷迷瞪瞪醒来，手揉了揉眼，睡得好舒服。脑子才闪过这个念头，她蓦然察觉自己离池澈好近。

她竟……竟然在池澈肩上睡着了。

她竟一直是靠在池澈身上的，她忙拉远距离，悄悄地瞥向池澈，希望对方没发现。然而池澈挑着眉，看着她醒来，舒服地伸了伸腰，她猛然发觉，往后一退，像只乖乖的垂耳兔。

"退那么远，我会吃人？我送你来医院，陪你输液，肩膀给你枕，你就避我如蛇蝎？"

话说得凉凉的，眼神却流露出"赶紧哄我""不哄不开心""要哄哄"的潜台词。

"不是，没有。"蔚观雪的脸红了又红，摆摆手，垂下眸，过了两秒，小声问，"我有没很重？有没有把你枕麻了？"

池澈的眼睛里含着笑。

他的小同桌轻得像根羽毛，玉似的小脸静谧宁和，呼吸轻柔，睡着的样子更乖。

"重，特重。"池澈特地朝蔚观雪"哎哟"一声，对着她扯了扯肩膀，手往背后按，"好像麻了，不能动了。"眼睛瞄着蔚观雪。

蔚观雪着急，小脸连忙探过去："要不我帮你按按？"

"快按快按，多按会儿。"池澈的唇角弯起，"我说停才可以停。”

路过的护士和对面的小混混“啧”了一声。

这年头的小男生不得了，一个比一个套路深。

下午三节课上完。

池澈从王峻峻那儿拿过一个大纸袋，递给蔚观雪：“退烧药、感冒药，还有川贝糖浆，记得喝。”

金蕾陪蔚观雪回家，接过纸袋，刚想掂量，胳膊一沉：“我的天，池澈这是给你装了多少药？”这么重，怕不是搬空了半个药房。

蔚观雪想到什么，眉眼柔和，小声道：“他就是那样……”

路面被太阳晒得发烫。

快到六月了。

王峻峻陪着池澈，有自行车不骑，推着车子在后面远远跟着，车轮子一圈一圈慢慢转着，没了往日的风驰电掣。

王峻峻一只手搁在眉前，远眺。

“池哥，蔚观雪有金蕾陪着呢，东西是金蕾拿着的，我们回去吧。”

这太阳，够毒的。

他是个胖子，受不住啊。

池澈手扶着车把，斜了他一眼，继续远远跟着，一句话没说，直到亲眼看着对方上楼。

王峻峻热出一身汗。

他嚣张跋扈的池澈大佬就这样变成护花使者，默默护送蔚观雪一路，都不告诉人家。

啧，变得奇奇怪怪的大少爷。

CHAPTER 05 小蓓蕾

直到花瓣开放成鲜花，
吐出清新的香气。
很久很久，我吻小姑娘，
直到你成为我的爱妻。
——〔德〕斯托姆

电饭煲“咕咕”煮着粥。

傍晚，蔚观雪的症状开始反复，头热了起来，手脚也有些发软。她趴在写字台上做完作业，有点累。

写字台对着窗户，外面万家灯火。

她怔怔地看了一会儿，突然有丝失落感。

她小时候父母就经常不在身边。

父亲在大坝监工，带她去过几次。工程很大很大，比足球场还要大百倍，无数挖土机、吊车一起开工。大家身穿灰色工作服，头戴安全帽，手拿图纸。那些人中有不少院士，据说德高望重，她爸爸也在其中。其他叔叔见到爸爸十分尊重，敬佩地叫着“蔚工”“蔚工”。他们和蔼地介绍着她，说那是蔚工的女儿，年纪小小，却聪明懂事。从那时起，蔚观雪隐约明白，爸爸的工作对国家很重要，自己要懂事，不能影响爸爸妈妈的工作。

外面的大楼亮堂堂的，看上去很温暖。

蔚观雪点开微信，很想跟哥哥说几句话。

打开对话框，光标闪烁着，她的手指却停了下来。

他们之间有十二小时的时差。

哥哥要工作，顶着清华状元的光环，就要付出相应的代价。他的每一个举动都会被亲戚、左邻右舍评价。他只能赢，不能输。

她想了想，语音变成留言："我在家很好。哥哥也要注意休息。"

蔚观雪咳嗽了一下，捂了捂嘴，难受地喘了好一会儿。她微微弯着身子，等这阵眩晕过去。

她去厨房拿晚饭，一个大纸袋立在客厅里的大理石茶几上。

大纸袋鼓鼓的。

蔚观雪耳边突然响起金蕾打趣的话，池澈怕不是搬空了半个药房。

她一盒一盒将药取出来。

没过一会儿，白白绿绿的药盒竟堆满了整个茶几。

这么多。

一张字条掉了出来。

"先吃白的这个，一天三次，再吃绿的这个，糖浆每天要喝。我会检查，没吃药打手心，吃药了有奖励。"

男生的字啊，鬼画符。

右下角椰子糖的简笔画却画得很像。

心中暖暖的感觉久久不散，蔚观雪手捧着小字条看了好一会儿。

吃完粥，过了半小时，也吃好了药，蔚观雪偎到床上，点开了《众神圣耀》。今天不想温习。

她一边打开游戏界面，一边想池澈会不会在线。

她快速看了看左下角的好友列表。

金泉仙神·澈的头像是灰色的。

心中有小小的失落，但还是第一个给池澈点了心：加二十点。

粉色爱心出现了一秒。

游戏里面的心表示友情度，点得越多，跟对方之间的羁绊也就越深。蔚观雪每次都给哥哥、金蕾、兰斯人，还有……池澈他们点赞。

池澈还没上线。

“雅典娜仙宫”成员却吵了起来，当事人是德国小王子和蕾妹妹。

蔚观雪对德国小王子有点印象。

他比较活跃，是中德混血，在群里爆过照，金发棕瞳，肤色白皙的美少年，的确像小王子。

他是在她开团一周后申请入团的。

德国小王子头框是极贵的VIP套餐标配，一次一抽就两万颗神钻。

平时他会带妹子过副本，团里妹子也很喜欢他，但他脾气比较冲。

因为没听说过他私下跟妹子关系暧昧，蔚观雪一般也就不管他的事。

这次事情是这样的。

二十分钟前，金蕾在群里说她抽到了“SSR天后赫拉”。

“SSR天后赫拉”是最新神卡。

天后端坐于黄金王座之上，手拿金苹果，雍容华贵，身披红丝绒滚白边披风，披风下边缀着红宝石，脚踩星辰。

金蕾爱不释手。

德国小王子则说自己在煎德国牛排和德国香肠，顺手发了一张自拍照。

群里妹子一阵欢呼。

北方有佳人：“会厨艺的男生最有魅力了。”

小妖：“好想吃小王子做的饭！吹爆小王子。”

蜜桃派：“什么时候做给我们吃？”

十多分钟后。

蕾妹妹兴奋：“我让‘SSR天后赫拉’觉醒了！”

觉醒后的天后赫拉，高贵的红披风闪着珠宝一样的光芒。

小妖：“超漂亮。”

蜜桃派：“羡慕。”

没想到德国小王子突然不爽。

德国小王子：“做牛排前你在讲，做完牛排后还是你在讲，讲了一个小时，废话真多。”还发了一个肥宅猫的嘲讽表情包。

金蕾大小姐脾气，自然一下子炸了。

蕾妹妹：“这是游戏群，我晒我的SSR怎么了？”

两人在群里吵得不可开交。

作为副团长和精英成员，两个人在群里人缘都不错，但好些妹子被德国小王子带过副本，现在帮他说话。

蜜桃派：“小王子也没说什么，蕾妹妹怎么一点就炸，不知道在生气什么。”

小妖：“干吗说话这么冲，难怪没人喜欢。”

金蕾势单力薄，眼看她们越说越凶，气得发抖。

蔚观雪出现了。

她先按下禁言。

所有妹子通通说不了话。

准备嘲讽的，发现自己发不出去了。

个个又震惊又诧异地盯着小仙女只喝露水的一举一动。她们中有的人知道，女团长大有来头，在公频热过一时，也有些是刚注册的新玩家，并不知情，团长平日一向温柔，今天有些出人意料。

有几个人开了私聊。

“团长会怎么处理？”

“不敢得罪德国小王子吧，人家是大佬。”

这是“雅典娜仙宫”内部的第一次矛盾，也是蔚观雪面临的第一次公会危机。

烧得有点没力气，她神情淡淡地打字。

“抽到最新SSR开心一下也是人之常情。蕾妹妹一前一后只说了两句，没有一个小时。

“大家抽到SSR都会在群里晒。这是正常操作。

“群里禁掐架，闭麦一下，以后不要犯。”

波澜似乎无声无息过去了。

幸好她的阿雪上线了，金蕾想。

没料到德国小王子却叫嚣了一句：“就不闭麦，怎么了？！”

赤裸裸的挑衅。

大家的心一下子提了起来。

团长会怎么应对？会不会恼羞成怒？被公然挑衅威信，很难办吧？

不知道她会不会找澈神、Wei皇帮忙？

女生果然不适合做团长，虽然负责，但是不像男生那样擅长管理，所以团长都是男的来当，小仙女这次悬。

就在这时，群里出现一段十分冷静的文字：

“‘雅典娜仙宫’是一个公会。公会有公会的纪律，公会成员必须遵守。蕾妹妹是副团长，在开团之初就负责各项工作，招募、管理，每天的公会礼包都是她发放的，谁对公会的贡献有她多？”

金蕾肩负的责任，做的贡献，被蔚观雪说得一清二楚。

刚刚想嘲讽金蕾的站不住脚，心中有愧了。

蔚观雪拖着病体，继续按着手机键盘，话锋指向德国小王子：“我没记错的话，你的‘SSR战神’的不少碎片都是蕾妹妹给的。就算对副团长没有尊重，是否也该感谢团员之间的情谊？”

看不出来啊，一般女性当副团长都是卖萌撒娇，拉拢男性玩家，没想到小仙女团长说得有理有据，在情在理。

德国小王子盯着屏幕，煎牛排的手忘了动，火苗一下蹿上来，他手忙脚乱，端着平底锅，立刻跳得远远的，赶紧灭火。

蔚观雪总结陈词：“公会条例以前就公布了，再犯，直接踢。”克制、冷静，但极有威力。

“雅典娜仙宫”安静无声。

刚刚给德国小王子站队的那些妹子再也不出声了，谁也不想被踢出群。

屏幕外的金蕾感动死了，她的雪宝就是这么有气势，是最最可靠的朋友。

蕾妹妹高呼：“‘雅典娜仙宫’最美！团长最强！”

其他人跟着排队。

北方有佳人：“‘雅典娜仙宫’最美！团长最强！”

小妖：“‘雅典娜仙宫’最美！团长最强！”

蜜桃派：“‘雅典娜仙宫’最美！团长最强！”

过了好一会儿。

德国小王子也跟着喊：“‘雅典娜’仙宫最美！团长最强！”

大家真是不知该说什么好。

德国小王子委屈地道：“我的牛排焦了。”发了一个肥猫气鼓鼓的表情包。

这是在给自己找台阶吧。

德国小王子继续没心没肺地说：“团长团长，什么时候来德国，我带你逛德国古堡。机票钱我出。”

脾气还真是来得快，去得也快。

大家原以为小仙女只喝露水被第一神团和黄金团夸，只因为她是《众神圣耀》中的第一个女团长，只是抢了一个先而已，但刚刚她化解危机的果敢丝毫不输大团男团长，处事不偏不倚、冷静强大，完美得令所有人推翻了之前的想法。

是跟着他端过三班老巢的小弟，他忘了他们的名字。

“池哥。”其中一人看了看同伴，憋了一口气，才鼓足勇气看向池澈，“我们找到那支笔了。”

它在教室角落的垃圾堆里，那里异味扑鼻。

在脏乱扫把的遮掩下，一支兔子笔惨兮兮被丢弃在那儿。

原本好乖的兔子脸，被踩上了脚印。

兔耳朵也碎了一块。

粉色笔身上有好几道直直长长的裂痕，看来是被沾了雨水的鞋底，慌张而用力地踩过好多下。

两个过来告诉池哥笔找到了的男生，手惴惴不安没处放，相互瞟了几眼。

池哥眯着眼，盯了那脏兮兮的兔子笔好一会儿，身上一股戾气。

那支笔不贵，有人在淘宝上见过，两块钱一支，不知池哥怎么这么重视。

但他们不敢问，不敢乱说话，一直紧紧闭着嘴。

半晌，池澈扯出一个讥笑：“动我池澈的东西。”然后头也不回地走了。

蔚观雪已经收拾好了书包，取过伞，正要离开教室，瞥见池澈绷着脸大步走来。

他看似无异状，但她敏感地察觉到，他现在好生气，怒意逼人。

对方停到她跟前。

比她高出一个半头的池澈，精致异常的脸上压抑着怒火，一言不发。

“怎么了？”蔚观雪担心地问，迟疑了一两秒，又拉拉他的衣角。

池澈感觉T恤下摆传来一些拉力，低头看看他的小同桌，猛地把她一搂。

还没反应过来，蔚观雪就倾在对方怀里。

池澈放开她，呼了一口气，闭闭眼，用手摸了摸她的头发："兔子笔，我会找到的。"

雨淅淅沥沥，打在学校的停车棚上"噼里啪啦"，像不肯安分的心。

停车棚是水泥地面，这两天下雨，光线微暗，地上黏湿，印着乱七八糟的水渍脚印、弧线交叉的车痕印记。

学生们有的很快就找到了自己的车，有的半天找不着，皱着眉担心被盗，结果发现被挪到了别处，车歪在地上，心疼得直骂娘。

池澈的车在一群自行车中极其醒目。

周围的车不敢挨，怕擦伤池澈大佬的车，硬生生隔开一段距离。

王峻峻瞅着池澈的侧脸，心底发怵。

池澈俯身解开锁，往车篓一扔，全程面无表情，套上透明雨衣，长腿跨上白色自行车，一蹬地就要走。

王峻峻连忙推着自己的自行车，在后面赶："池哥池哥，等我！这么急，是去哪儿？"

池澈没理他，蹬了几十米，陡然停下。

王峻峻急刹车，一看是文具店。

学校附近最多的就是文具店、早餐店、奶茶店。王峻峻看见池澈"唰"地进去，自行车就丢在外面淋雨，一丁点也不心疼。

他真是看不下眼。

王峻峻赶紧锁了自己的车，跑过去，将池哥的车挪到树下。

桐叶茂盛，能遮一点是一点。

没过一会儿，池澈就出来了。

高高的个子，深邃的黑眸，线条鲜明的下颌，像荡漾在湿漉漉的空气中的水仙花，透明又自带清贵。

放学的女生看得都不小心撞到了前面的人。

王峻峻刚想喊"池哥"，池澈又是长腿一跨，钻进隔壁文具店，只留给他一个高挑冷漠的背影。

王峻峻呆了呆，立刻将车一放，三步并作两步跟了进去。

“有没有兔子笔？”

他听见池澈对文具店老板比画着，浓黑睫毛下的眼睛透过玻璃柜台，快速扫视着柜台里的文具。

“兔子笔？”老板是个中年大叔，四十多岁，打趣地看着面前俊美的少年。

“什么样的？”他得找找。

池澈抬头，用修长的手指比了比：“大概这么长，不粗，细的，粉色，笔头是个兔子头，中性笔。”想了想，又掏出手机，点了点。

店老板抻着脖子一瞥，嘿，都是女生照片，还是同一个女生。

终于翻到了。

池澈左手握着手机，展示给老板看：“这种。”

照片上，一个小姑娘正安安静静地写着作业，长发乖巧地垂在耳朵边，气质很好，只露出一小半侧脸。

老板盯着照片看了半天，愣是没找到笔在哪儿。

池澈一把把人遮了，点点右边一个小角落，滑开放大：“看笔！”

天生大少爷的语气，老板不自觉地听命，挪开视线后，才发觉，自己刚刚怎么这么顺从？又想，这笔这么小，他刚刚哪能注意得到，不就多看了小姑娘两眼吗？他回忆了一下库存，没进过这种笔。

外面的雨还在下。

学生们撑着雨伞或套着雨衣，在放学路上走得匆忙。

“我这儿没有。去淘宝买，一两天就能收到了。”

少年冷白的脸上看不出神色，他一声不吭出了门，一看就是有主见的人。

老板回过味来，莫不是小姑娘指定要这种笔？

雨又大了。

梧桐树叶被打得直往下滴水，地面积水“哗啦啦”向低洼处涌去，水泡冒起又快速破灭，小溪一样地流进地下水通口。

的士车轮激起一阵雨雾。

行人撑着雨伞疾步走着，肩头、裤脚被淋湿一大块。

王峻峻感觉雨衣穿着有些闷，人也蒙蒙的。

池澈跑完一家又一家，都没买到。王峻峻有点不知所措，池哥怎么那么在意那支笔？在淘宝上买，晚个两天不行？

王峻峻喘着气，见池澈皱着眉，顿了顿，猛地骑上车，他也赶紧跟着解开车锁，紧随其后。

“哥，这是去哪儿？”

“你先回去。”声音从前方传来。

“不就是买支笔，又不是砍人，芝麻大点事。”王峻峻回。

池澈转头睨着他：“怎么，砍人就不敢跟我去了？”

王峻峻张着嘴，雨水都飘进嘴中：“哪能！上刀山下火海，池哥您一句话！”

他隐隐约约看到池哥嘴角一翘，我的天，高傲冷白的脸漂亮得勾魂。

整个城市被大雨笼罩，高楼大厦被蒙上一层灰色滤镜，公交车轧过路面，发出“沙沙”的声音，唯有红绿灯和路边的绿树鲜艳欲滴。

雨水沿着雨衣帽檐滑进脖子里，王峻峻身子又闷又湿。

顶着风骑自行车，很多地方雨衣挡不到，雨衣成了装饰。

他一看池哥，跟他一样，膝盖处全湿透了。

不知骑了多久，“到了。”池澈一句指令。

这里是个十字路口。

两边有零零落落的药店、美容院，还有一家比较大的文具店。

王峻峻估摸着他们起码骑了两站地，正要将车子锁在外面，一辆重型载货卡车“轰隆隆”转了一个弯，十几个重轮在地面留下深深的车痕。

载重货车轧进水坑，溅起好大一片水。

“呸呸！”王峻峻吐着舌头，都溅到他嘴里了，雨衣上到处都是雨点、泥点。

他一看，池哥正愣在那儿低着头，盯着自己的鞋，满脸要发飙的样子。

王峻峻一瞥，池哥最宝贝的鞋子满是污渍，从鞋子到小腿上都是，白T恤和自行车上还有不少泥点子。

去了一趟文具店，昂贵的车、名牌T恤，还有最在意的形象变成这样，不知道池哥是不是想打人。

但王峻峻看到池澈只是闭了闭眼，手背上青筋凸起，深呼吸了一口气，然后转身一头扎进了文具店。

文具店很大，亮着管状长灯。

玻璃上闪着亮点，笔插在笔盒上，下面的纸片上画满了试写的蓝线、黑线。得力、晨光、百乐，还有美国进口黄铜铅笔、德国钢笔等，琳琅满目。

池澈一边看一边问：“有没有兔子笔？”同时熟练地掏出手机给女店员看照片。

女店员看着一个长得像明星一样的男孩子进了门，但雨水湿了他的头发，名牌T恤上也被溅上了泥渍，近距离一看，墨黑的眉峰，喉结随着气息一动一动，手指修长白皙，骨节分明，随便握着手机，指间就性感得令人心动。没有哪一处挑得出瑕疵。

“有的有的。”她急忙应着。

这种笔他们进过，等发现相片上是一个女孩后，她忽然后悔自己答得快了。

“是吗？！”对方的音量明显升高了，转过头，直直盯着她，“给我一支。”

女店员心跳加速，忘了刚才短暂的后悔，忙不迭地将手伸进柜台。

“等等，两支！”

池澈翘着嘴角，胳膊撑在柜台上，长腿倚了过去。

这一刻，他才懒了下来。

少年又高傲又温柔地盯着柜台中的兔子笔。

“池哥，买一支给蔚观雪就够了。干吗买两支？”王峻峻挠挠头，不解。

女店员将兔子笔递过去。

“管那么多。”池澈掏手机，让女店员扫码付款。

他摩挲着兔子耳朵，又点点兔子嘴，玩弄个不停，心情这才变好。

他回想着蔚观雪第一次搬过来，跟他做同桌，砸在他鞋子上的就是兔子笔。

蔚观雪一直用这种兔子笔，他都知道，平时故意抢过来玩。那人竟把蔚观雪的笔踩裂，池澈的眼眸充满冷意。

CHAPTER 08

相思

爱神的金箭射中我的心房，
它深深地扎进了我的心里。
我尝到了这第一次爱情的滋味，
落进了痛苦却又甜蜜的情网。
——〔意〕彼特拉克

要回家的话，时间就不够了。

池澈给家里打了个电话，带着王峻峻来到梁记粉面店。

学校附近的店中午依旧有早点。

下雨天，光线不好，很多店内黑洞洞的，门外支着一个蓝、红、白条纹相间的塑料棚子，雨水往下滴。

等棚子蓄满了一定的水，店家拿出一根竹篙，朝凹陷处一捅，“哗啦”一声，像一大桶水泼了下来。

“一碗桂林米粉，一碗擀面。

“米粉加牛杂，擀面要牛肉。

“我的米粉不要香菜，不要蒜，加葱，微辣，加点咸萝卜，你家咸萝卜不错。”

老梁抬头一看。

两个少年一前一后跨进店门，前面的那个贵气逼人，身高腿长，气度不凡。

他领着身后的小胖墩，老练地道："给他多加点面。"

老梁一笑，还挺细心。

池澈找了张桌子，漫不经心歪着头，黑眸中透着些不羁，大长腿往地上一放，膝盖处被雨水浸湿成两个大圈。

池澈不理会，径自从筷子筒取出一双掰开，刮了刮上面的毛刺。

王峻峻拖了拖凳子，四处打量了一下。

屋内一个大木板，铺着黄色热干面原面，一卷卷的原面被散开，冒着腾腾白气。原来热干面是这样做的。

王峻峻凑近，胖乎乎的脸上有点兴奋："池哥，你是怎么发现这家的？"

池哥挑剔又洁癖，鲜少吃街边店。

池澈懒懒地睨了王峻峻一眼。

谁带他来的当然不能说，他可不想别的男生也缠着蔚观雪带他们来，必须杜绝这种可能性。

"学校旁边有什么好吃的、好玩的，我会不知道？"池澈吊起眼梢，抬着下颌，气势稍稍嚣张。

这种自恋自信的样子却令王峻峻莫名膜拜。

池哥就是他心中的神。

"那是，池哥想收购哪家店，不是一句话的事？"池澈家里搞房地产，在全国到处修建楼盘，工程都五期了，别墅住不完。

话还没说完，他就被池澈轻蔑地看了一眼。

"现在钱都是我爸的，我能收购什么。"

马屁拍到马腿上，王峻峻脑袋一缩，干笑，池哥这瞬息万变的性子比六月天还难琢磨，不知道以后哪个小姑娘能哄好他。

"不过，将来肯定要比我爸强。"池澈推了把湿漉漉的头发，眼睛黑得发亮。

他心里的抱负不曾宣之于众。

父亲是创业一代，是表率，但他池澈没想过坐享其成。男人要有钱有理想有地位才行，得自己干出一番事业，不然怎么让心爱的女人成为世上最幸福的人？

“哟，这么有志气。”店里没什么客人，老梁直接帮他们端了过来。粉面里还加了炖熟了的海带、熬了很久的红汤。一进内屋，他就听到少年说出这番话。

换个人，老梁可能觉得对方太狂妄了，偏这少年眉眼伶俐，气质卓尔不凡，莫名令他有几分信服。

池澈才不顾老梁年纪是不是比他大，意气风发地挥舞着筷子：“学习是为了什么？就是为了超越我们的前辈！创造更富裕更文明的社会。”

不得了，这口气。怎么感觉自己这个前浪就要被后浪推上沙滩了，老梁失笑，心底却赞赏着这孩子真不一般。

好像是上次那个小姑娘带过来的吧，老梁一想。听说那小姑娘是校花，成绩又好。两人还挺配。他怎么关心起这事了？老梁摇摇头，笑道：“加汤加料跟我说，免费给你们加。”

那边王峻峻早已埋头吃得汁水四溅，腮帮子里塞着粉，止不住称赞：“好吃好吃！这面，真不是盖的。”

擀面又劲道又有弹性，放足了味，太过瘾了。

池澈骄傲地抬了抬眉，比自己被夸还高兴。

他的小同桌带他来的店哪儿会有错！必定手艺一绝。

两人在冷雨中骑了很久的车，又冷又饿，这会儿吃得虎虎生风。

老梁满足地看着这俩孩子。

下午一点二十分，还有十分钟上课。

蔚观雪放好伞，回到座位，池澈老早就待在里面了。

她一瞟，他的衣服怎么都是湿的，还这么多黑泥水？头发也被雨淋过，这样会病的。

“你要不要……”

“你的笔找到了。”

两人同时开口，没料到对方也有话说，一愣。

“你先说。”

“你先说。”

又是异口同声。

蔚观雪看了池澈两秒，轻轻一笑：“你先说好了。”

被温温柔柔的眼睛凝视着，池澈高傲的脸上多了抹羞涩，微微别过脸，手往课桌上伸了伸：“你的笔找到了。”

前座的朱芸芸手一抖，本子被笔尖划破了。

她的背僵硬极了，突然害怕得发抖。

一支粉色兔子笔被拿出来，放在了蔚观雪桌子上。

“我玩过后，随手放在课桌里了，忘记了，刚发现。”

后桌的王峻峻刚要开口说，这可是池哥冒着大风大雨骑了那么远的路买的，结果被池澈一个眼色扫回去。

王峻峻摸摸头，想了想，收回身子。

其他事开玩笑没关系，这事以池哥的性子肯定不让说。唉，算了。

前座的朱芸芸慌作一团，看不到两人的表情，更是万分紧张。

蔚观雪像听到了，又像没有听到，盯着桌前的笔。

可爱的兔子耳朵，粉嫩的三瓣嘴。

当初也只是觉得可爱就买了，并不贵，才两块钱。掉了就掉了，换成普通的中性笔考试也没有问题。可没想到的是……

这支笔是崭新的，她看得出来，不用扭开笔芯就知道里边还是满的。

她再次望向池澈。

窗外乌云密布，雨又下得细密，闪电不时划破天际，梧桐叶子战栗发抖。

少年的黑发湿了不少，高傲的眉眼那么嚣张，拥有着所有人羡慕不已的鲜明个性。

那样的风华，独一无二，绝无仅有。

蔚观雪的嘴唇动了动，第一次不知道该说什么才好。

她低下头，快速从书包里掏出包纸巾，然后将印有紫色小熊的纸巾摊开，细心地贴在池澈膝盖上吸雨水。

“不要生病了。不然我还要陪你去校医院吊水。”她声音轻柔地道。

池澈“扑哧”一笑：“那就只有你扶着我去了。”说不定他还可以靠在蔚观雪肩上睡觉，想想还不赖。

纸巾已经吸了不少雨水，湿了一张又一张。

“我自己来就好了，大老爷们儿的。

“明天周五你要去外省参加全国英语竞赛是吧?

“找着笔，可以放心了。”

半晌，漂亮的黑发动了动，蔚观雪垂眸，小声道：“池澈，你怎么这么好呀？”

池澈心一动，这句话好耳熟。

蔚观雪收伞，甩了两下，挂到洗手间。残留的雨水还在滴。

她一怔，不知道淋了雨的池澈现在有没有到家好好驱寒。

那支兔子笔已被装进笔袋了。

“回来了？”

蔚听松在客厅的沙发上办公，一边盯着交易曲线图，一边朝妹妹的方向看了一眼。

他半眯着眼，今天戴了一副金框眼镜。

别人戴这种很斯文，蔚听松戴起来却愈显神秘而禁欲，冷冷一瞥时，令人想到文质彬彬表面下的狂野。

“嗯，回来了。”蔚观雪应了一声，“今晚我们吃什么？要不要点外卖？”

这段时间家里没人，有时她作业多，忙不过来，点外卖的次数还挺多。

蔚观雪边卸书包，边进客厅，眼睛一瞟，书包肩带还挎在手臂上，人就已经微微顿住了。

茶几上放满了大牌礼盒，是国际时装周上才会出现的品牌，还有一排国外精品店纸袋，都是护肤品、化妆品以及男士保健品。

“这……”

她只在小红书上看到过这些东西的照片。

“助理挑的。”蔚听松淡淡道，从笔记本上抬起眼睛，修长的双腿交叠了一下，“据说你们女孩子喜欢。”

他让助理陪他挑一些时下小女生喜欢的礼物。女助理挑了一堆品牌，如数家珍，限量款、经典款、最新款。店内其他女性和海外买手、海外代购也买了不少，却频频投来羡慕的目光。店员表示以后会定期送目录名册上门，女助理面露得意。他感觉她们好像误会了什么，但只要妹妹喜欢就够了。

“哥，你知不知道你比霸道总裁还厉害？”

蔚观雪呆了两秒，还是有点开心的，随手拆了个系着白色山茶花的礼盒，一对耳环躺在里面，很精致。女生天生就会被首饰吸引，蔚观雪看了看，好美。她望着哥哥，亲昵地扑过去：“我要不是你亲妹，才舍不得把这么好的哥哥让给别的女人。”

蔚听松神情波动不大，嘴角却噙起笑。

蔚家男人对自家女人都很护短，能宠则宠，宠坏了他们养。

“哥哥是不是对你最好的人？”蔚听松继续处理公务，随口问。

蔚观雪正坐在沙发上拆礼物，突然被问，手上动作微微一缓，不自觉停了两秒。

一股视线立刻向她投来。

蔚听松拥有精英创业者的天赋、智商、强大的逻辑分析能力，他敏锐觉察到了她的迟疑，但视线随即垂下，假装不知情，修长的手指敲着键盘：“最近游戏玩得顺利吗？”

他脑海中浮现出的是妹妹朋友圈那张截图。

他玩狼人杀从没失过手。

“当然是哥哥了。”蔚观雪心虚，手上拆礼品绸带的动作加快，语速也变快了，“哥哥对我最好了！”

她心里有点慌，好担心哥哥看出些什么。

“明天要去外地参加全国英语考试。”礼物太多，她拆不完，重新拾起书包，“作业没做，行李也没有收拾。”她看向蔚听松，“哥，我先去书房做作业。礼物……我比赛完了回来再拆。”

蔚听松貌似无异，点点头。

等妹妹进了房间，他才抬起黑眸，望了一眼茶几上的奢侈品，再看看书房房门。

有情况。

蔚观雪拧开台灯，摊开作业本，从笔袋拿出笔，长长地呼出了一口气，刚才在瞎紧张什么呀？她捶捶自己的脑袋，明明什么都没有，干吗做贼心虚似的？

可是，被哥哥那样一问，一瞬间，她的心跳真的好快。

目光无意中瞥见手中的兔子笔，她忍不住摩挲起兔子耳朵，顿了顿，想起池澈平时就爱抢过去这样摸，怎么自己竟模仿起他了？

池澈还喜欢一边捏兔子脸，一边瞟她，说她跟兔子很像，真是又皮又坏。

蔚观雪的脸上浮起一阵热气。

对了，他很宝贝他的鞋，都是限量款，其他男生不小心蹭了踩了，绝对会遭殃，可是她的笔把他的鞋子弄脏，他却只是憋着火还替自己搬书。

还有今天中午，王峻峻被池澈止住的话语，他们身上的种种蛛丝马迹……

她怎么可能没有察觉。

用纸巾帮池澈吸膝盖上的雨水时，她用余光瞥见他鞋上斑斑点点，溅的都是污水。他那么宝贝他的鞋，花这么大的代价买两块钱的兔子笔值得吗？

茶几上那些奢侈品很昂贵很漂亮，很能满足人的虚荣心，可被哥哥随口一问，她脑海中马上浮现的却是兔子笔。

因为有人宝贝它，所以成了无价之宝。

明明该做最后的竞赛复习，可她的手指还是禁不住打开《众神圣耀》。

池澈的头像是灰色的。

她忍了忍，却还是忍不住，点开输入界面，留下消息。

小仙女只喝露水："一个原本很傲很傲的人，却对你格外细心，是为什么？"

刚一发送，她就扔开手机捧住了脸，心脏狂跳。天！她干了什么？

她重新摸出手机想撤回，却发现游戏里根本没有撤回功能。

蔚观雪倒在床上，又羞又无措，用英语书蒙住脸，小腿在半空中踢了踢。

李姨熬着姜汤。

池澈待在一楼客厅，才闻见味，就捏着鼻子躲在沙发上："不喝不喝。"

刚冲完热水澡，吸水毛巾柔软地挂在他头上。他上半身赤裸着，下半身围着浴巾，白浴巾在腰胯间露出一条缝。

李姨这把岁数也忍不住打量了好几眼。

池少爷打小就长得俊，小时候精致得像个洋娃娃，长大了，性子野了，脾气也嚣张了，艳丽的五官却没变。

黑发间含着水汽，池澈懒懒地拿过一个抱枕，松松地垫在头下，修长的颈部到白皙的肩胛，线条十分漂亮。

少年的身形青涩中又混合着男性荷尔蒙的气息，笔直白皙的大长腿，一条曲着，另一条懒懒散散摊在棕色沙发上。

“凉了喝啊。”李姨弯弯身子，哄着小少爷，把姜汤轻轻搁在大理石茶几上，旁边垂着一盏一米多高的古铜弯枝客厅灯。池公馆翻新过一次，摆挂着拍卖会上拍的古董珍品，现在内部装潢时尚贵气又有底蕴。

池澈双手托着手机，点进游戏界面。

今晚池卫国有饭局，段燕虹有社交酒宴，池澈一个人待在硕大的公馆里也习惯了，他五六岁的时候还在家里开小汽车玩。

“晚饭想吃什么？”

池澈动了动脖子，眼睛盯着手机，随口道：“板栗烧鸡。”

“我这就去做。”

刚要转身，又想起什么，李姨把从换衣篓摸出的零碎东西放到桌上：“您看看，哪些是要的。”免得被洗了。

《众神圣耀》的界面在播动画，池澈抬眼往右边一扫，钱包、小票、硬币，还有半包纸巾。他的视线在上面停了停。

李姨收拾好东西，看着池澈神奇地在一堆东西中，什么都没拿，就伸着手臂挑出那半包纸巾，还拿在手中盯了半天，正面看，反面看。

过了会儿，他放下手机搁在肚子上，两根手指干脆地夹出一张纸巾，像好奇，又像小心翼翼，摊开白色纸巾，看着上面的紫色小熊发了一会儿呆。

李姨瞥见大少爷再次神奇地把白色纸巾覆在脸上，用鼻子嗅了嗅，像个做着傻事的少年。

李姨歪着头，左思右想不得其解，慢慢往厨房走，琢磨着明天是不是要购置些纸巾回来。

她没看到池澈又对着纸巾吸了一口。

周五雨停了，手机上的天气预报显示周末多云。

领队老师放心不少，不用带湿漉漉的雨具，雨水也不会打湿了鞋。学校就派了她一人带学生，原本她担心管不过来，集合后，倒是放心不少，几个学生听话懂事又有分寸，难怪是全国竞赛的种子选手。

蔚观雪、王佳佳请了下午的假，两个小姑娘结伴，一人拖着一个行李箱一起走。

蔚观雪的父母通过视频给她打气，又给她打了五千块钱，让她在外特别注意安全，嘱咐她要是搭的士，一定记得先拍照，把车牌号发给哥哥，或是全程跟哥哥通话也行。

蔚母叮嘱："现在社会上有些乱，遇事要冷静。"

蔚观雪好笑："妈，你在市局工作，怎么还说这样的话？"她很独立，会好好照顾自己的。

"就是天天接触才更清楚。"蔚母的声音铿锵有力，却又含着柔情，"不管你多大，在妈妈眼里，都是我的宝贝女儿。"

蔚观雪握紧手机，吸了吸鼻子，虽然常常见不到妈妈，但在她心中妈妈是天底下最好的妈妈。

下了高铁，入住酒店，已经比较晚了。

几人匆匆吃了点东西，就回房间抓紧最后的时间。酒店空调吹着自动风，王佳佳洗完澡，擦着头发出来，余光瞥见蔚观雪的吊带睡裙上有只小熊。

蔚观雪正垂着眸，翻动着笔记本。

白净精致的脸，长长的脖颈连着脊椎，中间微微凸出，十分秀美。

再细看，指尖、脚趾、秀发，没一处挑得出瑕疵。

王佳佳不禁咋舌，不愧是四中校花。

发现自己打量蔚观雪有些入神，她忙拍拍自己的脸，拿出整理好的重点要点，轻拉开椅子，在蔚观雪旁边大气也不敢出。

竞赛分两天，蔚观雪自我感觉还行。

她父亲是高级工程师，作风非常踏实，她从小受父亲严谨治学的影响，学习很稳，知识点掌握得很扎实。

王佳佳在酒店里瘫着，有点心烦意乱，揪着头发。考听力时，她感觉耳中一片真空，像失了聪，听得一点也不真切。她在美国读到小学四年级才回来的，理应英语更好。

她抬眼看看蔚观雪。

蔚观雪安安静静待在一角滑着手机。

竞争压力很大，女生对假模假样特别敏感，但蔚观雪没有过多关注她，也没有跑来安慰或问她考得怎么样，王佳佳竟感到相处得很舒服。

她拉了拉床单，在床上蠕动了一下，望向蔚观雪："你在看什么呀？"

蔚观雪正在搜索当地名胜，见王佳佳问，侧侧身，给她看了看手机屏幕："在看有没有好玩的。"

好像有点意思。

王佳佳在床上一蹭一蹭地过去了，屈起身子，把头搁在蔚观雪肩头上，一起看："哪里好玩？"

蔚观雪用手指点点图片，放大："这个寺好像不错，听说很灵验。"

王佳佳眼睛瞪大，有点诧异地看了蔚观雪一眼："你信这个？"难道蔚观雪每次考试都要请神灵保佑吗？

蔚观雪只是抿抿唇，继续研究寺庙路线，轻轻摇摇头。

王佳佳说不出自己是被蔚观雪淡定又安静的模样吸引，还是也觉得一下午待在酒店会很无聊，想了想："那我跟你一块儿去吧。"

这个城市很大，王佳佳走了一会儿，就感觉自己晕头转向，被太阳烤得很热，侧眼看看蔚观雪，她戴着墨镜，穿着白球鞋，肩上是一个桃心斜挎包，出行装扮简洁又时尚，养眼得不行，路过的男生走过了还要转回头看看她。

“快了，再往右转，往前三百米就到了。”

蔚观雪在一间便利店门前停下，进去买了两瓶水，王佳佳还没回过神来，脸上就被冰了一下。

看见蔚观雪朝自己轻轻一笑，王佳佳一愣，接过矿泉水，拧开盖子，一小口一小口喝着。

她瞥瞥蔚观雪的手机，暗想，一路都是蔚观雪在带路，没有出过错。

女孩子的方向感不是应该很糟糕吗？

蔚观雪这样的女神，应该什么事都有男生帮忙吧。听说体育课上蔚观雪想买饮料，外班一个男生当时就把跟蔚观雪在一起的所有女生的单全买了。

没想到她本人“男友力”竟这么强。

“你看的是什么地图啊？”她也想学学，下次就不会这么没用了。

“国内高德，国外谷歌。”蔚观雪把手机地图移了移。

王佳佳忙凑过去。

“好像挺简单的。”王佳佳轻轻说。几个蓝色线条，还有一个箭头，地图上标记得很清楚，她应该也能弄。

蔚观雪没说其他，指指屏幕上的标识：“走吧。”

寺庙周围有很多古树，立见禅意，树木参天，留下一片林荫道。数棵千年柏树立于寺院中，厚实的树身够几人环抱。一人多高的红墙边架着梯子，令人忆起古诗。

王佳佳跑到阴处，树荫一遮，凉快多了。她吐出一口热气，额头满是细汗，用手扇了扇。

寺庙幽静，吊着一口大铜钟，人不算太多。

蔚观雪陪着王佳佳休息。

不远处有一座露天石碑，立于一个六角凉亭之中，亭顶好像是特地修葺的，为它遮阳挡雨。

几位男士朝她们这边过来，看上去与普通游客别无二致，但王佳佳竖耳一听，竟有一名日本游客。

一个中文导游、一个日语翻译陪同在侧。

三人观摩着这座石碑。

虽然不是珍品，但石碑正反两面刻满了千座佛像，密密麻麻，细看之下也是妙极。

“这座石碑是武则天时代……”中文导游讲解着历史，日本游客称赞不已。

蔚观雪捏着矿泉水瓶，也静静看着他们。微风拂了拂她的秀发。

王佳佳忽生民族自豪感，也对带她来古寺游玩的蔚观雪生出好感。

周日晚上，池澈百无聊赖地点开游戏。

黄金团成员喊他打副本，他不打；喊他组队打怪，他也不打。

群里兄弟们炸开了——

恶魔冰帝：“老大这几天是不是中邪了？！副本不刷，对决不打，网红约直接‘老子烦’，成天对着爱琴海看来看去，我的天啊。”

不动萌王：“没看到小仙女的珍珠榜都被他灌到第一了吗？我打副本前就看到系统提示，打完一局副本，又看到一次系统提示。别人郁闷是生无可恋，我澈神郁闷是砸你珍珠，砸砸砸，把你砸成珍珠榜第一名的女人！”

一群大佬笑得东倒西歪，毫无形象。

“我澈神到底怎么了？”

“不会是被小仙女甩了吧！”

“难说，你看小仙女好几天没上线了。”

恶魔冰帝：“小仙女在，给我自动退出；小仙女不在，副本是什么？还不如我给小仙女砸珍珠好玩。这就是小仙女在时的澈神和小仙女不在时的池澈。”

他还记得澈神有异性没人性，活生生把他踢出局那次。

大佬们议论纷纷：

“真实！”

“这位语文课代表，你的发言为何如此优秀？”

不动萌王也开始编段子：

“小仙女不在的第一天，想她；

“小仙女不在的第二天，想她想她；

“小仙女不在的第三天，想她想她想她；

“小仙女不在的第四天……小仙女跑了！”

池澈终于从爱琴海和星楼回过神来，不经意间瞥了瞥群里，发现群里的信息已经好几百条。

那个周五上线，他看到小仙女只喝露水的留言。

池澈先是没反应过来，什么很傲很傲的一个人，在说他？不知怎么，嘴角都扬了起来。

他的心情飘了两秒，又一想，不对，他什么时候对小仙女细心过？

是他的举动让小仙女觉得细心，还是小仙女根本就是在说另一个男人？

他不会是被……

冷静。

想想，小仙女几乎每天跟他一起打副本，不可能被其他人拐走。

池澈的眼睛微微眯起，仔细盘算过后，得出这个结论。

那些暗中向小仙女献殷勤的团长和大佬，都被他狙击了，打上了堕神者烙印。

有不服的，他天天堵人，杀到对方服气为止。

结果对方一整个月都带着这个羞人的烙印，自此见他像老鼠见了猫，又偷偷摸摸想要当他徒弟。

小仙女是他为了避开其他女人，在游戏里亲手捆绑的组合，经常组队打副本的好友，他对她有种很熟悉的感觉……好像就是自己身边的人，有时他聊高中的学业，对方都能自然接上。

他甚至直接把小仙女切换成蔚观雪也毫无问题。

而且，小仙女和他在游戏中宣布过关系。

当初在世界公频上说要娶自己的也是小仙女。

池澈猛灌了一口矿泉水，绝不承认自己是个被抛弃的男人。

难道小仙女在现实中被人追求了？池澈突然冒出这样的猜测。

再等等，为什么他对小仙女也这么在意?

“也”？

晴天霹雳。

池澈大佬很不开心，连平时引以为傲的发型都抓烂了。

大佬心不在焉，直接把黄金群的聊天记录拉到最尾。

恼羞成怒的某团长：“滚。”

一群大佬哈哈大笑，乐不可支。

平时团长作威作福，今天他们终于有机会小小地扳回一局。

突然一个妹子出声了。

黑暗小仙女：“人家也叫小仙女。”

大家一看她的ID，不知道为什么，就觉得她要搞事。

有几个大佬认识她，跟她一起打过副本，她平时挺傲的。

黑暗小仙女是前几天进的群。黄金群很难进，周围的玩家很羡慕她，这让她挺有面子。

但今天、昨天的话题中心都不在她身上。大家开口团长对小仙女如何，闭口团长对小仙女如何，竟然有女人比她还抢风头。黑暗小仙女心里不是滋味，岂有此理，她才应该是被众星捧着的那个月亮！

群里聊天的人忽然少了很多。她才不管，照例晒图炫耀，想重成焦点。

黑暗小仙女："今天去了一家高档餐厅，旁边桌的一对香港父子请我喝酒。"

她晒出酒单。

餐厅灯光、酒水单被拍得很高级。

那瓶酒标价三千多，标签上全是外文。

她又晒出一张红色露背晚礼服美照。

果然勾出不少大佬。

"不错啊。"

"人美酒也不错。"

这招屡试不爽，黑暗小仙女翘起嘴角，明白自己又要回到话题中心了。

突然，系统提示：您的昵称已被管理员金泉仙神·澈修改。

其他大佬一愣，盯着系统消息看了一会儿，怀疑自己眼神有问题，揉了揉眼睛，再确认一遍，他们好久没做过这样的动作了，还是那些字。

终于，他们忍不住了——

恶魔冰帝："哈哈哈。"

不动萌王："很有我澈神的风格，哈哈哈。"

群里所有大佬都在"哈哈哈"。

黑暗小仙女看着自己的新昵称黑黑，想尖叫。

CHAPTER 09

爱的祈祷

每一颗泪珠是一辆小小的车，
载着你在我的悲哀之中驱驰。

——〔英〕莎士比亚

周一数学早自习。

原本早自习没排数学，但张魔头乃神人也，无时无刻见缝插针，是要用数学统治宇宙的男人。

老规矩，大家一一上讲台领试卷。

全班又是一片哀号。

池澈打了个哈欠，取了试卷瞧也没瞧，回到座位上，懒懒地趴在桌子上，低调得不像话。

周围窸窸窣窣——

“你考了多少？”

“八十五分，你呢？”

“九十分……”

“张魔头是不是魔鬼？周一一大早就开始虐我们，早点都不想吃了。”

“别吃了，减肥……成绩和体重至少保留一样。”

赵炜慢慢靠向后面的桌子，趁池澈没注意，用眼角余光快速一瞥。

一百五十分。

他的肺要气炸了。

赵炜坐回去，一口气闷在肚子里，狂按圆珠笔顶部开关，对自己的试卷感到怒不可遏。

这段时间他铆足劲做数学题，语文课、英语课全用来刷数学题，简直是有复仇般的动力，结果还真进步了一大截。

他考了一百四十五分，不禁狂喜。

他本以为池澈顶多一百四十八分，甚至隐隐期待对方发挥失常，跟他不相上下，没想到对方得了满分！

高中数学怎么能考满分？这家伙到底是人吗？！他根本不想承认，考高分只要努力猛做题就行，考满分却需要极致的天赋。

高分与满分，看似几分之差，实则是凡人与神的距离。

有人怒火交加，有人全然不知。

池澈百无聊赖闭着眼，脸在桌子上滚来滚去。白色试卷被随意丢着，整个人松松垮垮，一点精神气都没有。

王峻峻面前摆着数学试卷，手指捏了个诀，闭着眼嘴里“嗡嗡”不停，像道士念经。

李子枫快被他吵死了，斜眼看他：“别念了，念了也变不出高分，分数就那么多。”

王峻峻白了他一眼：“你怎么跟池哥口吻一模一样？”又用胖手揉着自己脑袋，“比起换分，我更想跟池哥换个脑袋。”

“上帝说太难了，换个心愿吧，变天蓬元帅比较快。”

王峻峻对着李子枫就是一顿熊抱，挑着对方的小脸：“小娘子，快跟你猪爷爷回高老庄。”

两人又打闹了一会儿。

王峻峻盯着前座池澈落寞无聊的背影，不解地嘀咕："别人对着自己的成绩哭，池哥都满分了，怎么还一脸生无可恋的表情？"

李子枫瞥瞥前桌空空的位置，悄声说："还不是因为某人没来。"

两人偷笑。

蔚观雪是跑着进教室的。比赛赶来赶去，身体还是有点疲，今早迟到了五分钟，她喊了声"报告"，快步进入座位。

经过前面一桌时，她脚步一顿，微微疑惑了一下。

那是个比较陌生的女生。

她赶紧看看池澈的方向，对方像头无尾熊趴在桌子上，跟平时那个高傲的他判若两人，她迟疑着过去，环视着班上其他人。

大家一排排坐在座位上，比她矮半个身，捏着卷子，支着脑袋，唉声叹气。

两天没见，她陡然一看，竟有一丝陌生感。但这是二班，是她的座位，没错。

蔚观雪赶紧坐下，微微喘着气，她肩膀一低，卸下书包，往课桌里塞，手指按按胸，胸口还起伏着。

池澈的脸依旧挨着桌面，偷掀眼皮。

哼，还知道回来。

池澈像个被抛弃的小老头。

蔚观雪微微低头。

轻柔的发丝落在他脸颊上，让他觉得有点香有些痒，他眯着眼，装作不知道，继续让她的秀发抚摸自己的脸。

她看过来，他赶紧眼睛一闭。

蔚观雪的声音轻轻的，气息喷在他的耳朵上："怎么前座换了一个人啊？"

差点以为自己进错了班。

池澈这才漫不经心地支起胳膊，慢慢撑起他矜贵的脑袋，睁开漂亮的眼皮，朝教室某一角扫了一眼。

“她换座位了。”

“嗯？”蔚观雪转过身，看了好一会儿，才在教室角落发现朱芸芸。她坐在靠近垃圾堆的座位上，位置不太好。

“怎么调那儿去了？”蔚观雪歪歪头，想不明白，拿出笔袋放到桌上。

池澈看着她从笔袋里取出兔子笔，唇角微微弯起。

“可能她喜欢吧。”

蔚观雪翻开自己的卷子，一百三十八分。

她看了一会儿，分数不低，不过她希望高考时数学成绩能稳定在一百四十五分左右，离这个目标还有段距离。

她同桌是数学大佬，很多人艳羡，平时也没见他做过什么题。

蔚观雪轻声问池澈：“你考了多少呀？”

没想到池澈懒洋洋地倚在墙壁上，单手托着左腮，拿漂亮的黑眸睨着她，当着她的面，优雅地把试卷反手一盖：“想知道？求我，叫声澈哥哥。”

后排的王峻峻、李子枫被池哥这通神操作惊到了。蔚观雪没来时，他萎靡不振；蔚观雪来了后，他满血复活，骚得很。

澈哥哥……

女生喊这三个字很肉麻，怎么可能喊出口。

蔚观雪迅速抬眸扫了张魔头一眼，怕被发现他们在讲小话，还好张老师坐在讲台上拿钢笔写着什么，没注意到下面的动静。

大课堂上的……她轻瞪了池澈一眼，低声道：“不给看就算了。”

池澈懒懒扬起下巴，右手抓着试卷，大张旗鼓地往小同桌那边一放，满是红钩的数学试卷嚣张地落在蔚观雪眼前。

一百五十分！

蔚观雪忍不住钦佩，小声道："好厉害。"

她多看了池澈一眼。

看卷面上的字迹，像是小学生努力写好看，但无奈基本功在那儿，她看着池澈大佬的字，暗暗想笑，幼稚但又好可爱。她的目光随意掠过几道难题，细细一看，解题步骤清晰简明，思路特别清楚，他的"数学脑子"真好。

窗外一阵风，梧桐树叶摆了摆。

池澈看着小同桌捧着自己的卷子，一脸崇拜，心里美滋滋的，手指惬意地摸上兔子笔转了起来，但脸上还是一副满不在乎的高冷模样。

他垮着肩膀，歪歪扭扭地靠着墙："还成，满分已经拿得不想要了。"

前桌赵炜快闷出一口老血。

赵炜的新同桌叫刘雨，长相普通，成绩中等，但性格不错，听到池澈这话，她暗自崇拜，智商高，相貌好，大佬就是大佬。

蔚观雪瞥了他一眼，又好气又好笑，刚夸一句，就能上天。偏偏他的确拿过很多次满分，有足以狂妄的实绩，难怪张魔头对他又宠又爱。

池澈微微靠近，吊儿郎当地问："脑子好的男生是不是特有魅力？"

他瞅着她缓缓移过来，缩短两个人的距离，甚至可以感觉微热的气息呼在自己手上，少年的荷尔蒙气息快溢出来了，又烫人又性感。

蔚观雪被盯得直不起腰。

"要讲试卷了。"她连忙将数学试卷递过去，拉了拉椅子，掩饰着自己的急速心跳。

当面问自己是不是很有魅力，这让人怎么答。

池澈轻哼了一声，慢悠悠地拿回试卷，大长腿散开垂在地上，膝盖快挨到蔚观雪了。

黑发下，一双眼眸傲气又漂亮。

少年抬头听张魔头分析考题："反正不会有人比我有魅力。"

蔚观雪垂着眸，没作声。

池澈瞥了她一眼，转着兔子笔："不反对就是赞同啰。你们女生，就是别扭。"

蔚观雪哭笑不得，一口气提在胸口，连瞟了他好几眼，视线落在他的笔上，微微疑惑，又看看自己手里用来改错题的兔子笔："你怎么也有兔子笔？"

池澈一顿，耳根"嗖"地一红，手一慌，笔掉地上了。

"那，那个……"

这几天蔚观雪不在，他鬼使神差地摸出那天买的兔子笔，天天对着它大眼瞪小眼地傻看。

"王峻峻送的，鬼知道他干吗选这种，小姑娘兮兮的。"

"噢？"蔚观雪拖长音调，晃了晃自己的兔子笔。

"真的！不信你问胖子，骗你我不姓澈！"

见池澈慌慌张张，胡乱掩饰，蔚观雪的眼睛弯了起来，轻轻抿唇笑："你本来就不姓澈，你姓池呀。"

池澈挑眉，好像恍然大悟了一下，佯装镇定："那就王峻峻不姓王好了。"

无辜的王峻峻说不出话来。

蔚观雪摇头失笑，面对一个霸道不讲理，又帅得不可一世的贵少爷，还真没什么办法。

见蔚观雪没有再追究，池澈观望了几秒，胆子又大了起来，继续撩拨，他一边从地上捡起兔子笔，放到虎口上转得飞快，一边挤挤蔚观雪："哎，王胖子说我们这是'情侣笔'，他是不是嘴特贱？满脑子都是什么啊。"

后桌王峻峻又一次傻眼，知道了，好的，被池澈大哥安排得明明白白，这口黑锅小弟背了。

李子枫闷笑捶桌，忍得好辛苦。

好不容易上完数学课，蔚观雪把错题誊到错题集上。

有些没搞懂的知识点，池澈又给她讲了一遍。以往蔚观雪不太爱向人请教，怕有人脾气不好，也怕耽误他们课后的时间，原本也不敢问池澈，毕竟池澈大佬声名在外，耐心很难说。没想到有次池澈自己拿过她的错题集看，给她指点："按你的数学水平，这种题型不在话下。小同桌那么聪明，只要我带你过一遍，保证无往不利。"

池澈真的很神奇。

没有吹嘘他自己多了不起，也没有贬低她的数学能力，就是拼命夸她，把她夸上天，虽然总是捧得太过，让她每次都不好意思，但也让人有种自己被珍惜，被视为不得了的天才的宠溺感。

她好想问，是不是被家里精心呵护的孩子都有满满的爱？

有一次，她终于忍不住问出口。

结果池澈大少爷叼着笔，惊艳异常的俊脸上自信满满，用手指点点他自己："当然不是，养成我这样的独一份！"

池澈风格不改。

池澈叼着兔子笔上的耳朵，把错题集递给蔚观雪："你看看，就是这样，搞懂这两个知识点，高考数学雄起！"

蔚观雪看了对方一眼，又低回视线，看看错题本，心里暖暖的。

想了想，她从桌子里抽出书包，摸出一个东西，心"扑通扑通"跳。

她以前从没送过男生东西，除了生日宴的礼节性礼物，这是她第一次特地给哥哥以外的男生送东西。

她深呼吸了一下，双手捧起祈福袋，递到池澈面前，眼睛还不敢看对方。

"给你，这是我周末考完试在寺庙给你求的。"

他在游戏里送了她好多好多东西，她不知怎么还给他。他冒雨给她买兔子笔，最宝贝的衣服、鞋子上满是污渍，她也不知道该怎么感谢。

有一次，她在无意间听到女生闲聊，说池澈一出生身体特不好，一年到头老生病，后来他母亲听了一位高人的话，去寺庙给他祈福，他的身体真的渐渐好了起来。不知道传言是真是假。

在跟王佳佳一起去寺庙时，她就打定主意替池澈求一个护身符了。佛祖高高在上，眉眼慈悲，手持净瓶，世间万物静默，她在下方默默许愿。

池澈低头一看，是个墨绿色护身符，绸缎面料，稳重又不失智慧的绿，上面绣着“福泽深寿”四个字。

他的嘴角禁不住翘起。

“送给我的？”他的手忙不迭地伸了过去，虽然爱不释手，喜不自禁，他嘴上却说，“我要什么护身符？”

这三天，蔚观雪不在，他其实很不开心，没想到小同桌很有良心嘛，在外时刻记挂着他，还给他求护身符，他不气了。

蔚观雪只是笑。

“以前读三岛由纪夫的《潮骚》，故事很简单。男主角新治救了女主角初江的爸爸的一条船，最终得到认可，初江爸爸同意了两人的婚事。

“原文最后一句很有意思。男主角在惊涛骇浪中归来，女主角觉得是自己给他祈福起了作用，而男主角认为他是凭借自己的能力战胜了困难。

“到底是女主爱的祈祷有用，还是男主能力胜天呢？”蔚观雪不知为什么，突然想问问池澈对这个问题的看法。

修长的手指摩挲着护身符，池澈挑挑眉，照旧想都没想：“毋庸置疑，我天生能力强，但爱的祈祷令我无所畏惧！”

蔚听松见自己妹妹喊了句“哥，我回来了”，哼着“我们一起学猫叫，一起喵喵喵喵”，步伐轻快地走进书房。

出入要对人打招呼，是父亲对他们的教导。

蔚听松记得幼年时，小区收发室有位爷爷，小孩子打打闹闹不理会他，大人们进进出出也不在意他。据说那位爷爷是退休干部，以前被人嘘寒问暖，现在形容消瘦，身体像快腐朽的树干，被新的世界遗忘了。

某天，低调实干的父亲在餐桌上看了妹妹好几眼，终于忍不住称赞："今天老徐跟我说，那么多孩子，就你家孩子见我会叫爷爷。"

七岁的蔚听松那时敏锐觉察到，备受父亲称赞的，不仅是妹妹的教养，更是一种社会深层的，对物喜己悲后的仍一视同仁。

妹妹那句问候怕是这世界对那位爷爷最后的善待。

人与人之间到底是什么关系？掌权时如春水解冻，权力交还后如碧树凋零。无论如何，人还是要做不以物喜不以己悲的强者。

蔚观雪当时才三岁，自己玩着勺子喂自己吃饭，对着爸爸咯咯笑，小白腿在小裙子下晃着。

回想起来，那时妹妹到底是明白自己举动的含义，还是只凭本心？

蔚家的孩子个个优秀，敏锐聪颖，这种风评他从小就听到了，但他知道他和妹妹都是异类。

远程会议结束，蔚听松眯了眯眼睛，手指摸了摸下巴。

比起以前温柔体贴，有什么事都自己闷着的性格，最近蔚观雪的性子活泼了几分。她的心情似乎很好。

仲夏夜。

蔚观雪心情轻快地按下空调开关，温度定在了二十五度，她摇了摇加湿器，里面还有水，不一会儿室内就很凉爽了。

作业已在学校做得差不多，蔚观雪只爱在家里预习和复习。

后来她在从图书馆借阅的心理学书上看到，稳定的"场"有利于大脑习惯的养成，她明白自己是在无意中掌握了定时定场的原理。

但是今天她的心情又比往日好了不止一点点。

脑海里还保留着高傲英俊的少年捏着古色古香的护身符的画面，池澈收到“福泽深寿”的福袋后小心翼翼珍惜的模样。

蔚观雪抚了抚自己的胸口，眼底一片柔软，一回想，胸口就小鹿乱撞。

其实，她还准备了一份礼物。

蔚观雪打开《众神圣耀》，点进商场界面。她玩游戏是不花钱的，但今天想给池澈一点惊喜。这次比赛家里给她的钱还剩下不少。

商场里面有个配饰区。

有首饰、礼帽、悬浮物，她很早就看中了一对灰色猫耳和猫尾巴，第一眼看到就觉得特别适合池澈。

左等右等，对方还没上线。

蔚观雪心里有点奇怪，打冥界boss的时间到了，她带着“雅典娜仙宫”团员一起击杀boss，又一次拿下首杀和击杀榜第一名。

她现在战斗力很强。

德国小王子看到了击杀榜的排名。

第一名是小仙女只喝露水，攻击力八百六十三万，超过第二名三百多万。

德国小王子立刻表态：“大佬大佬，惹不起惹不起。”

团长现在越来越强。

珍珠榜第一名，众神竞技赛第四名，对决神榜前十名，在军团争霸赛中也能带领他们进入前五十名。

德国小王子开玩笑：“小仙女大佬多养几个‘小鲜肉’呗。”

小妖：“不要命了，我大仙女团长跟澈神关系好着呢。没看到澈神只给我大仙女团长投珍珠榜吗？”

小苹果：“即使没有澈神，后面还有Wei皇、酒神团团长，一大堆大佬排队排到巴黎！”

德国小王子：“通通收进我‘雅典娜仙宫’！”

蔚观雪看了看聊天记录，摇头失笑。

德国小王子自从被她“教训”了一顿，就好像成了她的“迷弟”，一看到她有什么成绩就一阵猛吹。

系统提示：金泉仙神·澈上线。

蔚观雪眼睛一亮，第一时间发出消息。

小仙女只喝露水：“我有礼物想送你。”

等了他好久呀。

她好想知道对方收到猫耳礼物会是什么反应，尽管并没有很贵。

过了好一会儿，蔚观雪都有点怀疑系统是不是出了故障，对方的消息才回了过来。

金泉仙神·澈：“对不起，我不能要。”

蔚观雪一惊，有点迷惑。

紧接着，金泉仙神·澈说：“以后你我不要联系了。”

蔚观雪还没有反应过来，眼眶却立刻红了。

她第一次被人拒绝，猝不及防，心头一片茫然，眼眶也发酸，难过的心情好像怎么也抑制不住。

她从不晓得被人拒绝是这种滋味，心里涩涩的、空空的……

她的手指无措地动了动，却不小心把杯子碰翻，大半杯水全泼到手机屏幕上。

雪上加霜。

蔚观雪吸着鼻子，用头发遮着眼，单手挡着脸，快速跑去客厅拿抽纸。她跑得很快，脚步却很轻，生怕被哥哥发现异状。

但蔚听松一看妹妹的身形，就知道不对劲。

蔚观雪无声抹泪的样子像一片摇摇欲坠的叶子，揪得人心疼。

蔚观雪匆忙抽一些纸，回到书房，还不敢大声，门一关，泪水才无声无息掉下来，落在膝上、手背上，滚烫。

蔚观雪擦着手机，噙着眼泪，深呼吸了好几下，才平复了一些。

她指尖发颤，鼓起好大勇气才又开始打字。

原以为，多多少少以为，对方对她是有好感的……

小仙女只喝露水："能问问为什么吗？"

池澈看着手机屏幕上的对话框，心情也很糟糕，有些烦躁地抓着头发。

对方性子温柔又体贴，也很有责任感，在游戏里陪了自己很长一段时间，连他爸都说他这段时间脾气好了不少，可是……

手边是蔚观雪送给他的墨绿色护身符，他抓着护身符往胸口摁了摁。

金泉仙神·澈："我有喜欢的人了。"

过了好一会儿，她简短地回了几个字："OK，明白。"

神界公屏上，系统提示：小仙女只喝露水赠送给金泉仙神·澈三千六百斛珍珠。

她把他送的那些珍珠全还给他了。

珍珠榜上，小仙女只喝露水从字体金灿灿的第一名瞬间掉落到字体为灰色的第一百八十二名。

除了团员们送的珍珠，其他大佬想送珍珠都被她一一拒绝。

现在珍珠没多少了。

整个公屏炸裂，在线活跃度飙升，快弄疯整个服务器。

"发生了什么？《众神圣耀》话题人物小仙女和澈神闹崩？"

"吃瓜群众也表示惊呆，澈神变心了？"

"崩就崩，我澈神还怕找不到朋友？"

"太好了，小仙女终于和他解绑了！我要追求小仙女！只要功夫深，你嫉妒的搭档一定会崩。"

黄金团全体震惊，纷纷在内心犯嘀咕：不是真的吧？

老大从没对别的妹子动过心，小仙女不在那几天，对撩拨他的那些网红更是连一个眼神都懒得给，怎么好好的两人突然就……

大佬们一边火速联系他们团长："不会是真闹崩吧？害怕！小仙女人挺好的呀。"一边在公屏炸礼花，一边花钱控评。

"赠送珍珠而已，人家小情趣，断言要分手的带什么节奏？你是土豪你也送。”

“我团长嫂子就是土豪，撒珍珠包养团长。”

他们团长的面子他们来维护，才不会让路人和其他团看笑话，黄金团就是这么牛。

突然，系统提示：“众神之巅”团长Wei皇赠送小仙女只喝露水三千六百斛珍珠。

系统提示：小仙女只喝露水成为珍珠榜第一名。

小仙女只喝露水重新霸占珍珠榜榜首。

众人瓜还没吃完，又炸翻天。

“今天这是什么操作？神龙见首不见尾的Wei皇都上线了。”

“传说中全服神榜第一的Wei皇，他不是消失好久了？”

“Wei皇跟小仙女是什么关系？我好像闻到了大瓜的味道？”

黄金团大佬内部纷纷爹毛。

“Wei皇这骚操作是什么意思，打我们脸，抢我们小仙女？”

“老子跟‘第一神团’杠上了！”

黄金团大佬正准备一起给小仙女只喝露水砸珍珠，立誓数目要超过Wei皇。

系统再次提示：“黄金神明”团团长金泉仙神·澈赠送小仙女只喝露水一万斛珍珠。

绝了。

全服的人眼放金光，围观这场年度大戏。

豪门狗血戏真精彩。

然后他们看到，众人仰望的澈神很帅很高冷地说了一句：“我送的东西就从没想过要拿回。”

蔚观雪记不清昨晚是什么时候睡着的，只记得自己很难过，心一抽一抽地痛。看到爱神，看到爱琴海，眼泪就止不住，后来被系统强制下线。

早上一照镜子，眼睛红红的，肿了，像桃子。

她连忙用冷水冲洗了好几遍，又从冰箱里拿出冰可乐在眼睛上滚，凉凉的，很舒服，好像把那些酸楚都吸走了。

她榨了两杯豆浆，给自己做了份水果沙拉，给哥哥做了份鸡胸肉沙拉，还有两片吐司和爱心煎蛋。

哥哥昨天出手肯定是知道什么了，但是没有找她。

今早他也避开跟她见面，蔚观雪知道，这是哥哥成熟的处事方式，既帮她挽回尊严，也给她空间消化情绪。

蔚观雪拍拍自己的脸颊，想打起精神。

高二（2）班。

天气炎热，立式空调吹着风。

王峻峻、李子枫探头探脑，两人在语文书后对视了一眼。从今早一上早自习，他们池老大和蔚观雪之间的气氛就不太对劲。

原本跟组长们聊聊笑笑的蔚观雪，视线一对上池哥，脸上就有异色，不是打马虎眼，就是回避交集，下课了更是不在座位上，直接跑金蕾那儿去了。

少见。

而池哥平时碰到蔚观雪，那叫一个跳脱，什么话都说得出口，如今却像打蔫了的茄子，丧得很，整个上午都懒懒靠在墙上，跟蔚观雪中间隔着好大一条缝。平时他撒着腿膝盖朝外，恨不得占据对方的空间，如今腿也收了回来。

“怎么了，池哥？”李子枫看不明白这局势。

两人昨天不是还好好的吗?

“唉，别提，”王峻峻摇头摆脑，他知道内情，“池哥在游戏里有一个小仙女，学校里有一个蔚观雪，左右为难。”

池澈吊起眼梢，转过头冷冷地说：“就你话多。”

他瞥了一眼，右边的位置空空的。

蔚观雪又不在座位上。

他心烦意乱。

从早上起，蔚观雪就格外客气，他找她背课文，她微笑："你已经是一个成熟的大人了，请自己学着背课文。"

池澈没在意，以为她害羞，照常撩拨一下："不是你检查，我就背不好。"

蔚观雪语气温柔，眼睛却没看他："噢，背不好您就考零分吧。"

做完广播体操，他在小卖部买了两杯港式柠檬茶，想递给蔚观雪。

两人顺着人流上楼梯。

太阳很晒，他想冰一冰蔚观雪的脸。蔚观雪目不斜视，看着前面的人，手把冰饮挡了回来。

"请你喝……"刚开了个头。

"不喝，怕喝了你送的东西，还不回去。"

池澈完全蒙了。

他是哪儿得罪蔚观雪了？想不通。

"要不就都成为朋友？"王峻峻挠挠脑袋。蔚观雪很优秀，小仙女游戏打得很好，换作他选，他也为难。

池澈极其鄙视，直接踹了他一脚。

这会儿池澈连力度都懒得控制，王峻峻被踹得不轻，抱着腿揉着被踹的地方直哼哼。

李子枫插了进来："这不是两个女生的问题，是网络和现实的问题。网络上，是人是鬼谁知道。"

王峻峻一击掌："对对对，新闻里不是有人装神弄鬼，骗了好多人的钱吗？说不定……"

池澈居高临下，一只脚蹬在凳子底栏上："你想说我被小仙女骗财骗色？！"

王峻峻连忙拿语文书挡头："咋会！我们池哥咋会被骗钱骗色！"偷瞟了池哥一眼，嘀咕道，"不过好像也没区别，珍珠榜，财；池哥是美男，色。"

池澈一课本砸了过去。

李子枫说："网络是虚拟的，可以让人成为现实中无法成为的人。"他个子不高，才一米七，在网络中没人知道。

王峻峻猛点头赞同。

那段时间他上澈神的游戏账号，爽死了，走到哪儿都被视作大神，无数崇拜的目光向他投来，一大堆软妹子围着他讨他欢心。现实中他绝不会有这种待遇。

池澈不耐烦地听两人说了一大堆网络如何虚假的话，想都没想嫌弃地挥挥手。

"那是你们，老子就是真实的！"

他池澈从上到下都金光闪闪，非常出色，现实中和网上是一个样，就是这么真实。

李子枫、王峻峻看着池澈大佬呆了呆，好像还真是这样……

虚拟网络上有人假扮，有人欺骗，说到底还是心中虚，自卑得像杂草，无法接纳不完美的自己。

但就算在《众神圣耀》，池哥的性情也一如既往地真实，个性独一无二，一眼就能让人认出他是池澈。

是不是对自己本心真实的人，网络上也会一样？

小仙女两天没上线。

现实中他也被蔚观雪冷落了两天，对方梳着马尾，小脸白净，就是一个笑也不给他，像个冰山美人。

池澈抓耳挠腮，故意撞撞蔚观雪的胳膊，对方不理睬，径自把凳子搬到桌子边。

池澈瞪大眼："我们之间是要修个大坝吧？"

张魔头又出了数学题，蔚观雪做不出来。

池澈嘴角撩起笑，玩起她的兔子笔："你同桌会呀，问他呀。"

蔚观雪转头，正对他，敷衍地笑了半秒，然后一把把笔抢回去。

课间时分。

池澈垂头丧气，王峻峻、李子枫帮池大佬研究作战方针。

李子枫打气："现在女生都这样。一闹翻，问女生，女生永远只一句话，你自己不清楚？特冤，我们男生就是不知道啊！"苍天啊。

王峻峻这会儿一拍桌子，直了直腰板，出着馊主意："要不老大你就直接说开了！我池哥这脾气，忍你是因为喜欢！惹我们池哥不喜欢了，立刻给我池哥走人……"

话音消失在池澈要杀人的眼神中。

王峻峻连忙缩缩脖子："是我走，是我立刻走。"

池澈这才轻蔑地横了他一眼，不再发作。

蔚观雪坐到金蕾那儿。

金蕾坐在八组，跟一组隔了大半个教室，聊什么池澈一点也听不到。

空调的风吹来。

蔚观雪发丝轻轻动了动，金蕾朝池澈那儿瞟了一眼，又瞅瞅好友，低声问："你俩还在闹别扭？"

蔚观雪想回复，迟疑了一两秒，又没说话的劲了，下巴垫着手背，人趴在桌上。

"你真的要退游？"她想起今天蔚观雪无意中说的话。

蔚观雪无精打采，点点头。

"那你的账号怎么办？"那么多珍珠。

蔚观雪想了想，淡淡道："卖了吧。"

卖的钱以池澈的名义捐了。

金蕾看着好友这样，脑子里飞快想着怎样才能让好友开心起来。

她眼珠子转了转："哎，你知道这两天你没上线，游戏里乱翻天了吗？"

蔚观雪迷惑地看了金蕾一眼。

“这两天Wei皇天天逮着澈神对决，偏偏Wei皇是对决神榜第一，澈神每天就只能打一小时游戏，哪里打得过他，现在头上天天顶着堕神者的名号呢。”

金蕾一想到那个场景就觉得好笑。

“黄金团大佬都怒了，见着第一神团就上去对决。两大神团一片混战，搞得不少人都成了堕神者。”

以前“堕神者”这称呼在全服很丢脸，代表水平太次，现在被他们这群男的一搞，变得好热血！

这边“黄金神明”，永不落败，加上神徽。那边“众神之巅”，巅峰不朽，加上背景乐，连世界公屏口号都刷起来了。

蔚观雪有点震惊。

“还有那个德国小王子，你有印象吗？”

“雅典娜仙宫”也不甘落后，有乱吃瓜的人在公屏嘲讽小仙女，德国小王子直接带着妹子在公屏喊：

“我们小仙女大佬的事你们插什么话。

“我们小仙女大佬就是有神级大佬护着她，为她争风吃醋！

“不服来战！”

底下一片酸溜溜，却没人敢再吭声。

德国小王子还把自己的昵称改成小仙女大佬真的可爱，公开力挺自家团长。

结果被Wei皇和澈神双双撞见，两人发了狠追杀他，德国小王子被打得不能再惨，头上也多了堕神者的名号，还硬是不肯改昵称。

几次乱斗下来，一些联盟团、友军、平时关系不错的大佬也开始下水了。

现在公屏上天天都是：

“‘酒神’团团长也下场了！”

“尼古拉斯他哥也重出江湖了。”

“‘最美女神公会’站‘黄金神明’团，表示全力支持‘黄金神明’团……”

这些话时刻滚动，新瓜不断，这两晚游戏里非常闹腾，把金蕾看得乐不可支。

她还边吃瓜边找月亮女神私聊。

蕾妹妹：“我们家雪雪就是这么厉害。还个珍珠而已，就让全服地动山摇，山崩地裂！”

月亮女神：“你们家小仙女堪比特洛伊的海伦。”

蕾妹妹：“不不，她是被战争摆布的可怜女子，我们家雪雪自己就拥有一支‘雅典娜仙宫’军团！”

蔚观雪真是不知道说什么好：“你们也……”自己不在线，都能搞出这些名堂？

一想到Wei皇不断和澈神对决，自恋绝美的水仙之王被打得惨兮兮，蔚观雪心里觉得有点好笑又有点心疼，出过气后只剩怜惜，毕竟是自己在意的少年，怎么忍心呀。

金蕾咬着粗吸管，手里捧了一杯冷饮，吸了一颗珍珠入喉，珍珠软软糯糯的。她忽然一顿，望向蔚观雪，狐疑地道：“不过说起来，池澈到底知不知道你就是小仙女？”虽然两人线上线下都很熟，但似乎也没人挑明过吧。

蔚观雪一连“啊”了三声，整个人愣住。

这，这种事……

第一天她就在游戏公屏上说要娶澈神，难道池澈不知道小仙女就是她？

蔚观雪的脸红了又红，双手捧着脸颊，不知所措，但女孩子的第六感又让她敏感地觉察出了什么，心里又奇怪地甜起来。

金蕾笑喷了，一口奶茶噎下去，五百毫升的杯子往旁边一放：“搞了半天，你们都还没实名认证过？”她弯着腰，揉着肚子，笑得不行，“全服的人为了你们两个下场决斗，服务器都崩了，结果你们两个闹了个大乌龙。”

笑死她了。

“今天躺平任你笑。”蔚观雪拿好友没办法，被弄了个大红脸。

金蕾拍拍胸脯：“放心，我才不会网恋，更不会闹这样的乌龙。”

她金蕾可聪明呢。

池澈隐隐察觉，蔚观雪课间回来后，对他的态度又变了，不再当作看不见他，也不再对他敷衍地笑，而是又恢复成往日抿唇轻笑的模样。

下午上完体育课，蔚观雪在他桌上放了一瓶冰镇矿泉水。

就算是酷暑烈日，男生们也喜欢在操场上乱跑乱跳，池澈刚跟一大群人踢完足球，此时大汗淋漓。

少年额头冒汗，黑发被矿泉水淋湿过，手指挑起球服下摆擦汗，露出一小块紧致的腹肌。蓝白相间的球服被汗打湿。大腿肌肉被布料勾勒得鼓鼓的，热气和少年的荷尔蒙气息一起发散，几滴汗珠顺着他的下颌、颈间，淌至精致的锁骨。

蔚观雪坐在座位上，柔柔地看他：“买给你的。”

池澈正抬腿准备进座位，此时长腿反射性地一缩，喉结动了动，怎么觉得有点可怕？

蔚观雪温柔地说：“你不进来？”用眼神朝里边示意。

一个眼神，一个动作。

池澈打了个战，轻轻抬腿，轻轻跨进去，四处侦查了一下。还好，没什么陷阱，他座位上也没什么502胶水。

蔚观雪继续柔柔地朝矿泉水看了一眼：“喝呀。”

池澈有点紧张，看了看后桌的王峻峻，王峻峻摇摇头，表示矿泉水没问题。

“不喝吗？”

“喝、喝，马上喝！”

蔚观雪难得给他一次重新做人的机会，就算是毒药，他也要喝。池澈利落地拿起矿泉水，用修长的手指拧开瓶盖，眼一闭，“咕噜咕噜”灌了一大口。

后桌的王峻峻、李子枫捂眼没法看，他们池哥从足球场下来就喝光了三瓶矿泉水，现在在灌第四瓶！

妈呀，得罪谁，千万别得罪女生，尤其是女神级别的。

蔚观雪看着池澈一口气将矿泉水喝完，顿了顿，伸出手递给他一张印着紫色小熊的纸巾。

池澈手一顿，肚子有点涨，其实他想揉揉肚子，但一瞟到蔚观雪的眼神，肚子也不揉了，立刻去接。

“擦擦汗。”

他双手捧着接过。用来擦汗？那哪儿行啊。

池澈长吁一口气。

“对了，你今晚有什么活动？”蔚观雪问道。

池澈又一愣，朝王峻峻、李子枫狂使眼色。

送分题？送命题？

女生每个问题都是陷阱，一定要好好回答。

王峻峻、李子枫一脸蒙地表示，这么高难度的致命题他们也不会。

“背、背语文吧！”

蔚观雪是语文课代表，投其所好总不会错。

“背语文？”对方的语气有些狐疑了，好像不是很高兴。

难道自己踩雷了？池澈心惊胆战。

蔚观雪停顿了几秒，眼睛弯起来，随后口吻柔和地建议道：“偶尔劳逸结合也不错，明天早自习我会监督你背语文，记得呀，今晚要劳逸结合。”

“噢，噢噢噢！”池澈求生欲极强地表示明白，“一定劳逸结合。”

池澈看着蔚观雪收拾完书包，然后轻轻柔柔对他一笑，最后跟金蕾一块儿走了。经过这几天的跌宕起伏，他觉得这么祥和的气氛一点也不真切。

虚抹了一把额头上的汗，池澈的双肩这才放松下来，累瘫身子在座位上。妈呀，真是怕答错一个字，比踢球还累。过了几秒，他转头问王峻峻、李子枫：“劳逸结合？”

两个损友绞尽脑汁想了半天。

“踢球！”

“去书屋看《海贼王》！”

几个男生击掌叫了一声“万岁”。

蔚观雪八点就上线了，等了半会儿，见池澈没在，又下线。手游强制时间，只有一小时。蔚观雪担心时间用光，于是就这么上上下下，头像亮了又暗。

有人觉察到蹊跷，伙同群中好友窃窃私语。

“小仙女大佬今天上线了好几次，该不会在等澈神？”

“苗头很不对。要摊牌？”

大家心中隐藏着一口热瓜，很想八卦两人是体面绝交，还是一场斗争，但又不敢说出来，怕被“黄金团”“第一神团”“雅典娜仙宫”追着打。

九点，金泉仙神·澈头像亮了。

蔚观雪一看，她的在线时间只剩十五分钟，直接点开对话框。

小仙女只喝露水：“怎么现在才上线？”

金泉仙神·澈：“在背课文。”

小仙女只喝露水：“背课文？”不是最讨厌语文吗？

金泉仙神·澈：“我小同桌明早要检查的。”

小仙女只喝露水发去一个省略号。这种又想吐血又含泪微笑的感觉是怎么回事？

金泉仙神·澈：“还踢了会儿球，看了会儿《海贼王》，劳逸结合一下。”

蔚观雪这下彻底无语了。

劳逸结合，行吧。

她点开挑战系统。

小仙女只喝露水：“来对决一场。赢了，告诉你一个真相。”

画面一换，切入竞技场。

碧蓝天际，雄鹰翱翔，战神阿瑞斯的黄金雕像孔武有力，他头戴金盔，高举长矛，耸立于云霄，俯视整个竞技场。

战神代表力量与权力，被视作尚武精神的化身，正是竞技场守卫神的不二人选。周围是环形古罗马观众席。

蔚观雪头一次找人对决，不知道挑战分私密和公开两种模式，忘了选私密，结果被系统公布出来。

系统提示：“雅典娜仙宫”团长小仙女只喝露水正式挑战“黄金神明”团长金泉仙神·澈。

世界频道炸了！

“小仙女一上线就单挑澈神？什么情况？”

“神级第一组合大型对决现场！千年一遇，百年难求。”

“哈哈哈哈，赶紧搬小板凳围观！”

蔚观雪一愣，眼睁睁看着刚刚还空荡荡的罗马式观众席“噌噌噌”坐满了人，观众数量上万，又不是开演唱会，这些玩家是干吗……

她定睛一看。

不少“SSR神明”头上顶着“堕神者+8”“堕神者+3”“堕神者+12”，加号后面的数字是表示被打败多少次，数字越大代表挨打的次数越多。

其中有个竟然达到一百零八次！

还能过一百，这是多招天怒人怨？

她再一看。

对方昵称是，小仙女大佬真的可爱，后面是“堕神者+108”。

前德国小王子在观众席上狂刷屏：“老大加油！老大加油！揍死澈神！干翻Wei皇！”话一刷完，就被左右两边“黄金团”和“第一神团”的大佬拖去对决了。

蔚观雪好像明白对方是如何飞速达成一百零八次的了。

两人对峙而站，站在竞技场中央。

水仙之王一身清贵之气，琥珀色神光环绕。

水仙花瓣从天空飘下，落在绝色少年赤裸的肩头和手臂戴的金环上。

爱神骑在白天鹅上，周身浮动着粉色珍珠。

坐在高处望着中心的女玩家们：“好养眼，突然舍不得他们开打了。”

“能截个同框合个影吗？想做屏保。”

“爱神那串项链是限量款吧，商场现在还有卖吗？”

男玩家们陷入无语。

水仙之王站在竞技场中央，金色睫毛下，一双澄蓝的眼眸十分美丽。

金泉仙神·澈开口：“我不打女生，我点投降。”

投降，意味着不战而败，也意味着水仙之王头上的“堕神者+3”会变成“堕神者+4”。

对一个神团团长的荣耀来说，影响可想而知。

女玩家们纷纷道：“不愧是澈神。”“好男人，好男神。”

男玩家也点头认同，澈神纯爷们儿。

他们也讨厌打女人的男人。

爱神一动不动，没点头。

风吹动她的金色长发，香肩在玫瑰色光芒下秀美妩媚。

屏幕外，蔚观雪扶着额头，又将手机搁在身边，倒在床上滚了几下。

好难办，好羞。

要怎么告诉对方自己就是蔚观雪？尤其是在众目睽睽之下，好像怎么说都很奇怪……

众人见爱神半晌没吭声。

“完了完了，看来这是铁了心。”

“女人心搞不懂搞不懂。”

蔚观雪心一横，豁出去了。

她红着脸，手指飞快，打开了与金泉仙神·澈的对话框。

“那个女孩是不是语文课代表？

“她名字中是不是有个雪字？”

金泉仙神·澈：“停！”

金泉仙神·澈：“请不要做跟踪狂魔。”

之前说她是偷吻狂魔，现在又说她是跟踪狂魔，她好想现场暴打池澈的狗头！

“我有个同桌，他语文成绩很垃圾。

“我有个同桌，他有点帅，有点优秀，数学成绩有点好，但他一自恋就能上天。你说他是谁？”

竞技场观众看到场中心一片玫瑰色光芒。

爱神竟没有同意对方投降，反而直接开始发动攻击。红色光芒乱闪，爆字叠加，“攻击+18000”“攻击+35000”“攻击+60000”……

水仙之王像定住一样，从头到尾动也没动，连阻挡都没，一直站着挨打。

女玩家的嘴巴张了起来：“这，这是……”

黄金团大佬们集体抹泪：“老大，真男人，被打也一声不吭。”

就在水仙之王只剩一点残血，眼看头衔就要变成“堕神者+4”的时候，蓦然，爱神收了手。

神界公屏——

小仙女只喝露水："难怪语文成绩这么差。"

这跟语文成绩有什么关系？众人迷惑，不过听不懂也不敢说，这可是连澈神都敢打的女大佬，惹不起惹不起。

水仙之王忽然如梦初醒般动了动，然后拉起爱神就往爱琴海那边跑。

风吹动水仙花。

神界公屏轰动。

"这是要干吗？"

"这是演哪出？"

正主金泉仙神·澈打出一句：

"不早说，你这个骗子，看我怎么收拾你！"

女玩家："……"

男玩家扔手机："啊？说好的对决现场呢？怎么成了老子在线被耍？！"

CHAPTER 10

分别

你知道吧，你的诗，

我喜欢得入了迷，

它呼唤我从远离你的世界不由自主地向你奔去。

——〔法〕乔治·桑

昨天半夜下了雨。

夏夜雨，来得快，去得快。早上起来空气湿润，草木一新，隐隐传来栀子花香。

蔚观雪梳了一个单马尾，头发干净利落垂在背后。身上一件莫斯奇诺小熊T恤，粉色热裤，小白鞋。

走到教室，脚步放缓下来。

昨天在游戏里以真实身份相认了，今天就要见到池澈了，是坦然自若、落落大方，还是……上台演讲前她都没这么胡思乱想不镇定过。

她从教室窗前经过，玻璃闪过人影，池澈在里面了。

她的脸颊微微发烫，忽然被人一撞，书包一震。

赵炜在她背后，戴着耳塞，看了她一眼。

蔚观雪在早自习读着英语，池澈也拿着课本，两人坐得端端正正，身子却很刻意地隔出一大段距离，似乎稍微挨近一点都会脸红不已。

蔚观雪的胳膊肘不小心碰到池澈，池澈的耳朵立刻充血。

池澈的手指无意中碰到蔚观雪，蔚观雪一不小心书都从手中掉了下来。两人眼角余光碰到，像蜻蜓在水面一点，又立即分开。

王峻峻、李子枫在后面学着两人的动作，捏着嗓子娘娘腔般出声："两个幼儿园的清纯宝宝。"被池澈恼羞成怒拿书狂砸。

蔚观雪看着满脸羞红的池澈捂着嘴笑。

八点，上课铃响了。

数学老师坐在讲台上往下一看。

教室整整齐齐，座位满满的，学生们专心致志。

该来的还是来了。

"马上就要分班了，大家读文科，还是理科，回去跟家长商量一下。"

全班俱是一愣。

虽然早知道高二要分班，但是亲耳听到这个消息，分离与新的选择仍给大家心头蒙上一层恐慌。

"理科有优势的同学建议选择理科。"

蔚观雪低着眸，睫毛颤了颤，还是情不自禁悄悄望了池澈一眼。池澈回过头，他的同桌小脸白皙，却像快哭了，他的心也跟着一抽。

"文科有优势的选文科。"

池澈心头一震，顿时体会到了蔚观雪刚刚听到这话的感觉。那不是选择，是一种可能不会再相见的分别之感。

"理科高考的优势在于……文科优势是……"

班级里的气氛一阵低迷，大家脸上忽然多了几分惶恐。

分班这个冲击，不仅让班级有了一种破裂感，更在逼迫他们正视一个事实——高考即将来临了。

蔚观雪和池澈两人静静的，谁也没有说话。

王峻峻、李子枫垂头丧气。

下课铃响了。

班级里热闹的气氛比往日少了很多。

“你选什么？”

“理科，我爸说理科毕业好早工作，高考估分也更容易。”

“也是。”

“你选什么？”

“不知道，我文科理科差不多，好难选。”

“池澈大佬肯定选理科吧。”

“他那种数学天才还用说……”

窸窸窣窣的议论声传入蔚观雪的耳中，她坐在桌前，胳膊压在书上，没有人比她更清楚池澈数学有多好，但，但是……

语文课本被塞到她面前。

“小同学，背书。”

蔚观雪一愣，转身，抬起眼看了看池澈。

少年留给她一个侧脸，英俊依旧，但比往日少了一份玩世不恭。

他转过来看着她：“昨晚不是说了，要一直在你这里背书吗？”

蔚观雪眼眶一热，急忙眨了下眼掩饰，重新低头。她想让声音如往日那般清晰，但依旧带了点哽咽：“别以为这样，我就会放松要求。”

“不会，我会一直很用心。”

广播体操时间。

体育委员许诚找赵炜请假，说昨天踢球脚崴了。许诚是个北方男生，人高马大，一掌拍在赵炜肩上：“大兄弟，我今天是不能上了。”

赵炜感觉自己快被震吐血了，忙不迭地同意。

体育委员开心地走了。

“副班长呢？”赵炜扫着教室，体委不能上，找副班长顶。

“副班长今天没来，病了。”

赵炜愣了下，那找谁？反正他是不上的。

池澈用手挡了挡太阳，慢吞吞来到操场。

李子枫朝王峻峻打着眼色，让班上其他人别惹池老大，池澈现在明显心情不好。

广播体操音乐响彻校园。

正方形操场上，学生们陆续站好，女声从高空上方传出：“广播体操现在开始，第一节……”

一群人在下方跳了一会儿。

王峻峻忽然猛朝李子枫使眼色，指着操场上方的台子。

李子枫开始还没留意，心想不是说了不能刺激池老大吗，这瓜娃子动静这么大是要干啥？

李子枫晃晃悠悠，抬头，惊了。

穿着小白鞋的蔚观雪正站在台上领操，一双长腿纤细雪白。

很多女生眼里满是羡慕。

“她的腿怎么能那么直？”

“像漫画腿。”

长马尾随着动作一跳一跳。

大大的T恤罩在她身上，很宽松。热裤在T恤下摆处，时而露出，时而隐没。

本来天就热，现在是热上加热。

“那女生是谁？”

“我们四中校花，她哥哥是清华状元，初中时就在微博上红过了。”

“妈呀，她成绩怎么样？”

“人家是高二（2）班语文课代表，经常排到年级前五。作文被老师在全年级念，贴在校宣传栏里。”

男生们直想喊“女神”。

池澈反应过来，定睛一看——他们说的不是蔚观雪吗？！

“通通给我把眼睛闭上！”

想做蔚观雪的崇拜者，经过他的同意了吗？

大少爷自带压人气势。

那群男生还没搞清楚这人到底是谁，为什么能命令他们，就慌慌张张拿手把眼睛遮上了，遮了会儿，一想，不对啊，对方又不是值日生，凭什么管他们？刚想睁开，又被一顿吼。

“闭上闭上，说你呢！”

有人低声劝：“快闭上，别惹池澈大佬发火，他今天心情不好。”

其他人吓得赶紧又闭上了。

池澈教训了周围一片人，烈日炎炎下，嗓子都喊哑了，用手背抹了一把额前的汗，用衣服下摆给自己扇风，热死他了。

马上要分班了。烦。

池澈站在队尾，往台上看。

人影不大，但他视力好，双眼裸眼视力一点五。

他一眼就见蔚观雪黑发柔亮，皮肤白得像雪，跳着广播体操，每一个动作都很有韵律感，听说她从小练芭蕾。

蔚观雪领队领得那么认真，底下男生的动作却都不到位。

池澈不知从哪儿搞来一本杂志，卷成一卷放在嘴前当喇叭：“你，你，还有你，认真点！给我好好跳，别划水！”

正在蒙眼睛做的男生们感觉自己像被抽了一鞭子的小绵羊，动作下意识地整齐了一些。过了几秒，心想，又要闭眼睛，又要跳得好，兄弟，你跳一个试试？

过了一会儿，王峻峻不经意一看，妈呀，最嫌弃广播体操，笑话那是儿童体操的池澈大佬本尊竟然乖乖做起来了。

池澈瞥见王峻峻，挑眉："看我干什么？认真跳了吗？有点班级荣誉感！"

王峻峻真是无语。

王峻峻刚转回身两秒，又听到池澈喊话："等会儿，我手机没带，你的给我。"

然后，三班那群男生就亲眼看见，曾围剿了他们老巢的那个男生，在光天化日之下，将手机开启视频，按着红点，聚焦放大——录起了蔚观雪的动态影像。

"好想揍他。"

"揍不过，也没人家厉害。"

"……"刚硬气了一句，跟蔚观雪一起参加英语竞赛的黑框眼镜男，一秒变㞞，"那能让他卖给我们吗？高价收。"

"高什么高！给老子把眼闭上！"

放学后，池澈上了司机张叔叔的车。今晚池父有个饭局，想带着儿子跟老战友和他女儿聚聚。老战友近几年在仕途上的发展很不错，让两个小辈见见，将来的事谁说得准。儿子大了，做父亲的多多少少会帮着铺路。

车门一开，一个书包就被扔进黑色座椅。

玉树临风的少年，长腿一跨，一股力量往车背上一靠，一阵热空气被带进车。

池澈眼皮没掀，朝前方嚷："水，要冰的。空调开大点。"

马上就要文理分班了，到放学他都不好受。

池澈汗直滴，手却抓着手机不放。

司机张志城带着白手套递过水，见池少爷双手正忙，正想帮忙拧开。

池父发话："让他自己开。这么大的人了，不能惯着。"

儿子上车，都没瞅自己，只知道看手机。

张志城没敢多说，心道，最惯着他的不是您吗？

池澈瞟了父亲一眼，接过矿泉水，一拧，扬起脖子“咕噜咕噜”喝了一大口，手机搁在腿上。

待喝完，池澈开始他的“大道理”：

“爸，真正的惯，不是拧个瓶盖这种小事，是心灵上的溺爱娇惯。

“您看您儿子，是不是很优秀，是不是很有担当？这怎么能是惯出来的，这是遗传和继承了您的英勇、有胆魄。”

他儿子没被他“惯”着，他倒被儿子“灌”了一大碗迷魂汤。池卫国面上不显，但眼角线条柔了两分，轻声道：“一天到晚只知道打游戏，也不知道能打出什么名堂。”

“打游戏，也考人眼力。”

司机笑着接了一句：“怎么说？”

“对决时，一输就国骂，这种人不仅心态差，素质也差，现实中也好不到哪儿去。”

张司机点点头。他也玩过游戏，脏话那叫一个多。

“第二，考验上进心。不想当将军的士兵不是好兵，打游戏不拿第一的人有什么上进心？做事，要做就要做到顶级。”

池父笑。臭小子，知道自己当过兵，特意说这话让他无法反驳。

“第三，打游戏，见众生百态。”

池父、张志城乐了：“还能见这个？”

“那当然，现在已经不是你们那个时代了。上网，是这个时代最低消费。游戏里，好战的有，想泡妞的有，想红的有，想做现实中做不了的自己的也有。人类的活动既由现实部分组成，也通过虚拟网络折射。见现实，见虚拟，见众生。”

张志城不由自主地点头：“池少爷年纪不大，但很有思想啊。”

池卫国笑道：“我这儿子，的确对社会有自己的认知。他们的新思想已经要赶超我们啰。”

夕阳西落，车拐了一个弯。

路两侧各一排百年大树，地上射灯亮了起来，打得树木碧绿一片，平添幽静。

车开进国际皇和大酒店，张志城将车停到地下车库。

池澈和父亲两人先进去。

酒店金碧辉煌，地上光可鉴人，拱顶高高的，随处摆着名贵古董，精致大屏风。进出的客人素质极高，听不到大声喧哗。

他们一行才两人，多位高挑的女服务员和男经理有条不紊地迎上，池父报了个包厢名：“大展宏图。”

池澈漫不经心，在一群人中走着。他从小来这些地方来惯了，没什么新鲜感。

王洪钟和女儿王姿正坐在沙发上等他们，池澈和他父亲一进来，眼前一亮。

池卫国和王洪钟连忙握手，拍着对方的肩：“好久没见，卫国你一点没老！”

“王哥您才是满脸红光，听说最近双喜临门，儿媳妇给生了个大胖小子。”

“哈哈哈哈。”

两个战友寒暄起来。

王姿坐在沙发右侧喝橙汁。

池澈看也没看她，将书包扔到左边，隔着书包坐到沙发一侧，一条腿横在另一条上面，玩着手机。

王姿用余光瞧了一会儿，“哧”了一声。

酒店外夜幕初上。

四人坐到圆桌边，餐具是镶金的，光高脚杯就有三个款式，勺子很大，烙着鎏金“皇和”字样，桂叶形餐巾扣束在盘中。

服务员一一上菜，摆盘高级，很有艺术感。

池卫国伸手示意：“大家尝尝，他家本帮菜一绝，随意随意。”

又让人开了瓶红酒。

王洪钟干杯："我们不讲究，只要有肉就管饱。"

两人哈哈笑，聊起过去的光荣历史。

两个小孩被晾在一边。王姿拿着手机，比了好几个姿势，对着前置摄像头自拍，磨皮、瘦脸，不放文字，只放一个马提尼酒的表情，标记上地址。不出意外，她收获了一堆赞和留言。

王姿端起高脚杯，品了品红酒，目光掠过身旁的男生。

朋友圈的赞并不能代替现实中的受欢迎。她身边这个男生怎么一点反应都没有？她这么漂亮的女生坐在旁边，对方却依然一副大少爷状，目不斜视。加拿大龙虾就在面前，也不见他动一口。

王洪钟替王姿介绍："来来，这是你池伯伯，你爸爸当年最好的兄弟！"

王姿打着招呼："池伯伯好。"

王洪钟介绍道："哈哈哈，这是小女王姿。"

池卫国笑道："跟她妈妈一样美，池澈，来，给你王伯伯敬酒。"

男孩站起来，王洪钟看了眼，又潮又帅，跟个明星似的，竟一点也不扭捏，见惯了大场面，眉眼间的神情很是自信。

"王伯伯好，常听家父提起您，说您是他的老铁！"池澈举起酒杯，"现在见到您，才知道您是叔圈最帅！"

这孩子，活泼，会来事，气氛一下子就轻松了很多。

池卫国很满意，也跟着干了一杯，这小家伙古灵精怪的，从不会给他丢脸。他故意刁难了一下自己的儿子："你王伯伯叔圈最帅，那你爸呢？"

池澈递了个眼风给自家老爸："那还用说，儿子这么帅，不全继承了您的优良基因吗？"

三个男人笑得不行。

进来端菜的服务生也偷偷笑。

华灯下，对方眉眼间满是流光，身材挺拔，修长的手指端着红酒杯，异常英俊。

王姿侧身打量对方，但他只跟两个大人聊天，瞧都没瞧自己。年轻男女在一起，不该是男生撩女生，女生享受被男生追捧的待遇吗？

一桌人又聊了一会儿。

她发现那个叫池澈的，虽然很傲，但也真的很帅，还天生招人喜欢。她的父亲对这个少年的喜爱之情溢于言表。她又听池叔叔说他经常在奥数比赛中得奖，数学总是满分，还很会打游戏，在游戏里也是大神。

池父连游戏都懂？

王洪钟示意池澈：“你和王姿都是年轻人，你们年轻人多多交流。”

少年点点头，还夹了一筷子给他爸爸：“爸，多吃点，你最喜欢的鱼。”

王姿瞧着池澈，不得不承认这人比她平时认识的高干子弟帅多了，眉眼精致，自带贵气。

这么惹人注目的人越无视自己，王姿就越在意。她要想个法子，把对方的注意力钓到自己身上。

王姿滑开手机，提议：“池伯伯，爸爸，池澈，我们合个影吧。”

池卫国、王洪钟久未见面，自是同意。

王姿摆了摆手机，朝服务员招招手：“给我们照一张，照好点。”

王姿站过去。

本想池卫国、王洪钟坐在前面，她跟池澈站在各自父亲身后。这样他们能挨得很近。结果服务员正要拍照，池澈直接站到他父亲身侧，她一个人被留在后面成了背景板。

服务员交还手机。

王姿连忙说：“晚上光线不好，我稍微修一下，再给你们发过去。”她用膝盖撞撞池澈，装作无意道，“哎？你微信号是多少，加一下待会儿发你。”

池澈让服务员给自己舀了碗汤，头也没回直接回答：“不用，发给我爸就行。”

王姿很尴尬。

王洪钟不知女儿的心思，还朝池卫国哈哈笑着：“现在的年轻人，都喜欢美图秀秀、抖音，哪像我们当年拍个证件照都要去照相馆。”

王姿接茬儿：“要不我再给大家录个抖音吧。”

抖音她也常玩，得到的赞不少。

王姿打开抖音，首页推荐是一个跳广播操的女生，配的文字是：“我们学校女神。”

池卫国笑着摆摆手：“不了不了，你们玩，你们玩。”他们老了，才不凑小年轻的热闹。

一个做广播体操的女生背影，腿还挺白，点赞竟有二百多万了。

王姿拍了那么多，在国外的，跳舞的，在泳池里的，最高点赞也不过几十万。

“不敢拍正面，肯定很丑。”王姿直接下评语。

广播体操音乐才传出一秒，池澈耳朵一竖，注意力就立刻被吸引过去了，听不出来的话他就是猪！

再一看账号，是王峻峻。

这个死胖子，竟然没删除，还用自己的账号偷发，看他不打得他叫爸爸。

“正面也很漂亮。”少年第一次主动对她开口，竟是这句。

王姿一愣，“哧”一声：“你怎么知道？现在很多女学生不务正业，专门找人拍这种小视频，把自己搞成网红。”

“我拍的！”

王姿嘴硬：“那她学习一定不好，好女孩不会在大庭广众之下跳这种东西。”

“什么叫这种东西？这是学校的广播体操，是教育部让全国中学生跳的，你们学校不跳是你们学校不关心你们的身心健康。”

两个大人聊得好好的，一回头，哟，两个小的之间的气氛怎么有点尴尬。女孩张嘴欲辩，对上男孩清高傲然的脸，想不出可以反驳的话。

王洪钟打着圆场：“好好聊，好好聊，姿姿，你多跟池澈哥哥取取经，你池澈哥哥成绩好着呢。”

池卫国赶紧谦虚：“哪里哪里，他语文不好。”

池澈示意自己的爸爸，下巴冲开着抖音的手机屏幕点点：“视频里的这个，就是把你儿子的语文成绩从八十分拖上一百二十分的小老师。她自己的语文成绩从没下过一百四十分。”

王姿被挤对得不行，一把抓过手机，正要收回。

“等等。”池澈喊住她。

男生靠近了一些。

罗意威香水的味道飘散过来，很好闻。

王姿傻愣愣地看着少年从她手中抽过手机。

她心中打着鼓：要干吗？是加她微信、抖音，还是想跟她道歉？

少年盯着广播体操小视频看了一遍。

“拍得真不错。”池澈欣赏了一番，然后，王姿看着少年手指往爱心那儿一点，“等我加个人气。”

大大的爱心一动，变成被点满的样子。

视频的点赞数又增加一个。

池澈目不斜视地将手机还给对方。

与王洪钟父女告别后，池澈和父亲倚在车座上小憩，车外黑黢黢一片，轿车在路上奔驰。池澈思索着选理还是选文，选理的可能性几乎是百分之九十九点九，他理科好，也爱理科。父亲、老师无条件支持他学理科。

但是，但是……

池父今晚与老战友重逢，心情特别好。过去那些日子，似奔流不息的大江，但在群山间留下的回响还在。

池澈瞥瞥父亲，见他脸上有点红，呼吸有些重。细看之下，硬朗的五官有些地方还是没逃过时间的风蚀，但今晚他的兴致是高昂的。

池澈望着窗外："爸，你希望我选文，还是选理？"

"你不是一早就打定主意学理吗？"

少年没立刻回应，也没反驳。

"要是有变数呢？比如我突然喜欢上了文科。"

蔚观雪一定是选文科的，一想到他们以后再也不是同桌，甚至再也无法坐在同一个教室，他心中就升起一种名为"失去"的隐痛。

池父喝了酒，脑子转得有点慢，过了好几秒才回过神："变数？"

被父亲一反问，池澈难得地不自在起来。在此之前，他一直都是高傲的、飞扬的，而现在他发现自己也会苦恼，也会不安。

"也许……也许基因突变，突然就喜欢文科了。"池澈扭捏着，吞吞吐吐。

张志城乐了，随口插了一句："基因突变？男人只会因为女人改变。是吧，池总？"

池父点点头，过了半分钟，后知后觉地笑起来："是啊，男人只会因为女人改变。"

轿车一路前行，夜晚静谧无声。半梦半醒之间，池卫国忆起早年一个春天，池澈的妈妈还是个黄花大闺女，梳着两根麻花辫，穿着绿军装，腰间绑了一条红绸带，在文工团跳舞。

台下所有男战友都望向她。

他那时也参了军。

春光明媚，她唯独看向他。

但他最后还是没来得及照顾好她。

池澈上线比较晚。

蔚观雪依旧在等他，两人都知道这是他们退游前的最后几次上线了。分班了，要高考了，不能再玩游戏了。

两人打了会儿副本，默契地没提分班的事，离下线还有十分钟。

透过小小的游戏框，池澈一字一字打出："如果我选文……"

他的话被蔚观雪截住了："你选理，我选文，我们都要好好的。"

池澈的眼眶罕见地一酸，这种一锤定音的感觉让他的情绪积累到了一个临界点："要是万一我们不能再……"

她第二次截住他的话："不要这样想，不能这样想。就算道路不同，也要相信自己。我也有很多害怕，很多不安，今天一天都在想这件事。可是我心中依旧抱着'相逢之花会在最合适时绽放'的信念，因为这个信念，你我更要相信自己。"

池澈将这段话读了又读。

短短两三行字，他花了好长时间，最后重重落下一句："约定了，就不能反悔。"

相逢之花会在最合适时绽放。他的女孩，比他想的还要坚强，还要勇敢。

高二，文理分班。

教室里空了一大片，昔日熟悉的同学不在了，李子枫、金蕾望着教室，感觉他们的青春忽然变得很陌生。

金蕾朝王峻峻道："我害怕。"

他们还没来得及做出人生的抉择，文理分班好像就已经让他们的人生从此再也不一样了，再也回不去了。

不少人望着这间熟悉的教室，从今以后，这再也不是他们的教室了。

他们要融入新的班级，跟新的集体在一起，可是这间教室似乎才是他们的“根”。

池澈站在窗外，外面的梧桐树枝繁叶茂。

蔚观雪在窗内，少年和少女之间仅有一窗之隔。

池澈不像往日那么张扬，他的手指握在窗户上，望了望远处，目光又落回少女的脸上。

他选了理科，所有人都觉得这在意料之中，丝毫没有意外，唯有他知道自己经历了什么。

“我们还会再相遇的，对吗？”蔚观雪抬起眸，风穿过校园，她望了望这个曾是她同桌的英俊少年。

“会的，要相信雪落之时，必会相见。”

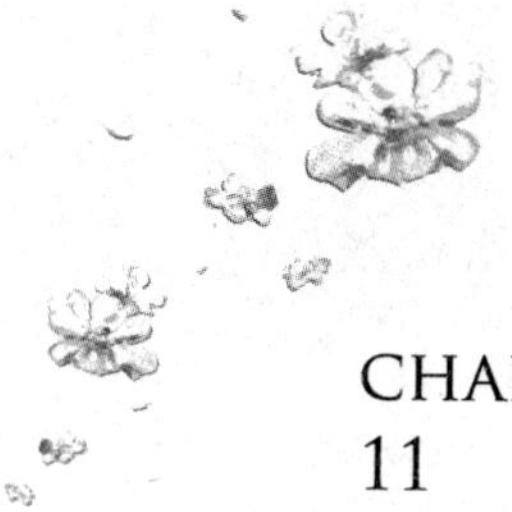

CHAPTER 11

春光

大团的蒲公英浮在街道的河流口，
吞吐着柔软的针一样的光。
我们好像在池塘的水底，
从一个月亮走向另一个月亮。

——王小波

文科班的学业非常繁重，蔚观雪每天带着厚厚的文科课本、笔记本，抓紧一切时间背知识点，心中有个声音在告诉她，池澈一定能考到很好的学校，所以她更要稳定，更要好好备考。

国家工程告一段落，蔚父归家。

夏日炎炎。

客厅里开着立式空调，茶几上放着车厘子，还有一壶清茶、一盘围棋。

傍晚蔚父会跟蔚听松对弈品茗，父子俩谈着以后的人生规划。

蔚父知道这两个孩子聪明、有天赋，但早年不在他们身边，疏于陪伴，他心中多少有愧。

现在儿子锋芒内藏，喜怒不形于色，他也渐渐难以看出儿子的情绪。

女儿听话懂事，但从来报喜不报忧，不想让他们担心。她上初中时有次被车撞得骨折了，他们过了一个多月才知道此事。

蔚父端起茶杯："你们都大了，想好自己要走的路。"

蔚听松静静听着父亲的教诲，目光垂在黑白子上。

围棋考验布局谋略，更考验人的眼界、心性。

蔚父品了一口祁门红茶："做的事要对得起国家。"

蔚听松低眸静思了一会儿："嗯。"

蔚父拍拍儿子的肩。

时间如白驹过隙，那边国家工程突飞猛进，漫天"轰隆隆"的施工声，这边他曾抱在襁褓里的小娃娃，已如此出类拔萃，比他还高大有力。

快到六月十八。

蔚母前天夜里又飞往北京，跟丈夫、两个孩子视频了一会儿，提前互道端午快乐。

挂了手机，蔚父还惦念地看了视频页面好一会儿。

他跟爱人今年相见的次数太少了，甚是思念，但又不想让孩子们看出，毕竟老夫老妻的。

蔚父擦擦眼镜，挥手道："我们给你妈妈包粽子寄过去！"

蔚观雪赞成："古有千里送鹅毛，今有老爸千里给妈妈送爱心粽。"

蔚父宠溺地刮了刮蔚观雪的鼻子。

女儿真是父母的贴心小棉袄。

蔚听松看着父亲和妹妹之间的亲密，眼里露出一丝笑意。

三人围坐在茶几边。蔚听松弄来粽子叶、糯米、咸鸭蛋，还有绑粽子的线。寻常人可能会寻思大热天千里寄粽会不会坏掉，但蔚家行动力超强，有蔚父这个大工程师在，抽真空、放冰袋不在话下。

蔚观雪把手机视频摆在三人看得到的位置，她已早早搜出包粽子的教程，比对了几个版本，现在这个是最容易上手的。

蔚观雪道："我们比赛，看谁先包出第一个。"她的目光在父亲、哥哥身上转了一圈，“第一个包成功的，其他人要发给他一个……十块钱的红包。”

蔚父大笑。

蔚听松也低笑。

有了这个彩头，一家人更加兴致勃勃。

他们一家人都喜欢吃咸粽，只有蔚父喜欢吃甜的，但他正在包的粽子是咸的。

蔚观雪看出不同，说：“爸爸，你喜欢甜的，妈妈喜欢咸的，你现在包的是妈妈喜欢的。”

蔚父往粽子叶里灌糯米，儒雅地笑道：“你妈妈吃咸粽开心，我就甜在心里。”

蔚观雪笑了笑。

父母经常不在身边，但他们对对方的爱，让她耳濡目染学会了爱。

蔚父刚要包好一个，系绳时粽子叶散了，又得重新开始，蔚观雪连忙放下自己的，帮父亲重新绑。

蔚听松瞥了一眼，即将包好的粽子被他放下来。

蔚父包的是咸鸭蛋肉粽，长形粽子被蔚观雪细心系好。墨绿色的粽子像模像样，蔚父的手指上沾着糯米，他开怀大笑：“包好了，包好了。”

“爸爸太厉害了。第一个包好的！”蔚观雪擦擦手，从沙发上拿起手机，“我要给冠军爸爸拍一张，给妈妈发过去。”

蔚父将粽子当奖杯举起来，对着手机摄像头还有点拘束。

蔚观雪调整角度，给父亲加油打气：“爸爸超帅的！爸爸永远是妈妈的梦中情人。”

蔚听松看着眼前这幕，唇边含笑，这时才将那个未完成的粽子包好。

蔚父对女儿打趣：“你哥哥也包好了，你现在是最慢的。”

蔚观雪一只胳膊挽着父亲，一只胳膊挽着哥哥，满脸撒娇的表情："反正你们的红包最后都会给我，本姑娘一点都没有担心。"

蔚父笑："原来我女儿才是幕后大赢家。"

蔚听松进入厨房，在蒸锅里加上水，将粽子放进去蒸。

蔚观雪看看粽子，他们还包了大粽子、小粽子，三角粽、长形粽，肉粽、白粽。

蔚观雪拎起一串小白粽。

小小的粽子，三角形，像一串串风铃。

她的心跳陡然漏了一拍，分班后，他们见面的机会少了很多，端午节他会怎么过?

"这个，我周一带去给金蕾。"金蕾也选了理科，蔚观雪和李子枫学文，他们像在茫茫大海上相逢过的风帆又散开。

蔚父点点头。这两个小姑娘从小认识，一直到现在，感情都很好，逢年过节，还有彼此的生日，都要互表心意。

蔚听松将粽子端到饭厅。

热气腾腾的粽子散发着肉香、竹叶香，勾得人食欲大开。蔚父解开绳，剥开一个，粽子叶一层一层往下落，露出里面雪白的糯米，热气往人脸上冲。

蔚父蘸了糖，趁热吃了一口，好吃得眯起眼。

蔚听松瞟了蔚观雪一眼。

他的妹妹不仅装了两串小白粽，还多拿了好几个肉粽。

周一。

赶在升旗仪式前，蔚观雪跟金蕾约好，去理科班送粽子。

走廊上学生们往楼梯口拥，新的教室，新的班级，蔚观雪感觉自己像不认识路了，她拎着纸袋，朝教室里面张望。

教室的窗户很亮，里面有点嘈杂。

金蕾见蔚观雪来了，眼睛一亮，立刻跑出来。

蔚观雪分给她一串粽子，金蕾提着一串小白粽，歪着头左右打量，抓了几个，用手掂了掂。

“太可爱了吧。”像一串串小铃铛，“给我的？”

蔚观雪笑：“不给你给谁？”

金蕾喜笑颜开，抻着脖子往蔚观雪怀中探：“我的我的，全是我的，还有没有？”

蔚观雪正要对金蕾说明，一道长长的影子盖过了金蕾，将她往旁边扒了扒：“粽子拿到了，就赶紧去操场，别拦着道。”

又陌生又熟悉的声音，再次响在蔚观雪的耳边。

她抬起头，又不敢抬得太明显，抱着纸袋，站在阳光映出的栏杆影子中。

金蕾扭头：“池澈，你一点没变，小心蔚观雪不给你粽子吃。”

少年一如既往地冷酷：“行了，下楼。”

清风拂过蔚观雪脸颊上的发丝，池澈感觉那是自己的手。

他盯着蔚观雪的发心，她雪白的小脸垂着。

自从分班后，她就再也没上过游戏，也没来看他一次，他都以为自己被她遗忘了。

“见友忘色的家伙。”他想捏她的脸，“第一份粽子竟然不是先给我的。”

“金蕾是我好朋友。”

“那我呢？”

蔚观雪还没想好怎么回答，对方就伸出手指点了点她的鼻子，有点用力。

“要记住，我是你的前同桌，最独一无二的前同桌。”

蔚观雪抬起眼眸，望向高高的池澈，笑了起来。

她也害怕过，但是没有想到，对方还是那个池澈，分班的陌生感被生生冲淡了。

“是，那我的前同桌，你要吃粽子吗？”

池澈伸出手：“要，当然要，比金蕾还要多。”

"但我只有甜粽，你要吃吗？"

池澈一听到甜，目光就滞了一下，甜粽子是人吃的吗？

王峻峻冲上来："池哥最讨厌吃甜粽！小姐姐给我，我最喜欢！"他被池澈一巴掌抵住脸，推到了身后。

池澈咬牙切齿："吃！我最喜欢吃甜粽了。"

蔚观雪低头，抿唇笑。

有次她无意中听到池澈说自己最讨厌吃甜粽，但昨天给池澈偷拿粽子时，还是鬼使神差地拿了一串甜的。

她也不清楚自己的想法，或许是想知道，会不会有一个人跟爸爸一样，也会让她甜在心中。

她递给池澈一个纸袋，里面是小白粽："不吃也没关系。"其实还有几个大咸粽。

池澈的心在滴血，狠狠接过："吃！我肯定全吃完！"

王峻峻惊呆了。

蔚观雪看着王峻峻他们，又拿出一些咸粽，让他们帮忙分给过去班上的同学。

王峻峻心花怒放，喜滋滋地捧着粽子，不敢相信："我竟然也有，而且居然是咸的。"

池澈的目光从蔚观雪的手上一直挪到王峻峻的大肉粽上，喉结滑动了一下又一下。

蔚观雪失笑，随金蕾去了升旗广场。

等蔚观雪一离开，池澈动作极快地从王峻峻手中抢过咸粽，往自己怀里塞！王峻峻目瞪口呆。

王峻峻哭诉："那是我的，哥！"

"滚，表面上说粽子是你的，实际上跟蔚观雪有关的通通都是我的！"

池卫国见池澈拎着一个大牛皮纸袋回来，有点稀奇，想了想，原来今天是端午节。他倚在沙发上打电话，听见池澈叮嘱李姨："我晚饭就吃这个了，蒸好点。"

段燕虹将车停进公馆车库，刚在玄关脱下高跟鞋就见到这幕，连忙笑道："我们澈澈想吃粽子呀？我让人去买。卫国，你想吃什么口味的？"

李嫂从厨房出来，提了提池澈的纸袋："什么粽子，这么沉？"

池澈往沙发上一躺，对着空调猛吹，吹得通身舒透，听到这话，想起蔚观雪对他的提醒，手朝外面一伸："给我。"

他往里面摸了一会儿，居然摸出三个大粽子，又摸了一会儿，还有一个大的！

池澈举着粽子在沙发上乐开了花。

蔚观雪这个小机灵鬼，藏得可够深的，故意让他馋。

池卫国宠溺地看着儿子。

池澈在沙发上，拍了拍胸膛，不可一世："爸，您今晚能吃到，全是托了儿子的福。"

好大的口气。

池卫国笑："你这粽子是金子做的，还是银子做的？"

池澈万分珍重地将粽子递给李姨，眉眼中透着骄傲："千金万银哪敌得过真情实意。"还有点生活哲理。

池卫国随口问："这话谁说的？"

"爱德华·池三世·澈。"

池卫国哈哈大笑，仿佛看到了五岁的小池澈头戴王冠，手持玩具宝剑，屁颠屁颠的小模样。这么多年，这孩子倒是一点没变。

李姨蒸了两笼，一笼甜粽，一笼咸粽，就这十几分钟的工夫，池澈在厨房进进出出，对着蒸锅看来看去。

李姨特地去客厅跟池先生说："少爷心可急了，一会儿工夫，看了两三趟。"

池卫国大笑。

段燕虹眼尖，一眼就瞧见那粽子不像是从商场里买的，没塑料包装，也没商标："怕不是同学送的吧？"

池卫国点头："那可真是一番心意，亲自做的，得好好感谢人家。"

端午节同学送亲手包的粽子，自家儿子人缘真好。

他一时半会儿没想到女生身上去，毕竟他儿子是个连情人节都懒得收巧克力的人，怎么会去收女生的粽子？

李姨夹出粽子，端了三大盘。池澈快速洗了手，跳到餐桌前，就要用手去捞，像火中取栗的小皮猴，结果被烫得直吹指尖。幸好屋里开着空调，他倒也没烫伤，就是皮肤红了点。

池澈大叫："烫烫烫！"

池卫国说："心急吃不了烫粽子。"

"我就要第一个吃！"池澈一边嫌烫，一边不死心，继续剥粽子，解开绳子，飞速拉开粽子叶，其间被烫了不止一次。

他把一双木筷往肉粽里一插，举起来吃了一大口，烫得直哆嗦，还称赞着："好吃，好好吃！"

段燕虹让李姨端了杯冰水："慢点吃，我们不跟你抢。"

池澈灌了一大口冰水。

他的两只眼睛没闲着，注视着桌上的一举一动。段燕虹吃的是王峻峻那个，爸爸已经吃完一个咸粽，还想剥第二个。池澈幼虎护食般，将咸肉粽往自己这边一揽："够了够了，再吃没有了，您让李姨明天买。"

池卫国想了想，可能儿子喜欢吃咸粽吧，于是转手剥了一个小白粽，蘸糖吃了一口，一抬头，发现儿子望着他，一脸自己吃了他最宝贵的食物的模样。

池卫国奇了怪了："你不是不吃甜粽？"儿子最讨厌甜的，不像他咸甜无忌口。

池澈气鼓鼓："谁说的？"

当着父母的面，糖也没蘸，他闭眼就吞了一个小白粽。

“甜粽，也是我的心头宝。”

池卫国完全看不明白。

喉咙里还噎着，眼皮还在颤，他看似有点痛苦，却不忘宣示主权。

CHAPTER 12

她走在美的光彩中

美波动在她乌黑的发上，
或者散布淡淡的光辉。
在那脸庞，恬静的思绪，
指明它的来处纯洁而珍贵。

——〔英〕拜伦

六月底期末考试。

文理班纷纷进入备考阶段，大家的休息时间更少了。教室里安静无声，节能白炽灯也像怕打扰学子，整晚静静地悬在顶部。夏季的夜幕一片漆黑，闪着星子。从外面看文德楼，只能看到一排排灯光通明的教室。

蔚观雪偶尔伸伸脖子，想着池澈此时也在另一间教室做题的样子，会觉得这样的夏夜也不错。

期末考试分数下来了。几家欢喜几家愁，学生们拿到成绩排名表，有的开心，可以放两天假；有的哀号，暑假要继续补课。

金蕾把书往后一扔，总算考完了，每次期末考都要掉一层皮。而下一年的高考还要榨干她的全部。

王峻峻也从苟延残喘中满血复活，他这次考了理科全年级前五十名，李子枫是文科第二十八名。两人都考得不错，准备犒赏一下自己。

王峻峻不经意地问："蔚观雪考得怎么样？"

李子枫跟蔚观雪被分到一个班，在新班级，蔚观雪依旧是尖子生。

"她，全年级第一。"

王峻峻眼露惊叹，又觉得倍儿有面，好歹他们也曾在一个班："清华状元的妹妹就是不一样。"

教务处老师们也很忙，开着总结大会。全年级成绩排名表上被画了几道红线，红线上方的学生极有可能考进名牌大学。

池公馆已经准备好了一桌佳肴，池卫国对儿子的成绩还是很在意的，希望他将来能成为国之栋梁。

段燕虹给父子俩舀了两碗排骨藕汤。

池卫国问："多少分？第几名？"

池澈喝了两口汤，看了父亲一眼，将成绩表"啪"地放在桌上，语气沉着又带着天之骄子的自信："全年级第一，全校唯一一个数学满分。"

这次期末考他是独一个数学一百五十分的，上一百四十分的都屈指可数，理科班的老师们都称赞其天赋。

池卫国拿着成绩表，比看到公司的财务报表还满意，不停点头："嗯，不错，有进步。"

池澈夹了块藕："那当然，不看你儿子是谁。"转向段燕虹，随口道，"藕不错。"

段燕虹看了池澈一眼，今天的排骨藕汤是她炖的，炖了好久。她挑了时下最好的藕，用高压锅压，用文火炖，她拿着筷子的指尖莫名有些颤抖。

池卫国问儿子："想好考什么学校没有？"

池澈一顿。

池卫国心想，自己的儿子从不犹豫，难道没考虑好？紧接着，他就听到：“清华，我要当清华状元。”

池卫国又喜又惊，儿子开口就说出要当状元的豪言壮语，不愧是他池卫国的儿子。但当状元的难度很大，会不会给他造成太大压力？

“也不一定非要考状元。”

池澈“哼”了一声，不置可否。

“清华好，清华数学系也很有名。”段燕虹也望向池澈，她这个继子虽然一直对她不冷不热，但人挺有志气。

池澈微微颔首。

他瞥了眼成绩单，既然必会再相逢，就要以最好的模样相见。她哥哥能做到的，他也能。

他要以她身边最优秀的男性模样出现。

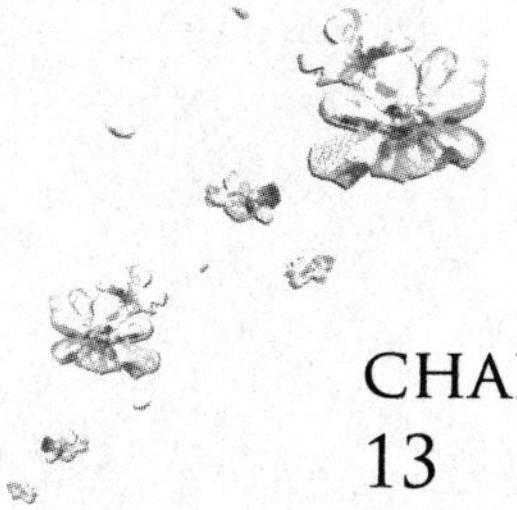

CHAPTER 13

青春韶华

手和眼睛，雪和蓬草，蓬草和春天。
爱上青春韶华的轻风，
以及远远送来的亲吻。
还有把手伸进你的衣服里的轻风。
——〔法〕艾吕雅

高三，九月正式开学。

蔚观雪被安排做主升旗手，池澈跟另一个男生做护旗手。一般女生力气小，做护旗手的多，但蔚观雪是文科全年级第一，四中想以她为代表，告诉全校女生，女生也可以很优秀，所以将这个庄严的荣誉交给了她。

少年和少女身着校服，庄重崇敬地托着五星红旗。大家站在朝阳照耀下的操场，肃穆地看着这一幕。

国歌奏响，护旗手扬起国旗，鲜艳的五星红旗映着蓝天飘扬。

大家的情绪被鲜红的国旗点燃。

好像有什么不同了。

蔚观雪站在升旗台上认真操作着。

她仰着头，看着国旗一点点升高，阳光照耀在国旗上。

转眼他们就高三了，教室也挪到了文德楼的最高一层，新年级的学弟学妹们都将以他们为榜样，他们肩负重任与期盼。

蔚观雪、池澈对视了一眼。

他们即将在这场极富挑战性的冒险中前进。

高空中忽起一阵大风。

红旗猛烈飘荡了一下，滑轮也跟着大力摆晃，蔚观雪的心一紧，这是四中新学年的第一次升旗，大家都希望有个好的开端。

池澈眼疾手快，立刻稳住滑轮。

池澈朝蔚观雪投去一个眼神，有他在。

蔚观雪沉住气，努力拉稳滑绳，两个掌心被缆绳勒出红印，但她一点也不觉得痛。

国歌的旋律越来越激昂，越来越激励人心。

升旗仪式到了最关键的一刻，伴随着国歌的最后一个音符，蔚观雪、池澈仰望着国旗，双双一起用力，将国旗精准地升至最高点！

鲜艳的五星红旗在苍穹上高高飘扬。

大家欣喜着，感动着。

蔚观雪眼神清澈地望着池澈：“加油。”

池澈一身校服，他越发沉稳了，矫健的身躯蕴藏着更多力量：“不负青春，必再相见。”

微风吹过操场，吹过校园，吹过他们的青春。

高三的节奏与高一、高二截然不同。同学们每天开始复习大量知识，做大量试卷，早自习、晚自习很少再有人闲聊八卦，每个人的课桌上都摞着一沓沓练习题，下课了都没什么人动，跟上课时几乎没区别。

高三在文德楼最高一层，打开窗就看得到外面的梧桐，往下看高一、高二跑跑跳跳的学生，觉得他们又小又没烦恼。

晚自习上，教室里的节能白炽长管灯齐齐亮着，老师难得不在，但学生们依旧趴在课桌上复习。

王峻峻望了望天花板："我的青春啊，一下都没了。"

金蕾也摇头感叹："仿佛还是昨天。"

昨天他们还是高二，如今就已是高三党了。

到了这一个阶段，他们要适应这个身份，需要时间。关心和目光有时也是一种压力。

王峻峻月考没考好，最近有点颓。

池澈一掌拍在王峻峻背上："高三掉二十斤肉，大学又是一条好汉。"

王峻峻顿时被鼓舞了："有道理。至少掉五十斤，到时我池哥全宇宙第一帅，我王峻峻第二帅，大学妹子随便追。"

金蕾调侃："别人一看你上帅哥榜，马上怀疑这榜单有水分。"

"你说什么？再说一遍。"王峻峻不服。

池澈叼着兔子笔，摩挲着粉色的笔身。

理科班男生一大堆，新的男同桌见他用这种笔，有点稀奇，但他什么也没说，不准人碰，渐渐地，大家都知道池哥很宝贝这支兔子笔。

今晚教室外面的月亮金澄澄的，很圆。

池澈对自己说："今晚中秋。"

他点了点兔子笔的脸，手指戳了戳三瓣嘴，无意识地呢喃："你个坏家伙，有没有想我？"

任何节日跟高三学子都是无关的。

大家好像也忘记了。

窗户传来一阵轻笑声，池澈一愣，怀疑自己误听了，他一点点转身，担心动作太大，会立刻戳破这个美梦。即使是梦，他也希望这场梦能晚一点醒来。

真的是蔚观雪。

蔚观雪披着柔顺的长发，安静地站在窗外，池澈一紧张，长腿一蹿，撞到桌子上，立刻就要起来。

蔚观雪瞥了瞥教室四周，食指放到唇边，“嘘”了一下。

她怀里抱着语文试卷，趁着给大家拿卷子的空当，绕了一圈经过这个教室。

理科班今晚只有值日生，池澈看了两眼，悄悄跟蔚观雪说话，楼外月亮正圆，树影斑驳，在月下拂动。

“你怎么来了？”

“来看你……有没有认真学习。”

少女甜甜的笑如水中月荡漾。

少年桀骜地挑眉，充满自信：“一直第一，但你来了，我会学得更好。”

他还是一点都没有变，不，其实是更成熟更稳重了，更令人信服。

蔚观雪甜甜地说：“嗯，我相信。”

她的眼中满是柔光，望着他。少女诚挚的眼神令少年觉得自己无所不能。

池澈说：“你还记得以前你问我的那个问题吗？三岛由纪夫的《潮骚》里，是少女的祈祷产生了作用，还是青年战胜了海浪？”

蔚观雪微微靠近窗边：“怎么了？”

池澈透过窗户凝视着蔚观雪的脸：“以前我认为我自己可以做到任何事，现在依旧这样认为，但是重要的人的眼神会给我无穷的力量。”

他一直活得很纯粹，很真实，但现在为了一个共同目标而奋斗，池澈觉得自己感悟到了一种新的力量。

蔚观雪的睫毛颤了颤，她没有说，但每当学得很累，背到脑袋发痛时，看看窗外高楼边的月亮，想到那个人也在学习，想到他们在为同一个目标拼命，那些身心的疲惫就不再是单纯的累了，其中还孕育着希望。

池澈看看蔚观雪，再望望月亮：“今晚，月色真美。”

蔚观雪心中一动，作为文科生，她当然知道日本大文豪夏目漱石也说过这句话。她跟着看向夜空，轻柔的发丝动了动：“这算不算是我们第一次赏月？”尽管隔着窗，尽管如此短暂，尽管只能这样共同赏月。

教室里一片“沙沙”做题的声音。

金色的圆月挂在树梢上，偶尔有秋风吹来。

池澈望着月，略微停顿了半秒：“嗯，但是有你在，月色才美。”

蔚观雪的身体再次颤了一下，试卷被夜风“哗啦啦”吹响，已满十八岁的池澈在夜色中轮廓深邃，英俊非凡。她抱着试卷，一步一步走回文科班。班上安静无声，大家埋头背着重点，她将头发往后拨了拨，将试卷分发下去，因那两句短短的话，脸上依然在发烫。

李子枫有点好奇：“怎么了？”

他察觉到蔚观雪的眉目间多了丝光亮。

这丝光亮让她如此美丽，如此特别，美而有力。

蔚观雪抿着唇，摇头笑了笑。

今晚月色永驻。

冷秋吹走炎夏。学生们换上秋季校服，在清晨的薄雾中骑着自行车到校，十月下旬，六点多的早自习，空气已经泛着寒意，天空中挂着一两颗星子。

金秋十月，菊香蟹肥，阳澄湖大闸蟹开始盛行。池澈家被送了一拨又一拨，有时是厚厚一沓蟹券，有时是整箱整箱的蟹。

理科一班的人一片欢呼，这个时节被池澈大佬照拂，其他十个班艳羡不已。

张魔头、孙莉莉他们也收到了这份心意。

政治老师在教务处捧着泡了胖大海的热水杯，这孩子，分了班都还记得他们。

张魔头下了课，回到办公室，发现教案里掉出一张领蟹券。红彤彤的券，做得像请帖。拿起来一看，现在吃螃蟹都这么高级了，手机扫码，关注公众号预约，他们以前都没试过。

原二班老师人人有份。孙莉莉端着杯花茶，也跟着聊了起来，她的券比其他老师多一张，总共是八公八母，十六只大闸蟹。

政治老师操着一口家乡话："是不是多夹了一张？"

孙莉莉笑着摇头："可能吧。"

不过池澈递给她时说了句"谢谢"，她摇摇头，总觉得这个"谢谢"有双重含义。

王峻峻、李子枫一人好几张。

王峻峻点着大闸蟹券，光盯着看就快流口水了："还是池哥懂得怜爱我王胖胖，数理化刷题刷死我了，正好补补。"

谁也挡不住螃蟹的美味，李子枫眉开眼笑："九月团脐，十月尖，这个季节正好。"

池澈前座后座喜滋滋地拿着螃蟹券。

赵炜也在理科一班，他和他的同桌也有。

赵炜将红色的领蟹券推得远远的，别人在讨论大闸蟹，他刻意去做试卷。

其他人的声音飘过来：

"九雌十雄。"

"雄的吃膏，雌的吃黄。"

"弄点姜丝，跟紫苏一起蒸。"

同桌撞撞他的胳膊肘，"阳澄湖大闸蟹"几个字晃着眼："这螃蟹好大，公的有四两多，母的三两多。"

他的唾液腺自动分泌，越想禁越禁不住，脑海里已经浮现出一锅锅大闸蟹被蒸成橘黄色，热气腾腾的样子。

赵炜终于忍不住了，放下试卷，也拿起蟹券扫了一眼。

池澈将这个小动作看在眼里。他穿着名牌卫衣，袖子上一道宽宽的红道，唇角带笑，看似对全班说，实则意有所指："高三了，有什么解不开的，吃顿蟹。一顿不够，那就两顿。"

这番话赢得了理科一班所有人的拥戴。

在沉寂好久之后，同学们又一次将压力释放。

赵炜目光复杂地看着池澈，他身为班长拥有管制权，池澈却是精神领袖，总能在精神上带领全班，这一刻，他明白了那些男生对"池澈大佬"这个称号的认可。

池澈趁着课间，飞快跑到文科一班。

文科班跟理科班截然不同，理科班拼命刷题刷得天昏地暗，文科班一天到晚都在背书。

池澈唤出蔚观雪，两人在柱子后站着。

"给你留了一箱。你肯定搬不动，放学我帮你。"

池澈给全班大闸蟹的事，蔚观雪从金蕾那儿听说了。也不知道他是怎么想的，给别人的都是券，给她的却是一大箱实物，说是最新鲜的。

寒风四起。

暮色笼着学校附近的街道，居民楼的窗口透着温暖的灯光。

张志城从宝马后备厢卸下一箱螃蟹，捆到池澈的自行车后座。他试了试绳子的力度，扯了两下，没有松动，这才汇报道："池少，没问题了。"

有钱人的思路让人搞不懂。

为什么不直接让人开车送，非要亲自送？

他瞥了瞥池澈少爷旁边的女生，整洁的校服，背着书包，纤细净白，气质清丽，一看就是校花级别。

为了保险，这些螃蟹是空运来的，配足了冰袋。

池澈对张志城一笑："谢了，张叔。"

张志城看到那个女生也对自己柔柔一笑，然后跟池澈一起向居民楼走去，不时扶扶后座。

地上落了一两片梧桐叶，天色渐暗，他们的身影也像消融在夜色里。

蔚观雪瞟了池澈一眼，小声道："我爸妈会在家。"

少年身材高挑，推着自行车，校服穿得极其正式，鞋子干干净净的。

蔚观雪忽然发现："你今天是不是特地打扮过……"

池澈耳根一红，幸亏被夜色遮掩："水瓶座的男人从小帅到大，懂不懂？"

蔚观雪含笑扫了他一眼。

自行车轧着马路，钢圈车轮闪着光，两人静静走在回家路上。

蔚观雪家在四楼。

池澈锁了自行车。最高层是六楼，所以小区没有配置电梯。池澈瞧了一眼，就用肩膀扛起螃蟹，要一个人搬。

蔚观雪连忙："我们一起。"

池澈手一挥："这种事让男人来。"

蔚观雪扶着后面："很重吧？"

池澈单手扛着箱子，睨了她一眼，笑："正好让你们女生看看男人的体力。"

蔚观雪的脸微微一红。

蔚观雪提前把一层层的楼梯灯弄亮。

池澈的身体素质不错，一口气上到四楼才有点喘，喘着气，自我调侃："可惜这次你没机会看到我的腹肌了。"

蔚观雪轻轻捶了他一下，隔门喊："妈，爸，我回来了。我同学来了。"

她发信息跟家人说过池澈要来。

不一会儿，深棕色的门打开了。

蔚父、蔚母出门迎接，一眼就看到女儿旁边站了一个高挑男生。年轻人扛着一箱蟹，很有男子气概。

池澈大大方方打着招呼："伯父伯母，你们好，我叫池澈，以前是蔚观雪的同桌。"

一表人才，落落大方。

蔚父、蔚母在心里考量着。女儿从没带男生回来过。

蔚观雪轻声道："妈，池澈扛着一箱螃蟹呢，全是他一个人扛上来的。"

蔚母笑道："快，快进屋，歇歇。"

池澈没有马上动身，反而礼貌地道："不打扰了，我就是过来送个蟹。蔚观雪给我辅导过语文，一直没正式道过谢，这次正好有箱上等大闸蟹，聊表心意。"

蔚父、蔚母对视了一眼，对池澈更有好感。

蔚母拉着池澈的手，迎他进来："进来喝口水，吃完晚饭再走，就多一双筷子的事，不嫌弃吧。"

池澈连忙说："不敢不敢，伯母的手艺一定一级棒。"

蔚父帮着接过箱子，顿觉手上一重，还真是挺沉的。

蔚父、蔚母先进屋，两个小辈跟在身后，池澈趁机对蔚观雪一笑。

蔚家是书香世家，家居是古典风格的，家里养着兰花，挂着字画，池澈感受到一股有别于他家的家风气质，难怪会养出蔚观雪这样有底蕴的女孩子。

其中一扇卧室门，门把手上挂着一只兔子。

池澈瞥到，唇角轻扬。

他端端正正坐在沙发上，蔚父递过来一杯茶，连忙站起来："伯父，您放着就好。"

大方之下有点微不可察的紧张，但这点紧张显得这孩子更加诚挚。

蔚父笑笑，关怀道："高三忙吗？"

池澈斜了斜身子，正脸对着蔚父："忙，忙成了狗，但人生总要拼搏一次。"

蔚父微微颔首。

蔚观雪端来果盘："池澈读的是理科，经常拿国家奥数奖，是我们学校的天才。"

当着蔚父的面被夸，池澈挠了两下头："就是比较热爱数学。"

他收敛了很多，如果是当着自己父亲的面，他的尾巴会翘到天上去。

蔚父点点头："对待学问，最重要的就是热爱与敬畏。"沉吟了一下，"数学很好，顶级尖端行业都要运用到数学。"

得到蔚父的赞许，池澈眯眼笑起来，望了蔚观雪一眼。

蔚观雪在桌子下递给池澈一颗椰子糖。

看把他美得。

一桌子的佳肴，板栗烧鸡、红烧鱼、肉末蒸蛋、参汤圆子、时蔬小菜，碗筷都摆好了。

池澈洗完手，挨着蔚观雪正要坐下。

门铃响了，蔚听松回来了。

蔚观雪开门："哥？"哥哥不是要去香港吗，怎么回来了？

她感到池澈的身体一僵。

池澈僵着笑，跟着站起来："哥。"

蔚听松喊了声"爸、妈、妹妹"，在玄关挂上风衣换好鞋，抬起眸，扫了家里一圈，最后视线落在池澈的脸上。

池澈顿时有点手足无措，生怕下一秒对方薄唇开启："谁是你哥？"

他有些结巴："听松哥……哥哥好。"

青年的视线在池澈身上停留片刻，最后转向父母："爸妈，我回来了。"

池澈长吁了一口气，猝不及防地，额头冒出了一层薄汗。

本来两个小辈挨在一块，可蔚听松硬站在池澈、蔚观雪中间，池澈只好挪开一个位子：“哥，你坐。”

蔚听松拿起筷子：“不高兴？”

池澈像打蔫的茄子，强颜欢笑：“没，没有。”

蔚听松用余光上下打量他，对方神采非凡，气质清贵，眼眸里闪动着灵气，很有个性。

蔚母见蔚听松一回来，池澈像见了老虎的猫，就开始母爱泛滥，忙让池澈吃菜：“来来，尝尝你伯母的手艺。听松，你别吓着澈澈，澈澈今天是专门给我们送螃蟹来的。”

池澈被蔚母一夸，又活蹦乱跳起来，仰着张俊脸，对蔚母笑：“早知道伯母您这么人美心善，我扛十箱都有力气。”

蔚听松轻哼一声，这嘴巴简直是抹了蜜。

蔚母被逗笑了，对蔚父称赞池澈懂事。

池澈隔着蔚听松，对蔚观雪眨了眨眼。

蔚听松筷子一放：“眼皮抽了吗？”

池澈脖子一缩：“没、没有。”赶紧低头扒了两口饭，差点噎到。

蔚观雪起身递了杯橙子汁给池澈，小声对蔚听松道：“哥，你别吓唬他了。”

蔚听松捏了捏筷子，不仅嘴上抹了蜜，脸也极具欺骗性，把一家人都迷惑了。

晚饭吃完，蔚观雪送池澈下楼，夜风掠进楼道。狭窄的楼道里，两人轻手轻脚，没亮灯，默契地分享着难得的幽静。

池澈对蔚观雪小声说：“你摸摸我额头。”

蔚观雪没伸手。

池澈道：“今天扛螃蟹有点累，想让你摸摸。”

昏暗中，蔚观雪的手一寸一寸地朝池澈移动着。

快要触碰到对方时，池澈一把轻轻握住，她手一动，却被抓得更紧。

楼梯间，池澈的声音传来："这箱螃蟹就算是我的谢礼。以后，我还要给你第二件、第三件……"

她的手抽不动，她也不想抽，听到他以很轻的声音说出这番话，却奇异地感受到他的心意很重很重。

她感到眼眶有点湿，呼吸断断续续。他们是尖子生，自我期待与其他期望都成了肩上的重任，没人知道命运会不会是深一脚浅一脚。但他们要撑住，不能言说，说出来是脆弱，是崩溃，只会让爱他们的人担忧。

幽暗的楼梯间是一片深沉的海。

他是海面上的一束光。

有光在，心中就有慰藉。

少女的声音有些哽咽："我喜欢吃螃蟹，明年，以后，还想吃你送的螃蟹。"

十二月下旬。天气已经很冷，人们开始穿羽绒服，耳朵露在外面都是冰的，不少市民生了冻疮。

校园里树叶凋落，只剩下灰褐色的树干。寒风冷飕飕的，体育课早已取消，课间跑步是高三年级唯一下楼放风的机会。

男生女生排成两列，一个班接着一个班，由体育老师领队，绕着学校跑。有次体育老师跑着跑着不见了，一大群人在原地不知所措，后来才知道体育老师溜去上厕所。

还有一次忽下冰雹，透明的冰雹像石头一样砸下来，大家捂着脑袋"哇哇"大叫，一整个队伍几秒钟内消失，这一次留下体育老师在原地惊呆了。

池澈听金蕾说蔚观雪没见过冰雹，冲出去捧了几个冰雹送到文科班，又踏着上课铃跑回理科班。王峻峻见池澈手指冻得发红，嘴角却噙着一抹笑。

学校任命了值日生，各班级交互检查其他班跑步的出勤率。本来理科一班的值日生是赵炜，文科一班是蔚观雪，池澈硬是哥俩好地拉赵炜出去上厕所，回来后值日生就变成了他。

天气特别冷，只有五摄氏度，呵出的气体都是白色的，蔚观雪戴着白色毛线帽子，身穿白色羽绒服，袖子上别着值日生的红袖标，拿着笔和记事板跟在理科四班的队伍旁跑。

值日生要清点每个班的人数，记录跑步的队形整齐程度。

冬日，大家的衣服几乎都是深色系，两排长长的学生队伍从她身旁跑过。大家的鞋子踩在地上发出沉重的声音，有的好奇地看了眼值日生，拍拍前面男生的肩。

“今天的值日生真美。”

“快看，快看。”

蔚观雪一边跑，一边清点着人数：“……十二、十三、十四……”

寒风呛进喉管里，刺刺地痛，蔚观雪蹙眉捂了捂喉咙。她喉咙发紧，胸口发堵，呼吸不畅。有的值日生偷懒，随便打个钩，或者对别的班看不顺眼，直接打低分，但她不会这样做。

一身深蓝色耐克运动装扮的男生不知从哪儿跑来，给大寒冬增添了一抹色彩。他拿过蔚观雪的记事板，隔着帽子揉了揉她的脑袋：“等我。”

熟悉的声音在耳边响起，蔚观雪看着池澈高挑的背影一溜烟跑到四班队伍前。不知他跟四班体育委员说了什么，队伍前方忽然开始报数：“一、二、三、四……”响亮的声音像多米诺骨牌，直直传到蔚观雪这一排，“三十四、三十五、三十六……”再远远地传到队尾，“七十八、七十九！”

总数八十二人，实到七十九人，竟就这样统计完了。

四班队伍“嗒嗒嗒”继续向前跑着，震得空气中雪花簌簌。池澈逆着人流，向蔚观雪跑来，眼里含笑。

大冬天，他的睫毛反而显得更长更深邃。

他跑到蔚观雪面前，见她握着笔的手被冷风吹得通红，直接把这双小手揣进自己的大口袋：“暖一会儿。”

两人的手在外套口袋里。

池澈另一只手揉了揉蔚观雪的脸，帮她理了理被冷风吹乱的发丝：“怎么样，还冷吗？”

蔚观雪左右看了看，然后望向池澈的眼睛。

手被塞进大口袋，瞬间就暖和了好多。原来男生的衣服这么挡风保暖。

她伸出手，拉下池澈的手，放到他的另一个口袋里。

“你也暖一下。

“这样我们就都不冷了。

“听说，你跟赵炜作了交换？”要不是金蕾告诉她，她还不知道。

“没什么，就说可以帮他准备奥数。”

她的心一紧，赵炜最想在奥数上打败池澈。

“不过他说不用了，他要好好高考，已经放弃奥数了。”

空旷的道上只剩几个寥寥人。

蔚观雪轻轻问：“那你呢？”

会把时间留给高考是人之常情，奥数之所以引人注目，因为是荣誉，但没有任何荣誉比高考重要。

“你呢？你想我继续参加奥数比赛，还是全心全意准备高考？”

蔚观雪抬头看了看池澈，高考让人沉稳，现在眼前的少年更接近青年气质了，多了分内敛。

她缓缓道：“你是自由的。你可以选择任何你觉得重要的、热爱的。”

她不想支配他。

她不想让他只围绕自己转，若对方是一棵树，她更愿意他自由茁壮地享受大自然，享受天与地。

寒冷的空气中，池澈的黑眸中有光。

“蔚观雪，你是人间宝藏。”

圣诞前夜，深蓝色的天空下着雪，全城放着圣诞歌曲，其他班级经过高三文科一班一看，全震惊了。文科一班教室的窗户上吊着白绒绒的雪花，顶上挂着“圣诞快乐”的英文卡片，还有圣诞老人扛着礼物的图，金色的星，缤纷的礼盒，土黄色小姜饼人。

其他班级同学纷纷惊叹：“谁想出来的？文科班就是有情调。”

李子枫忍不住骄傲：“蔚观雪振臂一呼，文科一班齐心协力。”

蔚观雪如今是班长，有耐心，脾气好，遇事不慌不忙，不同于池澈那种精神上的风向标，她更像一个定心锚，大家跟着她就很有主心骨。

其他班级的同学不禁感慨：都是九年义务教育，为什么他们班这么优秀？也赶紧回去装点起自己的教室。

蔚观雪正摸着那头温柔的驯鹿，冬季夜色深沉，窗户玻璃上凝着一层薄霜，白色羽绒服领口的毛边衬得她更加美丽。

她刚贴完驯鹿，就听见窗户被叩响的声音。

男生的手指一下一下闷闷叩在玻璃上。

今晚老师们给高三学生放了假，晚自习可以不上，虽然大家还在教室，但是可以自在一些。老师们也知道，学生总是憋着，会受不住。

蔚观雪眼睛一亮，连忙打开窗户。

夜风忽然涌进，吹散教室里的暖气，她脖子上一阵激灵。

池澈忙解开自己的围巾，给她围上：“不知道冷？”

蔚观雪甜甜一笑，视线没从对方眼睛上挪开，他们又快一个月没见了。

“见到你就不冷了。”

她的眼神是那样清澈，比雪夜的雪还洁净。

池澈抵挡不住，微微垂眸，从羽绒服口袋里掏出两个苹果：“给，平安果。”一个是她的，另一个是他的。

蔚观雪有点惊喜：“给我的？”

这是美国红果，形状漂亮，果皮紧致，一看就是用心精选的。

池澈点点头，俊脸上露出满足的笑容：“嗯。”

蔚观雪脸上的笑意更甚。

忽然有人惊喜地喊：“下雪了。”

池澈、蔚观雪仰头。

夜空上方，有微微发光的星，柔软的雪花一瓣瓣打着旋落下，温柔得像恋人的眼神。

满教室的人齐齐趴在窗户上观赏夜雪。

时光飞快逝去，每个人都知道离别的含义，也都在尽情享受着可能是高三的最后一个雪夜。

蔚观雪、池澈之间隔着窗户，一个在窗外，一个在窗内，两张清丽干净的脸上绽放着美好的期冀。

蔚观雪的睫毛沾上一点白。

她朝窗外伸出手，想去接雪：“每一年，每一年我们都要平安喜乐，圆满幸福。”

少年将他接到的雪花倒在少女手上。

“会的，一定会的。”

他拿出手机拍了一张照片，发到朋友圈——雪夜，两只平安果。

冬有雪，而我有你。

高三期末考结束，每个人像蜕了一层皮，一些人大瘦十斤。

还好二月有新年，高三生能短短地喘息几日。

不过即使过年，也要完成一大堆试卷，每个考生都累瘫了。大雪安静地落下，屋顶上、树上的厚厚积雪在夜色中泛着光。

池澈兼顾奥数，在全国竞赛中拿了第一名。证书、奖杯被家人放在玻璃展示柜中，里面的金色奖杯、徽章摆了一排又一排。不过即使是池卫国，也能感受到自家儿子的压力。

以前一回家，他还会打打手游，现在直接进书房。以前他凭着天赋，浑身闪耀，现在在天赋之外，多了踏实。

儿子像变了一个人，变成更稳重，更有担当。人生每一个阶段都会磨炼他的心智。

段燕虹特地安排营养餐，让池公馆的主厨做给池澈吃，对要高考的孩子，中国父母都是深深关心的。除夕夜，池公馆喜气洋洋，春晚在超大尺寸的电视屏幕上放着。

池澈和父亲吃着年夜饭。餐桌上放了一盘鱼，但池家除夕是不吃鱼的，初一才能吃，象征着年年有余。

李姨和段燕虹一起包着饺子，有韭菜馅、白菜猪肉馅、玉米馅，放在大锅里一煮，煮个十几分钟，沸水冒着泡泡，大漏勺一捞，白白胖胖的饺子被盛进盘子里。再调两份味碟，一份加辣油，一份不加。

电视上欢声笑语不断。

春晚节目一片热闹喜庆，全球华人通过观看央视春节联欢晚会欢庆新年。

池澈夹起了一个蘸了红油的饺子，看着春晚上的小品："爸，你知道这叫什么吗？"

池卫国瞧着越发英俊、越发修长的儿子。

"什么？"年轻聪颖的儿子已隐隐露出要超越父辈的力量。

池澈自信满满："这叫云过年，全球华人一起云过年。"

池卫国大笑："是是，云过年，全球华人一起过年。"

手上正包着第二锅饺子的段燕虹、李姨也跟着笑乐了。现在的年轻人，一口一个时髦词。

"十、九、八、七、六、五……"

主持人进行着新年倒计时。

"当——当——当"，零点的钟声一响，新年降临。

池公馆充满喜悦，池卫国拿出一沓厚厚的红包，一个人一个人发着。

段燕虹也给李姨发了红包。

见池澈今晚心情不错，段燕虹拿起一个最大的红包递给他：“段姨祝你新年快乐，高考顺利！”

池澈注视了段燕虹一会儿：“谢谢您。”

段燕虹的双肩放松下来，露出一个笑。

这个年算过安稳了。

池卫国给池澈一个大大鼓鼓的红包：“祝我儿子新年达成所愿，高考考出满意成绩！”近几年很多人都通过微信发新年红包，但池卫国还是喜欢这种手发的感觉。

池澈看着父亲。

他今年又长高了，如今比父亲还高出两厘米。每年他的红包都异常厚。

“爸，再给一个红包。”池澈继续要。

池卫国挑眉，不明所以。

池澈微微一笑：“你给就是了，保你不亏。”

午夜的空气有些冷。

全世界好像被重置过一样，透出一种别样的新鲜。

池澈走到落地窗前，眼前一片盛大的雪景。雪光衬得他眉眼深邃，身材颀长，已经成年的池澈深吸了一口雪夜的空气。

他拨出电话，那端传来令他心情舒展的女孩的声音。

他扬眉笑道：“新年快乐。”

“新年快乐。”

新年，决定命运的一年。

而命运早已暗中对他们亲赐了祝福。

短暂的新年过完，高三生又回到学校。以前印象中的教室很明亮，下课同学们永远有聊不完的天，现在一切像被放置在铅色滤镜后，灰暗而压抑。

校内梅花开得正好。

蔚观雪戴着毛茸茸的耳套，踩着白雪向梅花走去。

池澈来看文科班，蔚观雪正低头擦着课桌。几天不在校，桌上落了一层细细的灰。有些人直接坐了，没管。蔚观雪心细，不仅擦好了她这边，还把旁边的部分也擦了。

两个红艳艳的红包被塞进蔚观雪的书包里。蔚观雪吓了一跳，回头一看，是池澈。

所幸其他人都在做自己的事，没发现教室多了一张陌生的脸庞。

蔚观雪要还给池澈，她怎么能要?

池澈不接："这是我爸要给你的，你要还就自己去还给他，还给我没用。"

红包拿在手中更烫。

蔚观雪小声："那怎么有两个？"

池澈说："还有一个是发给我前同桌的。我就想发给她，你管不着。"

蔚观雪的脸发红："你这是强盗逻辑……"

三月。

四月。

五月。

冬季仿佛很长，又仿佛只是人生的弹指一瞬。大家再度换上春衫，而高二那年的时光还历历在目。

校园里的树木生机盎然，春风吹进学子们的文德楼。

教室右上角悬挂的高考倒计时，只剩个位数。

该拼的都拼了，来不及复习的也只能听天由命，考神保佑。真正到了这一刻，所有恐惧胆怯都已沉入海底，该来的总会来。

他们不怕。

班主任张魔头最后一次站在墨绿色的黑板前。

他手撑着讲台，看着全班。

讲台下面的青春脸孔也静静地看着他。每一个如幼树出土，蓄力待发。

教室每一年都在换，他带的班级也在换，然而每间教室洒满知识，每届学生未来可期。

“人生之路很长，你们一定会走得更远更好。”

这是他亲手带的班级，这是他亲手带了三年的学生。

他们备过无数次课，他们的手指染过无数粉笔灰，身为人师，他们永远对自己的学生怀有深深的祝福。

最后三天，高三息课。高考即将来临。

蔚观雪跟池澈约定这三天每天互报消息，然而这才第一天，池澈竟然就忘了。蔚观雪翻着复习笔记，心神不定，想了想，还是点开微信打了个语音电话。

池澈的微信头像是只小奶猫，图上有小小的文字：“人家就是你的小笨蛋。”

过了好久，他才接起，声音很疲劳，仿佛才睡醒：“对不起，我睡着了，给忘了。”有点嘶哑。

“现在才睡醒吗？”

那边迟疑几秒，声音含含混混、有气无力，还夹杂着咳嗽的声音：“对，昨晚复习晚了。”

“那好好休息。”

蔚观雪蹙着眉，挂断电话，目光在通话时间记录上停留了两秒，果断打电话给王峻峻：“池澈是不是发生了什么事？”

那端的王峻峻也是心急火燎：“池哥发烧了！昨晚连夜叫了家庭医生，吊水吊到两三点。”

夏季多雷雨，息课最后一天，一妇女带着小男孩被暴雨淋得透湿，小男孩在雨中瑟瑟发抖。池澈二话不说直接把自己的雨衣给了对方，母子两人连连道谢。

原本以为没事，冲个热水澡就好了，没想到吃过晚饭，他就发起了高烧。到了深夜，段燕虹被池澈烧红的眼吓了一跳，连忙喊来池卫国，心急得不行。

池卫国到底是当过兵的人，沉得住气，安慰段燕虹，不要慌，发烧对男子汉来说不算什么。

段燕虹这才发现，自己竟然如此心惊肉跳，比公司出了危机都紧张。她竟对继子担心到这种程度，可能高考太重要，她的第一反应就是万一这孩子因为发烧考砸了怎么办?

池卫国越到这种时候越展现出一个老男人的沉稳。他拍了拍自己第二任妻子的手背："没事的。"尽管他的视线一直没有从池澈身上挪开过。

池澈在卧室里输液，输了整整三大瓶，到了后半夜，脸上不自然的病态潮红才渐渐消散，整个人昏头昏脑地醒来，已经过了约定的时间。

而蔚观雪此时在家走来走去。

蔚听松放下手中看股市的iPad，拿起车钥匙，对妹妹道："探望病人带个果篮。"

夏日阳光掠过玻璃窗，蔚听松一身深蓝色休闲装扮，水杯折射出的波光碎块投到他沉静的眉眼上。蔚观雪顿了一会儿，睫毛颤巍巍，叫了一声"哥"。

一声"哥"足以包含她的所有心声，血亲之间莫过于此。

池公馆的门铃响了。

段燕虹透过门禁屏幕看到，池澈的死党们全部来了，王峻峻、李子枫，还有两个她不认识的小姑娘。一个娇憨可爱，一个很有气质。

王峻峻露出她最熟悉的憨笑："段阿姨，我们来看池哥了！"

段燕虹连忙按下开门键。她心里一阵感动，明明还有两天就高考了，这群孩子却舍得抽出最宝贵的时间来看望同学。

这就是青春的同伴吗？

黑金镂花铁门开了，池公馆很大，一行人往里面走了好一会儿，段燕虹、池卫国亲自在门口等着他们。

池卫国目光坚毅，眼睛炯炯有神："耽误你们时间了。家长不会担心吧？"

王峻峻跟池澈最熟，连忙道："哪儿的话，池哥高中三年一直照顾我们。"

李子枫接着："学习重要，但朋友更重要。"

金蕾笑："池伯伯放心吧，我们都跟父母打过招呼了。"

池卫国将他们迎进客厅。夏日炎炎，每个人都流了不少汗，段燕虹立刻让李姨给大家端上冰饮。两个小姑娘礼貌地接过，家教很好。

池卫国发现，其他人都喘着气，喝着冰水，其中一个穿着白色背带裙的小姑娘，放下果篮之后，一直担忧地往楼上瞅着。

池卫国道："你们想看看池澈吗？不过他还在发烧。"

蔚观雪说："我们就看看他，我们会很轻声，不会打搅太久。"

池卫国连忙说："哪儿的话。"

段燕虹解释道："我们是怕他把病传染给你们。"

蔚观雪说："不会的。谢谢伯父伯母替我们着想。"

她在一群人中不多话，但一说话声音轻柔，有礼貌，莫名地令人对她很放心。

池澈卧室门开了。

池澈在发烧，房里没开空调，一股热浪扑来。

"澈澈，你的同学来看望你了。"池卫国、段燕虹把空间留给孩子们。

池澈躺在床上，捂着汗，额头上一块淡蓝色降温贴，嘴唇艳红，眼神迷蒙，上半身裸着，下边穿着真丝睡裤。

“暴躁老哥，我们来看你了。”

王峻峻嘿嘿笑，想偷拍池澈的肉体，被池澈一个枕头扔过去砸中头。

“滚。”发烧生病的样子被他们看到了，羞耻！

池澈嘴里对王峻峻喊着“滚”，眼里却充满感动。

金蕾见状，抱着肩笑：“要谢就好好感谢蔚观雪，是她把我们召集过来的。”

高考分数比金子还贵，没有真感情，谁愿意在最后最重要的时间出来。

池澈头一次正眼看金蕾：“够意思，谢啦。”

几人问候了几句，发烧的人容易疲劳，没过一会儿，池澈明显不像刚才那么有精气神了。

王峻峻、李子枫、金蕾相互之间使了个眼色，先退出门，让蔚观雪和池澈单独说会儿话。

池澈的房间很热。

空调关了，汗出在皮肤上黏黏的，池澈发着烧必须得忍着，蔚观雪陪着他不吹空调，细密的汗覆在她的额间，她一声未吭。

蔚观雪上前，探了探池澈的额头，轻声问：“发烧了怎么不跟我说？”

池澈的眼神很别扭。

他不想在蔚观雪面前呈现出虚弱的样子，就算生病也不行。

透明的液体从输液瓶顺着输液管一滴一滴流进他体内。

蔚观雪拿出语文课本，翻开其中几页，几朵干梅花掉了出来。

“梅花书签快成了。”蔚观雪轻轻说。

那个雪夜，她在梅园折了一段梅，将小小的白梅夹进语文书里。蔚观雪指尖拈着梅花，干枯的花瓣呈现出另一种动人的美，雪色像通过白梅被封存住了。

“还有一点，就快成了。”

他想起他们的约定，他难以想象这个女孩每晚是怎么对着梅花书签默默复习的。

“苦吗？”池澈突然问。

蔚观雪微微垂着眼，望向他：“梅花香自苦寒来。”

池澈停顿了几秒，眼睛看着天花板，一条胳膊枕在脑后。

“说出来，你不要笑，我很怕。怕因为发烧而拿不到清华状元。”

蔚观雪哭笑不得：“别人都怕考不上好学校，你害怕这个？”

池澈瞅了她一眼，嘀咕道：“拿不到状元，怎么能赢了你哥？”

蔚观雪温柔地摸摸他的额头：“加油，只剩最后一关了。”

加油，他们的青春。

两支兔子笔散落在课本边。

三瓣嘴，笑眯眯。

干白的梅花拈在指间。

六月，高考。

市新闻联播播报，市内重要路线全被封锁，机动车不许影响考生。家长们黑压压地拥在学校门口，目送着自己寒窗苦读多年的孩子进考场。

孩子们那么用功地学习，这决定人生的关键时刻，做父母的只能为他们祈福。

语文、数学、英语……一场场考下来，人潮一次次散去又重聚。

终于到了最后一场。

交完试卷，一切尘埃落定，所有考生感觉走过了地狱，肩膀上变轻了。有人开始流泪，有人望着蓝天，仿若重生般深呼吸着。

太阳投下一圈一圈的光影。

风很慢，像是人生的慢镜头。

大家冲出校门，奔跑着，校门外是一群等待已久的家长，有些家长也泪流满面。

金蕾率先跑出教室，高呼："自由了！"

王峻峻和李子枫也考完，两人朝天空抛着笔袋："考完了！""再也不用想高考了！""可我超喜欢四中那群兄弟！"

这就是他们的青春，每一个人的青春。

他们相信自己不平凡，相信自己拥有光明的未来。

池澈身着红T恤、白裤子，T恤前半截扎在白色裤子里。他站在人潮中，不少考完的女生，还有家长们为他侧目。

一个身着连衣裙的女孩轻盈地走出考场。少女身上沐浴着阳光，脸庞被照耀得十分美好，像天使。他走上前，揉了揉少女的头。发丝穿过他掌心，留下阳光般的香气，像椰子糖的味道。

金蕾、王峻峻、李子枫簇拥着两人，一群人散发着青春朝气，一同走出校门，欢声笑语冲上云霄。

蔚观雪、池澈相视一笑。

碧空之下，池卫国、段燕虹、蔚父、蔚母、蔚听松在不远处等着他们，每个人的脸上都是一片灿烂。

池澈和蔚观雪肩并肩向他们走去。

阳光落在他们身上，雪一样干净。

这是一场盛大而美好的青春。青春永远在进行。

这是自由、成长。

这是爱。

【全文完】

番　外

青春永不落幕

泰国旅游篇

大学暑假，池澈一行人决定去泰国旅行。

几人在机场会合。

国际起飞层人流涌动，广播在高阔的空间里播报。

他们需要提前三个多小时来机场，王峻峻、李子枫一早就到了。

池澈鼻梁上架着一副蔻依红色墨镜，脚蹬一双白色老爹鞋，又时尚又酷炫。

等候区不少人偷偷注视着这个高挑少年，国际区几个追过星的小姑娘在议论："好帅啊。""是不是国外的练习生啊？"

王峻峻、李子枫撞撞池澈："我们池哥走到哪儿都能吸引一堆小姑娘，就是太纯情了。要不要在泰国找几个小姐姐给大佬体验体验？"

池澈对王峻峻招招手，懒懒地命令："转过身。"

王峻峻不明所以，听从。

池澈一脚踹过去："找什么找！"

十来分钟后，蔚观雪她们也到了。蔚观雪和金蕾一起出发，是被兰斯人开车送过来的。金蕾一路上都在小声对蔚观雪说，兰斯人好帅，好高，好像模特，向蔚观雪打听了不少情报。

池澈见到一身白裙的蔚观雪，刚才那股盛气凌人的劲没了。

蔚观雪乌发披肩，清纯可人。

池澈单手摸着后脑勺，在众人的视线下，朝蔚观雪走去。这样的少年和少女在一起，国际等候区的人感觉自己在看真人偶像剧。

池澈有点腼腆，停顿了一会儿，蓦然蹦出一句："我们像不像要去度蜜月？"

王峻峻、李子枫鬼哭狼嚎。

池哥厉害，见面第一句就直奔主题。

蔚观雪脸红心跳，被弄得不好意思。她瞟瞟四周，兰斯人笑眯眯的，余光跟她相撞，意味不明，转过身跟金蕾聊起了天，好像没注意到他们。

蔚观雪吐出一口气，还好今天跟来的不是哥哥。

她这才轻声道："不算吧？"

没想到池澈直接点点头："也是。电灯泡太多了。"目光直射王峻峻、李子枫。

其他人一脸委屈。

一行人走向办理登机牌的柜台。池澈示意蔚观雪把行李箱交给他，男士为女士服务。

王峻峻嘴贱："池哥还挺会疼人。"

话音刚落，行李箱就横在了他面前。

池澈高高在上，颐指气使："给你一个疼人的机会。"

王峻峻傻了。

池澈看着他："怎么，难道本少爷像做苦力的人？"

李子枫不厚道地哈哈大笑。

下一秒，金蕾被池澈示意，将行李箱交给李子枫。

这次轮到李子枫笑不出来了。

金蕾当然乐意，她的行李箱里塞了一堆化妆品，还有泳衣。现在不用自己推了，金蕾忙不迭地递过去，娇滴滴道："池澈大佬就是疼女生！当然最疼蔚观雪。"

蔚观雪嗔怪地看了金蕾一眼。

几个超大号行李箱的轮子在机场地面滚动。王峻峻、李子枫丧得很："就是不心疼男人。"

池澈斜了他们一眼："心疼女生就够了。"

两人可怜兮兮地望向蔚观雪，指望小仙女好心帮他们说句公道话。

蔚观雪抿唇笑："你呀，大庭广众之下的……"

王峻峻、李子枫感觉有戏，猛抬头。

蔚观雪道："干吗虐人家单身狗？"

暴击！

王峻峻、李子枫两人抱头哀号。

过了海关，出了机场，立刻受到热带季风气候的洗礼。夜晚的曼谷呈现出国际化大都市风情。一行人入住酒店，大厅金碧辉煌，又带有泰国独有的特色。

其他国家国际航班的空姐也在大厅，穿着不同颜色的空姐制服。

王峻峻目光黏在她们身上，朝李子枫递着眼神："快看，个个都是尤物。"

有一组空姐身着深红色制服，脸覆面纱，露出阿拉伯人标志性的大美眼。还有一组空姐身着蓝色制服，头带小圆帽，金发长腿。

李子枫呆了几秒，他第一次见到这么多国外空姐，也跟着惊赞。

兰斯人笑眯眯拿着护照，替大家办理入住手续。池澈懒懒地站着，在飞机上待了三个多小时，坐累了，正有一搭没一搭玩着蔚观雪的手。蔚观雪想抽回手指，被池澈看穿，他直接拉得更近，还把她往自己怀里带。

两位东方男性肤白高挑，一个留着极具艺术气质的长发，一个戴着红色墨镜，浑身散发着高贵的气质，吸引了不少泰国本土人士的目光。

“是韩国‘欧巴’（哥哥）吧？”

“Japanese（日本人）？”

池澈透过墨镜瞥了一眼，手指点点自己，直接回应：“We are Chinese（我们是中国人）。”

房卡拿到了。

蔚观雪、金蕾一间，王峻峻、李子枫一间。

池澈打量了兰斯人一眼，自己跟他住？

一路上金蕾都在向蔚观雪打听这人。

据说他出生于律师世家，专业是法律，曾被演艺公司挖掘过，偶尔兼职做模特，深受一个国外大牌设计师的喜爱。

金蕾知道后，连说厉害，池澈都不由得留意了一下，幸好蔚观雪只说了一句：“还好吧。”

果然，在蔚观雪眼中，还是他最优秀。池澈莫名地骄傲，丝毫不觉得自己想多了。

池澈随口道：“混模特圈的男人，十有八九都是……那什么。我跟他住，出意外了怎么办？”

金蕾气死了：“别人没求着跟你住，你不住，有人愿意住。”

池澈故意垂着头，装成可怜兮兮的样子，一手玩着蔚观雪的头发，一手把玩着她的手指：“你男朋友没有地方住，跟你住好不好？”

蔚观雪啼笑皆非，但是很有原则：“不行，我们女生住一起。”

池澈气鼓鼓，像个大宝宝。

唉，又要她哄。

他就喜欢听她说好话。

蔚观雪捏捏池澈的手指：“听话，明早我们一起吃早餐好不好？”

好说歹说，池澈这才同意。

池澈瞥了兰斯人一眼。

对方丝毫不惧，反而笑眯眯地朝他晃了晃房卡，露出十分性感的锁骨。

池澈抖了一下。

曼谷的服务员特别热情，池澈给了小费，让他们帮女生把行李搬到房间。蔚观雪准备进屋，池澈硬拉着她在门口说了一会儿话。

池澈拉着蔚观雪的小手指。

他们俩不在一个学校，一个在清华，一个在北大，不能天天见面，这次曼谷行，他们黏在一起的时间才长了点。蔚观雪心中充满柔情蜜意，希望此次旅行能够愉快。

金蕾在房间里整理行李箱，把衣物、化妆包全部取了出来，挂在衣柜中。豪华的落地窗外有一个小阳台，对面也是间超级奢华的酒店。

茶几上的果盘里盛着新鲜的泰国水果。

瞟见池澈恋恋不舍的神情，金蕾觉得正好报了一箭之仇。

“从飞机上一直聊到现在，还舍不得放手呢。又不是见不到，就住对门。”

池澈斜倚在门口，身高腿长，进入大学后他的身高又蹿了一些，经过大一军训的洗礼，以及每周都往健身房跑，现在他腹肌上的人鱼线令人流口水。

池澈睨了她一眼：“这就叫恋爱的味道，你享受不到。”

金蕾又被池澈气得不行：“恋爱的酸臭味我才不要。”

蔚观雪瞥向兰斯人的房间，笑道：“但我们蕾蕾能垂涎兰斯人的美色呀。”

金蕾红了脸："雪宝，你个重色轻友的家伙，你们一起欺负我。你学坏了。"

等池澈回到房中，兰斯人已经打开空调，洗好了澡，他松松系了件大睡袍，裸着两条大长腿，屁股圆圆的，很挺翘。

兰斯人黑发湿漉漉的，嘴唇艳红。

见池澈进来，他甩着头，几滴水溅到池澈身上。

池澈不耐烦地用手背一抹："洗了澡就赶紧睡，别在爷眼前晃。"

兰斯人慵懒地把枕头垫在自己背后，眼神幽幽地缠向池澈。

池澈被看得心里发毛，刻意退后了一两步。

兰斯人拍了拍床边："不到我床上坐坐，嗯？"

池澈警惕："干吗？"

兰斯人露出一个意味深长的笑："你说两个男人能做什么？当然是交流交流。"

"交流个屁。"

池澈飞速拿好自己的换洗衣物，"砰"地将浴室门一关。

池澈在浴室跟蔚观雪视频："你哥哥的朋友取向正常吧？"

蔚观雪换了件吊带小睡裙，白皙的大腿露了出来。

池澈看得差点就忘了自己要问什么。

蔚观雪摸到手机，迷迷瞪瞪："正常啊，跟我哥焦不离孟，做什么事都在一起。"两个清清白白大直男。

池澈却听出了另外的含义。

兰斯人憋笑憋得好辛苦，还在床上对着浴室的方向喊："是要洗好了再继续？亲爱的，人家快等不及了。"

他快笑死了。

这次曼谷之行前，一向喜怒不形于色的蔚听松，第一次在视频中露出凶巴巴的眼神："敢约我妹妹，给他点颜色瞧瞧。"

池澈担心自己半夜被偷袭，凌晨一点多才睡着，清晨醒来，见一头长发晃动。他以为是蔚观雪，想着自己在做梦，懒洋洋伸手去摸，甚至想拖他的小女友腻歪一番。

“观雪……”

结果对方一转身，竟是身高一米八七的兰斯人，他还朝自己活色生香地一笑。

池澈“砰”一声从床上重重摔下，彻底醒了。

他昨晚洗澡出来，还特地绕得远远的，他是怎么跑到自己床边的？

兰斯人道：“做了什么春梦，这么激动？”

池澈单手挡他：“我对男人没兴趣。别过来，警告你！”

手机“嗡嗡”响。

蔚观雪揉揉眼睛，拿起手机滑屏一看，是池澈发来的：“今晚我要跟你睡！”

她的脸“噌”地一红，人也跟着醒了。男生一到外面旅游，脑袋里想的就是这种色色的事吗？

蔚观雪红着脸，手指在手机键盘上用力打下：“池澈你个大色狼。”

几人梳洗一番。

池澈用发蜡打理了头发，他今天换了副很炫的古驰墨镜，身穿白色短袖短裤，踩着一双必不可少的AJ鞋。

一行人坐船去参观大皇宫，碧波荡漾，两岸可见白色宫殿。

蔚观雪说：“中国寺庙有股山寒禅意，泰国寺庙金光闪闪，华丽、有威仪，随处可见金雕大鹏鸟。”

大家讨论着两国文化差异，饶有兴致。

大皇宫的管理很严格，游客不得露膝，服饰要整齐才能过安检，队伍中的美国人、德国人也遵守着泰国的佛教礼仪。

蔚观雪纤细的腿被泰式长裙包裹起来，池澈也换完了衣服，两人一下子增添了种异国情调。

两人看着对方，欣赏着对方身上的另一种美。

王峻峻不解风情，穿上泰国男式服饰，特别高兴，一掌拍在池澈肩上："看我看我，像不像泰国人？"

两人的气氛被破坏，池澈没好气："像，很像，变个性就更像了。"

李子枫不厚道地补刀："说不定胖胖心中就藏着一颗少女心。"

以兰斯人的模特身高，他什么衣服都能驾驭，穿着泰国服饰都像时尚封面上的明星硬照，听到李子枫这句话，他回过头，笑眯眯："女装大佬有什么不好？"

金蕾在腰上系了一个结，随口道："女装大佬有什么好，我只喜欢真女神。"月亮女神就是真女神，战斗力强，人温柔有趣，还是珍珠榜上的第二名。

"噢？"兰斯人的视线顿了顿，落在金蕾身上。

蔚观雪、池澈蓦然间想到同一件事，两人窃窃私语起来："金蕾是不是到现在都还不知道月亮女神就是兰斯人？"

"她……好像连月亮女神是女装大佬都还不知道。"

池澈哈哈大笑，立刻狡猾地看了兰斯人一眼，煽风点火："对对对，女装大佬有什么好。金蕾，你绝对不会喜欢女装大佬，对不对？"

金蕾狐疑地瞥向池澈，他这么赞同自己，她真有点不习惯，不过还是点点头："对啊，我才不会喜欢呢。"

兰斯人的视线又停在了金蕾脸上。

太明显了。

池澈坏笑："女装大佬真可怜，没人喜欢没人爱。"让兰斯人昨晚和今早故意娘里娘气地耍他。

金蕾一脸蒙，还不知道什么情况。

蔚观雪忍俊不禁，拉拉池澈的衣袖，让他别说了。

大皇宫占地面积很大，金灿灿的金塔佛像令人炫目，国际游客慕名而来，曼谷不愧被誉为佛教之都。一行人随着讲解员，跟着人流，一座一座参观。

天太热，他们来到休息区，脱了鞋才可以进入。蔚观雪露出莹润的脚趾，踩在凉凉的大理石上，不那么热了。

池澈不经意间一瞟，视线半天没挪开。

蔚观雪发现了："你在看什么？"怪不好意思的。

蔚观雪的小腿、脚踝、脚背莹白如玉，池澈从没想过自己还有恋足癖的倾向。

"你的脚好美。"他忍不住道。

池澈睫毛颤抖，蔚观雪也脸颊发烫。

王峻峻、李子枫学着两人的样子说话。

王峻峻提起自己的大肥脚。

李子枫故意捏着嗓子："你的脚好美。"

蔚观雪被他们闹红了脸。

池澈替蔚观雪出气，眼神中充满鄙视："你们充其量是大猪蹄子。"

王峻峻狡诈地拖池澈下水："池哥，我们是的话，那你也是。大家都是男的，逃不脱。"

不料池澈昂着下巴，轻蔑地睨了他们一眼："即使是，我池澈也是最香喷喷的大猪蹄子。"

王峻峻、李子枫真是无语，这也值得骄傲？

蔚观雪在一旁笑倒。

男生都是怎么想的？为什么好好的人不当，非要当猪？

从大皇宫出来，金蕾一摸手边，叫了一声："糟了。"今天曼谷的太阳很大，全靠防紫外线太阳伞替她和蔚观雪挡太阳，结果伞丢了。

女孩子一白遮三丑，白很重要。

蔚观雪安慰金蕾："丢了就算了，再买把就好了。"

“女生就是爱丢三落四。”

池澈嘴上嫌弃，却把自己的遮阳墨镜摘了下来，蔚观雪眼前陡然黑了半度，太阳不刺眼了，热度也被挡了一大半。

蔚观雪这才意识到，池澈把自己的遮阳墨镜给她戴上了。

她转头望他：“那你……”

池澈在她心中一直是个时髦男孩。

池澈也不看蔚观雪，特漫不经心道：“男人黑点没事。”

他把墨镜让给蔚观雪，还装作没什么大不了。

金蕾的下巴都惊掉了，池澈比她还有品位，还注重时尚，现在竟然说男人黑点没事。

蔚观雪的眼睛弯了起来，过了会儿，主动牵起池澈的手，轻轻摇了摇：“不怕晒，那你怕不怕热？”

夏日炎炎，手牵手会有点汗。

池澈道：“不怕。”

围观全程的王峻峻插进一句：“哥，我怕黑，怕热。”

池澈抽了一下对方的脑袋：“男人怕什么黑！”

王峻峻抗议：“池哥眼中，只有女生是花做的，香的。我们男人都是泥巴做的，黑黑的。不干不干，要求平权。”

池澈赏了他一记白眼：“错，只有我家小仙女才是香的。你，天生就是黑的。”

兰斯人、李子枫哈哈大笑。

泰国榴梿很有名。王峻峻问池澈吃不吃，池澈幼年时曾被父亲捏脸喂了一块。

“那么重口味的东西谁要吃！”小小的他快被熏哭了，想到那个味，他至今还心有余悸。

兰斯人转头笑眯眯地对着金蕾、蔚观雪道：“前面有家榴梿冰激凌店，进去坐一坐？”

池澈一口气堵喉间。

然而两个女生只听到可以吃冰激凌，丝毫没有注意到池澈扭曲的脸庞，跟着兰斯人蹦蹦跳跳进了店。

王峻峻、李子枫也撒开腿："等等我！我们也要吃。"

池澈被独留在街上。

池澈在后面看着众人背影，暗恨：兰、斯、人！

泰国的冰激凌店很精致很小清新。漂亮的餐架上还摆放着西瓜形状、小胡子形状的吸管，不少泰国女生摆好姿势自拍。

蔚观雪说："这家店应该是网红店。"

金蕾点点头，她也觉得是。

兰斯人帮她们点餐。蔚观雪、金蕾举着小胡子吸管玩，每人两撇小胡子很好笑，还同框合影，发了朋友圈。

蔚观雪点好榴梿冰激凌，四处望了望："哎？池澈呢？"

王峻峻、李子枫都在，怎么不见池澈的人影？

她往玻璃门外一望，只见池澈正斜趴在门外，头上顶着"close（关门）"挂牌，一脸憋屈地朝内看他们。

蔚观雪不小心笑出声。

池澈的眼神更委屈了。

蔚观雪立刻去门口迎他，轻轻柔柔牵过他的手，像牵小朋友一样将池澈大少爷带进来。

池澈跟进去了，但是抗拒靠近，坐得离他们远远的。

讨厌吃榴梿的"人设"不能崩！

店家端上冰激凌，大家晒了一天，快热疯了，刚含一口冰激凌就从内到外凉快个透，浑身的毛孔透爽不已。

一群人发出感叹般的呻吟声。

池澈见蔚观雪吃得眼中带笑，嘴里含着小勺子，身子微微后仰很享受，他心动不已，但是一想到以前吃榴梿的体验，又别扭地别过头，小声抗议着："不吃榴梿，最讨厌吃榴梿。"像只坚持着最后的倔强的小奶猫。

蔚观雪见状，招招手："过来坐。"

池澈板着脸，身体扭捏了一会儿，蔚观雪又招了招手，他才坐到她身边。

蔚观雪笑眯眯："你尝尝。"

池澈小声嫌弃："不要。"

蔚观雪用小勺挖了一点点，伸到池澈面前，发出那种让宝宝张嘴的"啊"声。池澈十分警惕地看了两眼，然后像撒娇的小猫一样，慢慢凑近脑袋，小心翼翼地舔着："不臭。"

她的男神怎么会这么可爱？

她好想把他宠在心尖尖上。

蔚观雪温柔地替池澈擦擦额角的汗，轻言细语："猫山王的味道很好，对不对？榴梿是水果之王，而猫山王又是其中的顶级。第一次吃的时候，我也很诧异，没想到味道会这么好。"

池澈小心地舔完冰激凌，这才点点头，确认她说得没错。

看着池澈白皙的脸、粉红的舌，蔚观雪忽然有点幻想跟对方接吻的感觉。

池澈的视线一顿，落在蔚观雪的脸上："你的脸红得好可疑。"

蔚观雪还没想好借口。

英俊的男生挖了一勺冰激凌，修长的手指虚伸到她的下巴下边，模仿着她刚才的语调："啊——"

蔚观雪下意识地含住。

一抬眸，对上池澈的视线，她的脸更红了，睫毛也跟着颤。

池澈顿了两秒，忽然半起身，侧过头，在她唇上偷袭了一下。蔚观雪后知后觉地捂着嘴，脸红得不行。

"你，你……"她羞得说不出话来。

池澈倒是从容极了。

"你看起来很好吃的样子。"

蔚观雪的脸红得更狠了。

兰斯人、王峻峻看过来，池澈斜了他们一眼。

他对兰斯人轻哼一声，当着他们几个的面，向脸红红的蔚观雪继续要求被宠："再喂我一口。"

蔚观雪听从，又喂了一口，池澈很显摆地享受着女朋友的喂食。

王峻峻感觉自己被万道强光闪瞎："妈啊，腻鮈了。"

李子枫也摇头："太可怕了，老大撒娇起来太可怕了。"

池澈的下巴搁到蔚观雪纤细的肩上，一张漂亮艳丽的脸扬起："谁让你们没有我这么好的女朋友。活该。"

蔚观雪脸颊飞红。

她的娇娇少爷呀，太会虐狗了。

晚上一伙人看人妖秀。

人妖皇后穿着华丽羽毛状的服饰出来，全场满堂喝彩，蔚观雪和金蕾也在鼓掌，王峻峻和李子枫已经聊上了哪个最美。

池澈对蔚观雪小声嘀咕："那个人妖皇后一直对我放电。"

哎？蔚观雪一边观赏，一边望向她家池澈。主持人的确说过人妖皇后有一对电眼，但一直只对着他放电是不是他的错觉？

散场之后，一群美丽的人妖一字排开。

大家可以挑有眼缘的付费合照。王峻峻、李子枫挤上去凑热闹，一个选了一个穿紫色露背装的，一个选了穿绿色长裙的。

金蕾随口问："你要不要跟人妖姐姐合影？"

兰斯人笑："我一穿女装，就没他们什么事了。"

太自大了吧。

金蕾笑了起来，不肯服输："肯定没我好看。因为我有胸！"

兰斯人意味深长，往她胸前扫了一下："噢？只有经过检验的才是真理。"

金蕾双臂往胸前一拦。

她这是被兰斯人调戏了吗？

兰斯人慢条斯理："不过今晚不用担心，你肯定是她们中最小的。胸小不是病，但是很要命。"

金蕾捶兰斯人："我才不小。"

池澈对跟人妖合照没兴趣。不像一些男游客，眼露贪婪的光芒，跟漂亮的人妖姐姐挨个合影。

池澈等着王峻峻他们，没想到人妖中最漂亮的那个，穿着一身金色羽毛状裙子，径自向他走来。

对方比画了一下，竟是要主动跟池澈合影。池澈被她拉着手，脸也被她凑近贴着，轻微挣扎，又不想对对方太不礼貌，不好使劲。

旁边的男游客都看呆了。

这小伙子走了什么好运！最漂亮的人妖不要钱都愿意跟他合影，但是再细细一看，不得不承认，这小子长得比明星还帅，难怪人妖小姐姐也被迷得七荤八素。

池澈被摸了好几下，另外几个人妖也蠢蠢欲动，他憋红了脸，冲蔚观雪喊："你男朋友衣服都快被人扯掉了！"

蔚观雪一看，他的T恤领口处真的露出一大片皮肤，令人垂涎欲滴。

蔚观雪硬是把他从人群中带出来，亲了他的脸颊一下，双手对人妖姐姐们行了一个合十礼："He is my boyfriend（他是我的男朋友）。"

宣布主权，聪明的小姑娘。

人妖姐姐们收敛了不少。

池澈突然被亲，愣了好一会儿。他朝向蔚观雪："盖了章，我就是有主的人了。"

金蕾说："有主，是祖宗吧。"

池澈道："没人盖章没人爱，我澈大少不跟你一般计较。"

他们入住的酒店顶楼有露天游泳池。国外的电影团队来这儿取过景，杂志上也专门报道过，这是这里独有的一大豪华亮点。

一行人归来后，决定体验下泰国泳池。

池澈家自带游泳池，周末他常随便游一两个小时，加上父亲请了专业教练教他，他的泳技自是不一般。

游了两圈，他发现几个女的拿手机偷拍他。

池澈推了把湿发，带起阵阵水珠，他没怎么在意，继续往同伴那边游去。半途，服务员在泳池边倾身，池澈从托盘中端了杯香槟。

兰斯人半倚池壁，泡在水里。

王峻峻、李子枫游了两圈就醉翁之意不在酒了，偷瞟外国比基尼大美女。

两人嘀咕着："身材真好。"

一个红色比基尼美女朝王峻峻招招手。

王峻峻左右两边看了下，一脸惊喜地向李子枫确认她叫的真的是自己，犹豫了两秒后，就屁颠屁颠过去了。

李子枫笑骂："走了什么狗屎运！"王胖胖都被国外小姐姐看上了。

兰斯人笑得意味深长："待会儿就好玩了。"

没过多久，王峻峻真的一脸惊恐，狗刨似的逃回来了，不顾美丽小姐姐在后面喊。

池澈感到奇怪，用眼神询问王胖子怎么了。

王峻峻一慌还喝了两口泳池里的水，苦着脸，努力在水下缩着他肉肉胖胖的身板："她，噢不，他看上俺了，呜呜呜。"

池澈挑眉："这不正合你意？"

王峻峻哭丧着脸，捂住自己的胸口，柔柔弱弱往水里藏："可、可他有那啥。"

池澈、李子枫笑疯了。

月色正好。

泳池水面荡着一缕一缕银波，池水幽深神秘。池澈头发全湿，用手往后捋成大背头，赤裸的双臂撑着池壁，比平时多了一分纨绔大少的模样。

他啜了一口香槟，晃晃杯子，冰块在杯壁中撞击。

“蔚观雪她们来不来？”

兰斯人道：“金蕾说她们洗完澡再过来。”又补了一句，“待会儿别流鼻血。”

池澈回击：“我又不是猥琐男。”

不说还好，兰斯人这么一提，池澈脑中马上浮现出蔚观雪一身比基尼的模样，一会儿是红色款，一会儿是黑色性感款，一会儿是她躺在沙滩椅上，一会儿是她骑在火烈鸟泳圈上，伸出莹白的小脚。

池澈放下香槟，往水里沉了沉，还是先冷静一下。

几阵轻盈的笑声从入口处传来，兰斯人低声含笑：“来了。”

池澈向那边望去。

只见银色月光下，蔚观雪穿着一身白色连身泳衣出来，胸口有一个简单的金环，却显得她更纯洁。

蔚观雪步伐很轻，两条长腿又纤细又雪白，像月光下的柔白昙花。

蔚观雪发现池澈在看她，也有点不好意思。她有点羞地轻轻拉着金蕾的手臂，金蕾倒是很大胆，穿了件火红的比基尼，胸部丰满。

两人下水了。

有两三个国外男人起哄，用外语叫着“美女”。

池澈、兰斯人他们迅速游过去，将她们藏在自己身后，用不好惹的眼神彰显着对女生的捍卫，对方乖乖闭嘴，掉头走了。

水波荡漾，金蕾从兰斯人背后探出脑袋。

火红的泳衣在清水中仿佛绽放的红花。

兰斯人的目光被吸引，他含笑拖长尾音：“看来没说假话。”

金蕾脸上有少女的羞涩，但紧接着就扬起脸，针锋相对：“通过你的检查了吗？”来泳池前，她刻意挑了这套。

兰斯人眼中带笑，低眸看着金蕾：“目测通过。不过效果还不知道。”

金蕾瞬间明白了他指的什么。

饶是她再大胆奔放，面对兰斯人，也总是被调戏得说不出话来。

她红了脸，抡起拳，作势要打兰斯人：“太邪恶了你！”

刚带起一串水珠，她蓦然感觉胸口处不对，凉飕飕的。

比基尼的带子竟掉下来了！

金蕾惊呼，脸都白了。

兰斯人身手敏捷，一个转身，把她堵在自己和池壁之间，防止其他人看到。

水波托着两人的身体，柔和的池水在涌动。

兰斯人的视线往上移，再也没有说话，反而非常绅士地给予金蕾空间，丰满的柔软贴着男性赤裸的胸膛。

金蕾面红耳赤，低头在水下匆匆系好带子。

“好了。”她小声道，小手推开兰斯人，格外地不好意思。

兰斯人绅士地挪开，嘴巴却不忘毒舌一句：“现在知道了，效果满分。”

“你！”金蕾的脸红得像要滴血，作势又要打。

那边蔚观雪和池澈在一起。蔚观雪的水性不太好，有点怕，池澈让她攀着自己。

她的双手慢慢扶上池澈的肩，有水的浮力，有对方的支撑，她感觉稳多了。就是两人靠得好近，她一抬眼就能瞥见对方湿漉漉的黑眸。

月光一照，池澈的脸美得不像话。

池水涌着两人，像是要将两人的身体拢在一起。

柔白的小手圈着池澈。

蔚观雪在月下柔美动人，两只眼睛含情脉脉，洁白的紧身泳衣勾勒出绝好的身材，更致命的是被水波推着，少女有一下没一下地缓缓蹭着他。

兰斯人简直有毒，什么都能说中。

池澈血气方刚，深吸了好几口气，声音压抑：“别乱动。”

蔚观雪瞪大了眼睛，慢慢明白了什么。

她刚想松手离池澈远点，他又顽固地圈着她的手腕不肯放。

池澈咬着牙，身体往水中沉：“让我抱一下。”

兰斯人在不远处补刀：“纯情处男受不了刺激。”

池澈的脸通红：“胡说！”

纯洁的月光洒在两人的发上、身上，很圣洁，蔚观雪第一次被池澈这样搂抱着，少年的身体紧紧贴着她，她的脸不断升温，睫毛颤动不已。

月色迷人，池澈将头放在她的肩窝，宽阔的肩膀拥着她，小声道：“听好了，蔚观雪，你是我池澈这辈子最爱的女人。”

她心中一阵欣喜，像幸福溢了出来。

虽然早就心心相印，可是亲耳听到对方的告白，那种确认感，那种爱意瞬间涨满浑身的感觉，让她幸福得说不出话来。

“哼，表白过后不是应该有亲亲吗？”

池澈别扭又霸道，占有欲很强地挤着她的身子乱拱。

池澈眼睛一闭，扬起那张漂亮的脸：“你不是很喜欢强吻本人吗？快亲，不亲是小狗。”

月色朦胧，池澈的脸上晃动着水波的光，睫毛上泛着点银色。

蔚观雪心中甜蜜，她轻轻捧着池澈的脸，胳膊隔着池水摩擦着对方赤裸的肌肤。

她从没这样喜欢过一个人。

爱一个人不就是想把最好的一切都给他，宠他、保护他、呵护他？跟他在一起，她心中就开了花，淌着蜜。

她眼中带笑深深凝望着他：“你就这么喜欢我吗？”

池澈睁开眼：“不止喜欢，是爱。”他霸道地补充，“不许说不喜欢我、不爱我。”

她笑：“傻瓜。若是一个女孩子不爱一个男孩子，又怎会每天跟他聊天？女孩子很善良，不愿轻易拒绝别人。但当她爱上一个人时，她眼中便只有他，从此世界上千千万万的人都要往后排。”

蔚观雪温柔含笑，摩挲着池澈的脸，额头抵着他的额头。

“我也爱你，我的澈神。”

她的唇轻轻印上他的唇角，她的吻像雪花一样柔，又像雪花一样干净。她把人生第一次心动和吻都献给了池澈。

月光在他们湿润的发间洒下银光，他们在水中相拥，年轻的身体一个净白，一个白皙偏蜜色。这是世上爱情最好的模样。

池澈小声嚷着：“你都没亲到正中。”

蔚观雪的睫毛笑颤了。

维密篇

大学时，有场维密秀在中国举行，池澈的朋友搞到两张门票，三十万一张，邀他去，他没什么兴趣，说：“我根苗正红，一个大男人看什么女人的内衣秀。”

纨绔朋友道：“我们看的不是内衣，看的是人类美好的肉体。”

他还没来得及说池澈纯洁得不像话，就被池澈不屑地嗤笑：“本大爷没空跟你们这些没长大的毛头小子玩。”

今年的维密秀即将举行。

金蕾和蔚观雪刷着手机，一起看维密历年的Fantasy Bra（梦幻内衣）。

“这套好看。”

“这套宝石的也好看。”

两个小姑娘浏览着视频，维密名模身材超好。

池澈不经意间瞥了一眼，瞧见维密模特背着翅膀走台步，但更打动他的，是蔚观雪美得不行的脸和身材。以前狐朋狗友那句“我们男人看的不是内衣，看的是人类美好的肉体”，此刻在他脑海里冒了出来。

等金蕾走了，他撞了撞蔚观雪，“咳”了一声：“你喜欢哪套？”

一想到池澈可能要送自己内衣，蔚观雪忙摆手：“不，不用。”

池澈扭头看向窗外，胡乱地揪着头发，这个话题好像是很暧昧。

但池澈还是忍不住，抽了个空，联系那哥们儿，问他哪儿能买到维密内衣。那个哥们儿欣喜若狂，大叫：“池澈终于开窍了，是不是喜欢上哪个模特了？”

池澈又很轻蔑地送给他一声嗤笑。

隔了几天，池澈对蔚观雪说：“有个礼物要送你。”

蔚观雪收到礼物拆开一看，维密款式内衣，布料很少，还带着钻，她的脸“噌”地一下红了，扑到床上，脸埋进枕头里，降温。

她给池澈发消息：“池澈，上次没说错，你真的有点色……”

池澈的脸也通红。

他只是幻想了一下蔚观雪穿内衣的样子而已。

池澈回：“不是非要你现在穿。”

蔚观雪摸了摸脸颊，那还好。

池澈道：“等结婚了，再在我面前穿。”

蔚观雪脸瞬间红炸。

试卷签名篇

池澈大佬做数学试卷飞快，每次下课铃没响就交了卷子，很可恨的是，他还总是最高分。

大家集体瞻仰池澈的试卷。

大佬就是大佬。

试卷签名都不一样。

除了名字外，还有一个小恶魔毛团签名画。

尖细的笔触，小小恶魔耳，小三角恶魔尾，拿着细长三戟叉，看上去机灵、嚣张。

高三快结束时，有人找池澈大佬借书，无意中翻到课本扉页，发现池澈大佬签名变了。

三戟叉变成了一个小恶魔黑色爱心。他酷酷地写着：澈&雪。

下半生幸福篇

池澈拿了清华状元，雄赳赳、气昂昂，但在游戏里依旧被蔚听松追杀。

池澈说："不要以为我怕你！我是看在观雪的面子上……"

蔚听松冷冷地道："看在观雪的面子上什么？"

池澈回："必须要对大舅子好。"

蔚听松照旧召唤出金色雷霆："把观雪搬出来也没用。"

池澈边躲边嚷："再打，你妹下半生幸福就没了！"

蔚听松一听，下半身？

他暴怒，这次池澈死得更惨。

池澈宝宝要哭了。

世界杯篇

池澈与蔚听松的关系一直紧张。游戏里打来打去，池澈打输了就往蔚观雪怀中蹭，要她安慰，尽管最后喜欢摁着她的手摸到奇怪的地方去。

偶尔两三次池澈赢了，哥哥一脸寒气，捋着袖子对蔚观雪道：“反了这臭小子，有我在，他别想把你娶走。”

蔚观雪一直挺担心。

直到世界杯，两个男人看球，发现对方竟是同一支足球队的球迷，越聊越投机，竟穿着球衣飞到现场一起看球去了，返程后比亲兄弟还亲。

蔚观雪不解：“说好的互相追杀，说好的互相抵制呢？”

池澈、蔚听松异口同声：“只要支持同一支球队，我们就是好兄弟！世界杯改变世界。”

男人的世界她不懂。

读研篇

大学毕业后，池澈去英国留学，不久王姿也去了英国，和他在同一所大学。

彼时，蔚观雪已在国内开了一个广告创意公司。

异地相隔两年多，她听闻王姿追池澈追得火热。

两人视频。

蔚观雪想到微博上一个很火的问题，遂问池澈：“要是她拧不动矿泉水瓶盖的话，你会不会帮她拧？”

池澈立即回答：“不会。”

“那别人就是希望你帮她拧呢？”

“老子是仆人，专门给人拧矿泉水瓶盖的？”

完全不按牌理出牌，蔚观雪哭笑不得。

“那我的矿泉水瓶盖你拧吗？”

“废话，这种事当然得男朋友来！”

蔚观雪明白了。

她家男神是个“双标狗”。

留学归国篇

池澈从英国回来后，蔚观雪感觉他更加富有贵气。他的头发是深栗色的，额前有点卷，鼻梁上多了副金框眼镜，高级沉稳。

蔚观雪有天不小心说出自己的想法：“感觉有点不认识你了。”

高中的池澈是天之骄子，大学的池澈是被众星捧着的月亮，英国归来的池总散发着皇室般的高贵气质。

池澈吊起眼尾：“噢？”

蔚观雪轻轻咬唇，说出心底羞耻的画面：“总觉得你会突然做些中世纪贵族会做的事。”

池澈点点头，脱掉深红色西装的外套，单手抽出黑色细长领带：“你的直觉很准。”

话音刚落，蔚观雪雪白的手腕被系住，人已经被池澈扑到柔软的床上。

金蕾的电话打来了：“去不去看音乐剧？”

池澈抽过手机，声音懒懒的，替蔚观雪一口回绝：“不去，她要继续跟我玩‘游戏’。”

金蕾在那边叫：“池澈你好无耻。”

漫不经心地掐掉通话，某人再次翻过身，用眼神暗撩，蠢蠢欲动：“我还要对你做些更无耻的事。”

蔚观雪手捏薄被，血一下涌上脸。

留学生聚会篇

归国半年后，两人依偎在沙发上看电影，投影布上放的是一部爱情片，池澈心不在焉，对蔚观雪蹭蹭亲亲。

蔚观雪几次把他的脸推开："别这样，好好看电影。"

池澈胡扯理由："看再多片子不如实地演练。"

两人腻歪了一会儿，手机在茶几上"嗡嗡"响。

池澈随便瞥了一眼，是王姿发来的。

她邀请他参加留学生聚会，池澈想都不想就要拒绝，被蔚观雪阻拦了。

蔚观雪用自己的指纹开了池澈的手机，替他回复："去。"

池澈气鼓鼓的："去干吗？"耽误他们的约会时间。

蔚观雪嫣然一笑。

到了同学聚会那天，池澈一整晚脸都很臭。

因为蔚观雪肤白胜雪，明眸善睐。她身着一件银色吊带，深红色亮片裙，脚上是一双露脚踝的红色凉鞋，耳垂上戴着长款钻石耳坠。

她时尚又美艳，被聚会上所有男人视为女神。

池澈对着雄性生物虎视眈眈，连宴会上的公猫都不放过。这就是他不想把蔚观雪带出来的原因，好好的宝藏干吗给别人欣赏。

蔚观雪当着大家的面，视线轻轻掠过精心装扮的王姿，手指勾住池澈细长的领带，在指间缠了几下，将池澈拉向自己，然后侧身在他脸颊上印下一个香吻："我是池澈女朋友。"

一群男人号叫道："池哥把女神藏得这么深。"

池澈被自己女友亲了一口，脸色才好点："废话，我这么漂亮的女朋友就不应该让你们看到。"

甜恋后续篇

1.在无数女人艳羡的目光中，池澈托着一枚八克拉的钻戒和九百九十九朵玫瑰向蔚观雪单膝下跪求婚。钻戒非常漂亮。

2.两人特意将婚礼的举办时间选在冬季，婚纱纱摆很长。来宾的机票和酒店住宿费用，他们全包。婚礼被设计得很精心，婚礼主题是“冬有雪，而我有你”。请帖上写着：“雪落之日，必再相逢。”当天下起了细雪，雪花落在新人漂亮的脸上。

3.捧花被金蕾接到了。兰斯人笑眯眯，问：“是不是想对月亮女神负责了？”被金蕾拿着捧花捶。

4.蜜月期间，在独立泳池里，池澈要蔚观雪穿比基尼，并故意拉掉她的带子，把她摁在水里做坏坏的事。事后，当天他被蔚观雪严禁睡床。蔚听松、兰斯人得知后，嘲笑池澈蜜月还没度完就失宠了。

5.池总、蔚观雪各有公司，运转良好。

6.池澈每年都会亲手给蔚观雪剥大闸蟹吃。

8.蔚观雪和池澈结婚两年后生了个小宝宝，池澈大佬不喜欢小池总占据女神老婆的注意力，经常吃小池总的醋。

9.两人的甜蜜浪漫仍在继续……

【番外完】